U0114486

墨學探微

史墨卿著

臺灣學生書局印行

墨子像

吳承硯教授繪　　華岡博物館藏

自序

古籍難詳，而墨子之書尤難究。蓋其書不惟錯簡闕字，譌舛良多，文固難校；兼以旁行直改，馳繆益甚，訓亦難通；加之多古言古字，欲明其體例定其音讀亦非易事也。至其內容，則文辭繁富，誼恉窔奧，既有哲學、科學、神學；復有名學、兵學、文學。惜乎昔之治墨者，率皆深乎此者，淺乎彼；長乎彼者，短乎此。終而若登山之望海，莫知其際涯矣。

有清以降，雖間有取墨書之淺義爲論，而未嘗涉及經說之文，大抵總論全書者爲多，分說究其義蘊則少。余雖不敏，以感於墨家之行，復喜其道德之言，愛其科學之見，早歲嘗披讀是書，近年乃有「探微」之作。合其經論而觀，綜其諸學而述，旨在步武前修，冀資世人用爲楷模，藉收修己治人之效而已。

茲編之成，計分六章，以闡發墨家哲科神學之說。至有關名兵文學之論，則須俟諸異日矣。六章之文，多爲教授墨子之餘，感發爲文，公諸誌報者。敝帚自珍，集印成書，尚祈學人先進有以正之是幸。

是書墨子畫像，承石教授文濟提供，謹此志謝。

中華民國六十四年雙十國慶益都史墨卿識於高雄師範學院

墨子之研究及其要籍

一、前言

我國古聖先哲中，在春秋時期，孔子，可以說是集十大家於一身的至聖；在戰國之世，墨子，則可說是集十大家於一身的大哲。因此，在秦漢之際，墨家學說與儒家相提，墨子人格與孔子並論。二千多年來，雖然，儒家爲中華文化中心之所在，然而，墨子在中華文化上之貢獻，亦有其不可磨滅的業力。所以自有明以降，治墨之士，彬彬輩出。專著之書，論說之文，知見者咸二百餘家。而英、德、日、越諸國之譯作著述，亦無慮數十種之多。

墨子，魯人，學於史角之後，公輸般爲楚造舟戰之器以勝越，墨子藉釋義之重要以服之。及爲楚造雲梯將攻宋，墨子又自魯往止之。嘗獻書於楚惠王，惠王不能用，仍返魯。越王使公尚過束車五十乘迎之於魯，辭不往。宋昭公時，仕爲大夫，奉使之衛，勸之畜士。昭公末，司城皇喜專政劫君，墨子曾爲所囚。後返居魯，穆公嘗咨以救國之道，及立太子事。老而至齊，說田和。齊將項子牛將伐魯，墨子勸阻之。後重遊楚，說魯陽文君，並勸止攻鄭。

綜觀墨子一生，致力於理論基礎之建立，及實際止戰之活動，從不屈服於暴者，亦不苟合於諸侯，道之所在，必全力赴之，雖歷險而不畏，處困亦不怨，即爲之犧牲性命，亦所不惜也。其所著書，蘊藏至富，有如一座寶礦，前修時賢雖各持利器，加以挖掘開採，但其中仍多渾金璞玉，有待我們去採摭。

二、研究之方法途徑

研究墨子，吾人除校其文，明其例，通其訓，考其事，定其音外，亦可試從下列各點探究之：

㈠科　學：

墨子爲古代之科學家，其書不惟有其科學理論（理論科學，如天文學、形學、物理學等），亦且有其科學技術，（應用科學，如軍事工程、車輛製作等）而更具科學之精神與方法。

㈡哲　學：

墨子之哲學思想，既有其最哲學的哲學——宇宙論。亦有其非哲學的哲學——知識論（認識論）與人生論、方法論。所見多甚精當。

㈢名　學：

所謂名學，即墨子之辯學，亦即今所謂邏輯學也。日人譯爲論理學，國父譯作理則學。邏輯爲治學之階梯，墨辯亦正如此。近人有與印度之因明學及西哲亞里士多德之理則學等相較論者。

㈣兵學：

墨子之書，備城門以下十一篇，專講有關軍事方面情事，其中論述工兵及兵工之知識技能，以及守備迎敵之道，極爲詳備。是墨家兵書。可與今之軍事學相發明。

㈤神學：

墨子之書，除天志、明鬼二篇外，言及天帝、神鬼之處頗多。可試以此種資料，研究神之本質、存在及宗教義理，和人類的神性生活。

㈥文學：

墨子之「言多不辯」，曾爲後世所詬病，甚至有人指爲墨子學術中斷之原因。其實，墨子只是恐人「以文害用」，他對文章之修辭藝術等，還是相當講究的。至於其論說著作，後人更是譽爲論辯文之祖。

㈦政治：

墨子政治思想，與今之民主政治頗多近似之處，如其主張創立國家，公舉政長，強化各級政府組織，建立官吏正確觀念，務使政府與人民間，上下情情相通。及重賢尚同，先謀國家內部之安定，再求國際之和平等。

㈧經濟：

墨子經濟之見，與近代經濟學之論，有不少近同處。而於生產方面，則主張開源以裕民財：於消費方面，主張節流以足民用；於分配方面，提出「有餘力以相勞」「餘財以相分」之主張。其他如貿易之道，及平抑物價等，均曾論列之。

(九)社會：

墨子對社會之起源、組織，均有述論。而於社會之病態，除加指陳外，並提出救治之道。旨在爲人間建立一兼愛樂利之社會。

(十)教育：

墨子之教育觀，是源於以天爲中心的教育思想。他主張「有教無類」、「因材施教」，重視環境、強調身教等。其教材計分五科，教法亦分就敎品與勵學而有所不同。當然，研究墨子之方法與途徑，尚不止此。這裏，不過略舉數端，言其梗概，以供有志治墨之士參考而已。

三、要籍提要

下面，再以成書之先後，列舉幾本有關墨子要籍，並略作評述，以便初學者研閱。

孫詒讓「墨子閒話」十五卷

是書爲有清一代最完備之校注本。著者採集畢沅、王念孫、顧廣圻、蘇時學、洪頤煊、俞樾、戴望諸家之說，從善匡違，增補漏略。並取許愼鴻烈閒詁之目，以署其書。初版印後，又得張惠言、楊葆彝二氏書，加以補正，成爲定本。惟初版與定本，互有長短。卷首載俞樾序（光緒二十一年），次錄著者自序（光緒十九年）及後記。再次爲定本總目及其附記（光緒丁未四月），末附墨子篇目考、墨子佚文、墨子舊敘一卷，後語上下二卷及黃紹箕跋。後語所收爲有關墨子重要論文。俞樾嘗推崇是書云：「玩安孫詒讓仲容，乃集諸說之大成著墨子閒詁，凡諸家之說，是者從之，非者正之，闕略者補之。至經說及備城門以下諸篇，尤不易讀，整紛剔蠹，脈摘無遺。旁行之文，盡還舊觀。訛奪之處，咸秩無紊。蓋自有墨子以來，未有此書也。」今有藝文印書館籀廎居士全集景印定本，及商務印書館國定基本叢書本，世界書局諸子集成本。後之補闕訂正此書者，有揚嘉「墨子閒詁校勘」、李笠「定本墨子閒詁校補」、張純一「墨子閒詁箋」、劉昶「續墨子閒詁」、陳柱「定本墨子閒詁補正」、龍宇純「墨子閒詁補正」、阮廷卓「墨子閒詁補正」等。

王桐齡「儒墨之異同」一卷

是書爲較論儒墨二家異同之名著。卷首載有凡例十二條。全書計分序論、宗教、道德、政治、理想中之模範人物，理想中之聖經、賢傳、教義之實行、及結論八章。每章先徵引原文，後加析論，以比較儒墨二家之思想觀念。首章序論述說孔墨降生之時地。末章結論條陳（計六十七條）異同要點，兼及近代西方思想學說。最後附民國十一年四月廿七日在東京帝國大學自跋。其自跋有述其治墨之由云：「壯年以後，學讀墨子，見其議論透闢，見解精到，多有爲儒家所不能言，不肯言，或不敢言者，而多適合於現在時勢，頗欲發大心願，從事研究，……本年正月，奉業師市村先生之命，比較儒墨之異同，乃以四書五經三傳及墨子五十三篇，與先秦諸子學說中之關於儒墨之議論爲根據，竊取古人及現代諸家學說，參以鄙意，列舉其學說理想及事蹟上異同之點，筆之於書，以供後來研究儒墨學說諸公之參考。」今有民國十一年京華書局排印本，由北京高等師範學校圖書館發行。

張純一「墨子集解」十五卷

是書大抵以其「墨子閒詁箋」爲藍本，加以增補而成。書中博採孫詒讓以後各家之說。惟以缺少異本，參校功疏，而於畢、孫二氏之脫誤亦少發現。但著者深於宗教，故時有新解出現。卷首載有蔣維喬序（民國二十一）、及自序（民國二十年）、末附錄一卷，收墨子佚文、墨稱之探本、墨子魯人說、墨子年代考、墨儒之異同、墨子與農家及其源流、墨學與景教、讀伍評梁胡欒墨辯校釋、墨子大取篇釋義敘。著者爲民國以來駢文大師，行文極美易誦。其序有云：「自民國八年迄今，每讀周秦漢魏諸書及內典，以至金石古文，歐儒著述，凡關墨學者，輒隨時揃記，稿五六易，聊罄蠡測。」可見其治學之勤奮與功力。今有民國二十五年排印本，由臺灣文史哲出版社景印。

方授楚「墨學源流」二卷

是書評論墨子之學甚詳，創意亦多。上卷十章論述墨子之生平及其學派，諸如其身世、事蹟、學說、組織、及墨書考證、時代背景、和墨學之傳授、進步、衰微、復活等。下卷四章，辨墨子之姓氏國籍，對江瑔、胡懷琛、衛聚賢、金祖同等人之說，加以駁斥。卷首戴其自序（民國二十五年）及附言。附言有云：「下卷二、三章或小與上卷不同者，以上卷之言爲準。」末附墨子餘論，計收禮運大同之義源於墨家說、墨子與革命思想、墨子與宗教戰爭、惠施與墨家考辨四文。今有民國廿六年排印本由臺灣中華書局印行。

吳毓江「墨子校注」十五卷

是書著者費時二十年而成。可謂自孫氏閒詁以來，最完善之校注本。著者以畢沅本爲底本，參校日本文應元年「群書治要」寫本，及朱明以後各種善本，兼採近代諸家新說以爲校注。吳氏治學謹嚴，創獲甚多。卷首印有蔡元培致著者書函，及王兆榮序（民國三十二年）並著者「例言」及「目錄」一卷。書末有附錄四：一、墨子舊本經眼錄，計收二十八種。二、墨子各篇眞僞考，分六組討論之。三、墨子姓氏生地年世考，並附簡表。四、墨學之眞諦，包括墨學綱領及墨家羣治之主張。而經眼錄，皆爲著者親自尋訪寓目者。其言有云：「本篇所列舊本，或係自藏，或經手校，皆屬親見其書。搜集二十年，漫遊萬里，墨子刊本，略備于斯，各本異文悉采入余著墨子校注中。」今有民國三十三年重慶獨立出版社排印本。

譚戒甫「墨辯發微」十五卷

是書專就墨經上下、經說上下及大取小取六篇論釋。全書共三編，第一編收墨辯正名，墨經證義、經說釋例、別墨衡異、名墨參同。第二編收墨辯原文、旁行句讀、上下經及大取小取之校釋，本編大抵由其墨經易解加之校訂增補而成。第三編收墨辯軌範、「三辯」義例、論式例證、論式源流、類物明例、「辭過」義例。卷首載其重印弁言、自序及凡例。末附墨經長箋序、墨辯發微原序、墨辯徵評序、墨經易解序及天津大公報圖書副刊書評。著者自言其治墨，廢寢忘餐，因而屢病，先後垂二十年。其內容雖頗多發明，然亦不乏傅會之處。有民國四十七年排印本，今由宏業書局、世界書局印行。

李漁叔「墨辯新注」四卷

是書先校經說，次加闡釋，爲專釋墨經上下，及經說上下四篇之作。書中徵引張惠言、楊葆彝、孫詒讓、俞樾、陳澧、劉師培、章炳麟、張純一、梁啟超、王闓運、劉昶、張其鍠、胡適各家之說，並附以己意。惟著者不諳今之自然科學，是以其校釋光學力學部分，間有謬誤情事。卷首載其自序（民國五十六年），並附其「墨經眞僞考」一文，該文持論，頗多見地。有商務印書館排印本。

史墨卿「墨學探微」

是書爲探討墨子哲學、科學神學之作。卷首印有墨子畫像，及著者自序。全書共計六章：首章言其天論，次章明其論德，三章釋其科學之見，四章評其非樂之說，五章闡其政經思想，六章發其精神義蘊。末附墨子傳略，以便初學。最後錄有參考書目舉要，及參考文目舉要。該書係著者講授墨子之餘，有鑒於前賢治墨，或專詮其經說，或僅言其諸論，鮮有綜合二者析論者。因合經論之言，參以近代治墨學者之說，附之己見，以窮其究竟，而定其所安。或於墨學之研究，不無助之也。有學生書局排印本。

其他如嚴靈峰「墨子簡編」、梁啟超「墨經校釋」、「墨子學案」、「子墨子學說」、范耕研「墨辯疏證」、楊寬「墨經哲學」、高晉生「墨經校詮」、陳柱「墨子十論」、郎擎霄「墨子哲學」、高葆光「墨學概論」、王寒生「墨學新論」、陳顧遠「墨子政治哲學」、周富美「墨子虛字研究」、陳拱「儒墨平議」、孫廣德「墨子政治思想之研究」、李紹崑「墨子研究」，王冬珍「墨學新探」，均應參酌。如欲深究，則尚有「墨子集成」可資研閱。該「集成」計收注釋、校勘、考證、版本有關典籍，精裝四十六冊，由成文出版社有限公司印行。限於篇幅，不再一一紹介，讀者欲詳，覽之可也。

目錄

自序……一
第一章：墨子天論……一
第二章：墨子德論……二五
第三章：墨子科學觀……五九
第四章：墨子非樂思想平議……一〇〇
第五章：墨子政經思想論略……一三五
第六章：墨家精神探原……一五七
附錄：墨子傳略……二四三
參考書目舉要……二四九
參考文目舉要……二五六

第一章　墨子天論

宇宙萬象，大抵以天道人事二者爲主，而二者間又多有其關聯影響在，考諸典籍，證例多有。筆者茲就墨子之「天」，試爲綜理析論。冀可藉以窺知天人之意義與夫墨子天論之內涵。況乎梁任公先生有言「不知天，無以學墨子」也。爰以「天字之意義」、「天與帝之關係」、「古天字之形」、「古天字之音」、「墨子天論異說」、「墨子天論之我見」六者述論臚列於后：

(一)「天」字之意義

甲、天爲顚頂

1.說文云：「天，顚也。至高無上，从一大」。段注：「顚者，人之頂也。以爲凡高之稱。……然則天亦可爲凡顚之稱」。

2.廣雅釋詁云：「天，顚也」。

3.說雅云：「天，顚也」。

4.春秋說題辭云：「天之爲言顚也」。（禮記月令目疏引）

5.釋名釋天云：「天像司兗冀，以舌腹言之，天，顯也，在上高顯也。青徐以舌頭言之，天，坦也，坦然高而遠也。」

乙、天爲積氣

1.論衡談天云：「天、氣也」。又云：「（氣）清者爲天」。

2.尚書洪範云：「天是積氣」。

3.顏氏家訓歸心云：「天爲積氣」。

4.鶡冠子泰錄云：「天者，氣之所總出也」。

5.莊子天地云：「清輕上爲天」。

6.易乾鑿度云：「淸輕者爲天」。（後漢班彪傳注引）

丙、天爲無爲自然

1.莊子天地云：「無爲爲之之謂天」。

2.莊子在宥「廣成子之謂天矣」注云：「天，無爲也」。

3.莊子馬蹄「命曰天放」注云：「天，自然也」。

4.荀子解蔽「莊子蔽於天而不知人」注云：「天謂無爲自然之道」。

5.莊子天道「先明天而道德次之」注云：「天者，自然也」。

6.莊子大宗師「庸詎知吾所謂天之非人乎」注云：天也者，自然也」。又同篇「知天之所爲者天而生也」注云：「天者，自然之謂也」。

7.莊子山木「有人天也，有天亦天也」注云：「凡所謂天皆明不爲而自然」。

8.荀子天論云：「皆知其所以成，莫知其無形，夫是之謂天」。

丁、天爲鎭

1.白虎通天地云：「天之爲言鎭也，居高理下爲人鎭也」。

2.春秋說題辭云：「天之言鎭也，居高理下，爲人經緯，故其字一大以鎭之也。」（爾雅釋天釋文引）

3.爾雅釋天釋文引禮統云：「天之爲言鎭也、神也、陳也、珍也、施生爲本、運轉精神、功效陳列，其道可珍重也」。

4.元命苞云：「天之言瑱」。（按瑱與鎭古字通用，周禮天府，凡國之玉鎭大寶器藏焉注：「故書鎭爲瑱，鄭司農讀瑱爲鎭。」周禮秋官小行人「王用瑱圭」釋文：「瑱宜作鎭音。」又九歌東皇太一「瑤席兮玉瑱」六臣本文選，洪朱兩家均音鎭，引一本作鎭，而書抄一三三，類聚六九並引作鎭，可證。）

5.荀子儒效云：「至高謂之天」。

戊、天爲萬物之祖

1.春秋繁露順命云：「天者，萬物之祖也」。
2.周禮目錄云：「天者，統理萬物也」。
3.漢書董仲舒傳云：「天者，羣物之祖也」。
4.史記屈賈列傳云：「天者，人之始也」。
5.莊子齊物論「敢問天籟」注云：「天者，萬物之總名也」。

己、天爲神

1.鶡冠子度萬云：「天者，神也」。
2.鶡冠子天權云：「神之所形謂之天」。
3.鶡冠子泰鴻云：「天也者，神明之所根也」。
4.春秋繁露郊祭云：「天者，百神之大君也」。又云：「天者百神之君也，王者之所最尊也」。
5.淮南覽冥「上天之誅也」注云：「上天，上帝也」。

庚、天爲大

1. 廣雅釋詁云：「天，大也」。
2. 國策齊策「右天唐」注云：「天，大也」。
3. 爾雅釋詁云：「天，君也」。
4. 詩蕩篇「天降滔德」傳云：「天，君也」。
5. 孟子離婁上「天之方蹶」注云：「天謂王者」。
6. 詩柏舟篇「母也天只」傳云：「天謂父也」。

按凡至尊（至貴、至大、至上）者皆是，故臣於君，子於父，妻於夫，民於食，皆曰天。（通訓定聲）。此卽由天爲神爲萬物之祖之義衍化蛻變而來也。

(二)「天」與「帝」之關係

1. 藝文類聚卷十一云：「帝者，天號」。
2. 易緯云：「帝者，天號也」（初學記引）
3. 文選招魂「帝告巫陽」善注云：「帝謂天也」。
4. 逸周書謚法解云：「德象天德曰帝」。
5. 易鼎彖「聖人亨以享上帝」孟氏易章句云：「帝，天稱」。
6. 呂氏春秋行論云：「得天之道者爲帝」。
7. 詩商頌玄鳥「古帝名武湯」鄭箋云：「古帝，天也」。

8.國語周語上「崇立於帝」。吳語「達于上帝」。韋注並云:「上帝,天也」。

9.國史舊聞卷二云:「古書通義,天與帝王原有連鎖之意」。

10.二程語錄卷二云:「詩書中凡有個主宰的意思皆言帝,有個包涵徧覆的意思則言天,有個公共無私的意思則言王,上下千百年中,若合符節」。

11.朱子語類卷六八云:「或謂以主宰言謂之帝。孰爲主宰,曰,自有主宰。蓋天是至剛至明之物,然如此運轉不息,則所以如此,自必有主宰之者。此等處,要人自見得,非語言所能盡」。

12.劉復「帝與天」云:『巴比侖最古象形文字中,有一「个」字,其音爲e-dim或e-din,其義爲「天」。又有一「米」字,其音爲din-gir或dim-mer或dimer,其義爲「天帝」或爲「人王」。』

13.青銅時代的先秦天道觀之進展云:『外國學者,例如波爾,主張「帝」字是由巴比侖的米字而來,因爲巴比侖的這個字,字形與「帝」字相似,有pin-gin, di-gic, dim-mer等的發音。首音與「帝」音相似,而又和「帝」字一樣有「天神」和「人王」之義』。

按「天」「帝」之義相混,自古而然,中外同理。

(三) 古「天」字之形

1.甲骨文

2. 金文：[illegible]

3. 三體石經篆書：[illegible]

4. 埃及文：[illegible]（天）[illegible]（雨）[illegible]（星）[illegible]（光）（見日人板津三七郎「漢埃文字同源考」二八六頁）。

5. 麼些文：[illegible]（天）[illegible]（雨）[illegible]（星）[illegible]（光）（見麼些文字典、天文類）

6. 墨西哥文：[illegible]（雨）。（見墨西哥今日雜誌Hoy 第五五九期）

按甲骨文雨作[illegible]，金文雨作[illegible]，古文雨作[illegible]。是知該「雨」字，除代表雨點部分之象形外，其代表「天」部分之象形，亦不出平直形與弧形二種。和甲文（卜辭）金文（包括盂鼎）、石經、埃及、麼些文之「天」字作「一」「二」之平直形，或作「[illegible]」「[illegible]」之弧形二種全然相同。作平直形者，下象人，上爲載於人顛頂之上者，圖其形貌，言人之頂也。（略本章太炎、王靜安二先生說）呂覽大樂、侈樂、本身諸篇，尚用人頂之義。至作弧形者，蓋以人立而遠望天空之形也，亦顛頂之義也。二者均所以言人之頂卽「天」，似無意於後世所謂有意志之「天」也。

易睽六二：「其人天且劓」則以名詞作動詞，故天爲鑿頂之刑，亦「天」作顛頂之義之證。引而申之，凡高遠於人者，皆曰「天」。充其極，乃爲蒼蒼者。更引而申之，凡一切高遠神異不可知之事，及歸之于蒼蒼者之事，皆得謂之「天」矣。故自然之音謂「天籟」（莊子齊物論），自然之分謂「天倪」（同上），日月星辰謂之「天宗」（禮記月令），衆妙之門謂之「天門」（莊子庚桑楚），不離于宗謂之「天人」（莊子天下篇），詩言父母則呼「天只」（詩柏舟）、孟言君王則稱「天蹶」（孟子離婁），于是而無爲爲之謂之「天」（莊子天下、在宥兩篇）任其自然謂之「天」（莊子在宥、馬蹄、天道、大宗師諸篇），至高謂之「天」（荀子儒效），知其所以成，莫知其無形，謂之「天」（荀子天論），萬物父母謂之「天」（莊子達生）（卿按達生篇有「天地者，萬物之父母也」之言，未嘗單言天也）一切不可知之事皆歸之於「天」。故「天」者，神也，（鶡冠子、春秋繁露郊祭，爾雅釋文引禮統）神明之所根也，（鶡冠子泰鴻）萬物之統理，（周禮目錄，莊子齊物論郭注）。是一切遠於人，高於人，古於人之事，皆得稱之「天」。（姜寅清屈原賦校注）

(四) 古「天」字之音

1.唐韻、正韻「他前切」。（說文、廣韻並同）

2.集韻、韻會「他年切」。

3.古韻相叶「人、信、臻、身、陳、淵、於、新、華、旬、民、瑱、神、申、田、年、引、鱗、形、成、命、貞、寧、精、情、平、生、正、賢、令、刑、名、眞、親、幷、顛、雯、聞、鄰、千、瞑、論、元、玄、旋。」

按「天」字音讀，不外爲「ㄣ」（申）、「ㄢ」（淵）、「ㄤ」（應與上字叶），與「帝」之音讀不可通，惟北方匈奴族，把「天」讀若「帝」音，如漢書匈奴傳『匈奴謂天曰「撑犁」』而「撑犁」二字拼音爲「帝」。（見中國古史中的上帝觀）可知「天」字音讀在秦漢之前，無與「帝」音。然其音「申」（古電字）即後之神字也。則是謂有意志之「天」矣。

據上所知見資料，無論從「天」之形，或「天」之音，或「天」之義以觀，若以二分法言之，要皆不出「有意志之天」與「無意志之天」二者也。或則細而釋之，不出梁任公謂之四分法，馮芝生所列之五分法，周世輔之七分法也。今請分別觀之。

梁任公謂「天」有四義：曰以形體言天者（說文曰：天，顚也，至高無上，从一大。爾雅曰，春爲蒼天云云。此外如天高地厚，天成地平，天覆地載等不可悉數，此指天體言也）。曰以主宰言天者（如稱天秩、天序、天命、天討、天聰明、天明畏、克謹天戒、俶擾天紀、共行天罰、天生烝民、天鑒下民，孔子所謂天何言哉。老子所謂天地不仁。以及羣書中所稱帝、上帝、神、皇天、上天等皆是也，此含有造化主之意義）。曰以命運言天者（孔子謂富貴在天。孟子謂若夫成功則天也，吾之不遇魯侯天也，其子賢不肖天也，非人之所能爲也之類皆是。含有宿命運數因緣等意義）。曰以義理言天者（中庸天命之謂性。論語夫子之言性與天道。詩上天之載，無聲無臭。孟子知其性則知天矣等類，皆是含有理性自然之法則等意義）。爲使世人易於了解，並嘗爲圖以明之：

- 天
  - 有象……形體的（天界、天體）
  - 無象
    - 有靈……主宰……（天帝、皇天、造物主）
    - 無靈
      - 命……（運數、因緣）
      - 理法……（原則、理性）

以上俱見梁氏「子墨子學說」一書。

馮芝生謂「天」具五義：曰物質之天。卽與地相對之天。曰主宰之天，卽所謂皇天，上帝，有人格的天帝。曰命運之天，乃指人生中吾人所無可奈何者，如孟子所謂「若夫成功則天也」之天是也。曰自然之天，乃指自然之運行，如荀子天論篇所說之天是也。曰義理之天，乃謂宇宙之最高原理，如中庸所說「天命之謂性」之天是也。（中國哲學史）

周世輔謂「天」具七義：㈠物質之天或天。㈡主宰之天，如說皇天后土實所共鑒，含有神的意義。㈢自然之天，如莊子所謂牛馬四足是謂天，落馬首穿牛鼻是謂人。㈣命運之天，有人釋爲「趨勢」與「不可抗力」。㈤天性之天與天命之天，如說天命之謂性，或說在天謂命，在人謂性。㈥天理之天，含有道德之意。㈦天演之天，含有進化之意。（墨子學說與 國父思想）

吾人審之以典籍所載，其於「天」性體之說解，可謂夥且賾矣，然統而言之，未嘗超出上述「七義」之範疇也。

㈤墨子「天」論異說

墨子書中，言「天」之處，幾近三百次之多。就中僅以法儀、兼愛、非攻、天志四篇計之，已達二百零六次。然其天之一字，究作何解？眞言人人殊，迄今仍多異說。約而言之，大抵可分三派：一謂墨子之「天」，卽主宰之神。二爲反於是者，謂墨子之「天」乃爲民意。三爲作折中之論者，一則認定墨子之「天」，謂爲主宰之神明，然又附加說明，言其藉天鬼以行其說。今請試觀第一派之言論：

蔡孑民先生云：

墨家與基督教有相同處。如天志與上帝，明鬼與靈魂，兼愛與博愛，其最大者也。（墨子集解附錄引）

王治心先生云：

最明顯地肯定天有意志的，厥惟墨子。他所體認的天，與宗教家所崇拜的上帝，毫無兩樣，他認定天是造物的主宰。（中國宗教思想史大綱）

李石岑先生云：

孔子的「天」，是沒有意志的……墨子的「天」便不然，孔子的「天」是灰色的……墨子的「天」是很顯明的承認天有意志，所謂「天志」就是說「天」操一切賞罰好惡之權。（人生哲學）

梁啓超先生云：

墨子的「天」和老孔的「天」完全不同。墨子的「天」純然是一個「人格神」，有意欲，有感覺，有情操，有行爲。（墨子學案）

胡適之先生云：

墨子的「天」，却不是老子的自然，也不是孔子「天何言哉，四時行焉，萬物生焉」之「天」。墨子的「天」是有意志的，天何意，就是要人兼愛，凡事都應以天志爲準。（中國哲學史大綱後改稱中國古代哲學史）

羅光先生云：

大家對墨子「天」都沒疑惑，都知道他說的天，卽是主宰的上帝。

羅氏又云：

天有意志，天無所不知，天至高至貴，天操賞罰之權，天欲義而惡不義，天爲行政之本，天以下有鬼神。（中國哲學大綱）

王昌祉先生云：

墨子所稱之天，非形體之天，亦非抽象之道，實乃主宰之天，亦卽造物之主「古者天之始生民」，（尚同下）宇宙人類之宰制者，「國皆天之邑……人皆天之臣」。（法儀）。（諸子的我見）

王寒生先生云：

墨子所謂天，不是指有形的穹窿的天，乃是指有主宰性的天。如稱天秩、天序、天命、天討、天聰明、天生烝民、天鑒下民，以及羣書中所稱的上帝，此與耶穌所稱的天父相同。（墨學新論）

雷雨先生云：

天，全知全能，至聖至潔，高高居上，領袖諸鬼，統馭萬物，其鬼無不可在，而常駐於人，其形無不可見，而常現於人。（墨書。墨子研究引）

宇野哲人云：

墨子當然爲「有神論」者也。鬼神者，有天神，地祇，人鬼三種。此鬼神與天同有賞善罰惡之權，無論何處，鬼神均不寬假。然則鬼神與天之關係爲何？雖未明言，若兩相比較，以天爲最高主宰，鬼神則其屬也。（中國哲學史——唐玉貞譯）

陳柱先生云：

孔子蓋不以天爲有意志，與墨子之作天志明鬼，其指大異也。蓋墨子近於宗教家，而孔子則近於哲學家，墨子主有神論，而孔子主無神論。（墨子十論）

劉宇聲先生云：

墨氏和古代聖哲一樣，認爲「天」是萬有的最終基源。（人生哲學綱要）

杜而未先生云：

天和帝有不少重要分別，至少依古籍是如此。上帝爲殷商的神，並有土地神的成份。商湯所禱的是上帝，墨子的天與儒家的天不同，因墨子的天實卽上帝。（中國古代宗教研究）

周若石先生云：

在解釋墨書時，仍依照當時的公規，承認上帝就是天，天就是上帝。（對墨書中天與上帝的幾點意見）

李紹崑先生云：

墨書中的「天」有如印度教「大梵天」，而「上帝」則有如降凡濟世的「黑天尊者」。……墨書中的「天」有如天主教的「天主」，而「上帝」則有如降生救世的天主「聖子」。（墨子研究）

蘇師雪林先生云：

故知墨子之天鬼，卽等於我教（天主教）之天神。（中國傳統文化與天主古教）

而近人張純一氏一則謂「天」殆如景教之上帝。渠云：「墨子標示之天，賞善罰暴，顯有意志，殆如景教之上帝。非若孔子之所謂天，時覺有靈，時覺無靈者比。」（墨子間詁箋。集解後二語作『較孔子之所謂天，更有威靈。』）而繼之又謂「天」爲一大積氣。其言曰：「天者，一大積氣耳，古人以其在顚，故名爲天，蓋一眞性體之代名，兼之本也」（墨子集解）

於今再看第二派之意見，此派之主張與第一派恰然相反，主是說而知見者，有陸世鴻諸人：

陸世鴻先生云：

墨子所謂天志，實際卽指民意而言。（墨子）

張鐵君先生云：

墨子所謂天志，實是天下人民意志的反映，天志就是民意。所以他說「天之意，不欲大國之攻小國也，大家之亂小家也，强之暴寡，詐之謀愚，貴之傲賤，此天之所不欲也」。然而這些天意，實在就是民意。天之所不欲，就是人民之所不欲，這和儒家「天聽自我民聽，天視自我民視，民之所欲，天必從之」的話，幾乎是一樣的。（三民主義與墨子學說）

陳顧遠先生云：

墨子底天志底性質，和現在所謂民意是一體的。

陳氏繼之又云：

墨子底天是抽象的，是精神的，是虛渺的；不是具體的，物質的，實在的。換句話說：墨子這天是託天改制底天，不是照臨下土底天；是政治標準底天，不是統一天下底天；

是限制君權底天，不是管轄君王底天。（墨子政治哲學）

另李三堂氏雖未言墨子之「天」卽是「民意」，但他却否定其「天」是主宰天地萬物之「天」。渠云：『墨子所謂的「天」，並不是主宰天地萬物的「天」』（墨子的天道觀）而方授楚氏進而以爲墨子之「天」爲墨子所自造。其言曰：「天和天志是由墨子創造出來的。法人福爾泰云：『上帝如爲吾人所需要也，則不妨以己意製造之。』墨子之天志，其有福氏此種態度歟」。（墨學源流）這種說法，與第三派之意見近同。

第三派是兼前二者而並容之，雖言似折中，而實則另有「新義」。蓋彼等既認定「天」爲有意志之神，有「上帝」之性體（屬性），但又以爲其「天」，乃其學說遂行之手段。主其說而知見者，有高葆光，嵇哲諸人，今請一觀其說：

高葆光先生云：

墨子根據古人傳說，以爲天帝是宇宙的主宰。天帝是有意志的，有全能的，是欲義而惡不義的，天是愛百姓的。

高氏繼之又云：

他主要的目的，在以鬼神的力量，來推行兼愛和尚同的主張。（墨學概論）

嵇哲先生云：

墨子所謂天，乃有宗教性質之主宰者，卽天①創造萬物，②監督上下，③行賞罰禍福之全能之主宰神也。

嵇氏繼之又云：

其所以尊天事鬼，乃其學說之推行策略。（先秦諸子學）

郎擎霄先生云：

墨子所說的天，是有意志的天。天旣有意志，所以就有使行他的善必賞，惡必罰之權。天為主宰萬有之上帝，所以人人都要順天意而行，不然，就是違反天意，大逆不道了。

郎氏繼之又云：

墨子恐怕天子權限大了，做出在正義範圍以外之事，變成絕對專制的人，所以假託天有種種意思，給君王立個權限的範圍。……這蓋慮非其人而居上位，不足為民之極，故仍欲上同於天。天志禁僞，於此而善惡是非之去取有定，人間行義之表準，無所逃於天下了，這是墨子一種託天改制的意思。（墨子哲學）

墨子天論之我見

吾人考查上述三派主張後，可暫勿評其是非，亦勿論其得失，先詳為閱覽墨子書中有關「天」之記載，然後再為審察判定之，請先看法儀篇的一段文字。

天下從事者，不可以無法儀，無法儀而其事能成者無有，雖至士之為相者皆有法。雖至百工從事者亦皆有法。今大者治天下，其次治大國，而無法所度，此不若百工辯也。然則奚以為治法而可……曰，莫若法天，天之行廣而無私，其施厚而不德（得），其明久而不衰，故聖王法之。動作有為必度於天，天之所欲則為之，天之所不欲則止。

於此吾人知聖王之所以法天，蓋以「天之行廣而無私，其施厚而不德，其明久而不衰」。亦呂覽去私「天無私覆」。老子「萬物作焉而不辭，生而不有，爲而不恃，功成而弗居」之意。如此至仁偉大之「天」，法之，於大羣，可使天下大治；於個體，必使已行爲公。不特此也，天體大而無外，其無所不知，無所不能，亦無所不在，它高高在上，監督萬民。人之行爲，無所逃其耳目。天志上有云：

> 今天下之士君子，知小而不知大。何以知之？以其處家者知之。若處家得罪於家長，猶有鄰家所避逃之。然且親戚兄弟所知共相儆戒，皆曰：不可不戒矣！不可不愼矣！惡有處家得罪於家長而可爲也？非獨處家者爲然，雖處國亦然。處國得罪於國君，猶有鄰國所避逃之。然且親戚兄弟所知共相儆戒，皆曰：不可不戒矣！不可不愼矣！誰有處國而得罪於國君而可爲也？此有所逃避之者也，相儆戒猶若此其厚，況無所避逃之者，相儆戒豈不逾厚然後可哉！且語言有之曰：晏日焉而得罪，將惡所避逃之？曰：無所避逃之。夫天不可爲林谷幽閒無人，明必見之。然而天下之士君子之於天也，忽然不知以相儆戒，此我所以知天下士君子知小而不知大也。

天乃至尊無上，爲衡量一切事物之標準。不問其貴爲王公大人士君子，抑或賤爲匹夫徒步之士，其聽獄治政，與夫言談行動，均以天意度之。其天志中有云：

> 故子墨子之有天之意也，上將以度王公大人之爲刑政也，下將以量天下之萬民爲文學出言談也。觀其行，順天之意，謂之善意行，反天之意，謂之不善意行。觀其言談，順天之意，謂之善言談，反天之意，謂之不善言談。觀其刑政。順天之意，謂之善刑政，反

> 天之意，謂之不善刑政。故置此以爲法，立此以爲儀，將以量度天下之王公大夫卿士大夫之仁與不仁，譬之猶分黑白也。

天之意何在？天意爲欲義而惡不義。何以知之？墨子之言曰：

> 天下有義則生，無義則死。有義則富，無義則貧。有義則治，無義則亂。然則天欲其生而惡其死，欲其富而惡其貧，欲其治而惡其亂，此我所以知天之欲義而惡不義也。（天志上）。

天意又是要人兼相愛，交相利。何以知之？法儀篇有答案。其言曰：

> 奚此知天之欲人之相愛相利，而不欲人之相惡相賊也？以其兼而愛之，兼而利之也。奚以知天之兼而愛之，兼而利之也？以其兼而有之，兼而食之也。

而天志下，亦從人世國君之以食其國而愛其民，從而推知「天」之兼天下而食，因而兼愛天下之人，其言曰：

> 楚王食於楚之四境之內，故愛楚之人。越王食於越，故愛越之人。今天兼天下而食焉，我以此知其兼愛天下之人也。

而且天兼愛天下之人，較之父母之愛子女，尤爲深厚，惜乎人莫知之也，天志中云：

> 今有人於此，驩若愛其子，竭力單（殫）務以利之。其子長，而無報乎父，故天下之君子與（舉）謂之不仁，不祥。今夫天兼天下而愛之，撽遂萬物以利之，若毫之末，非天之所爲，而民得而利之，則可謂厚矣。然獨無報乎夫天，而不知其爲不仁、不祥也。此吾所謂君子明細而不明大也。

所以法儀篇有云：「愛人利人者，天必福之。惡人賊人者，天必禍之。曰殺不辜者，得不祥也」。而天志上亦有此類言辭：「順天意者，兼相愛，交相利，必得賞；反天意者，別相惡，交相賊，必得罰」。天有好生之德，不容人殘殺，因而於天志上又云：

> 且吾言殺一不辜者，必有一不祥。殺一不辜者，誰也？則人也。予以不祥者，誰也？則天也。

其於兼愛兼惡之聖君暴主，分別予以得福降禍。天志上、中、下三篇及法儀篇均有此類語。今僅錄法儀篇一段文字以覘一斑：

> 昔之聖王禹湯文武，兼愛天下之百姓，率以尊天事鬼，其利多，故天福之。使立為天子，天下諸侯皆賓事之。暴王桀紂幽厲，兼惡天下之百姓，率以詬天侮鬼，賊其人多，故天禍之。使遂失其國家，身死為僇於天下，後世子孫毀之，至今不息。故為不善以得禍者，桀紂幽厲是也。愛人利人以得福者，禹湯文武是也。愛人利人以得福者有矣，惡人賊人以得禍者亦有矣。

此外，天又是極其聖潔，而為義之所從出之智者。天志中有云：

> 欲為仁義者，則不可不察義之所從出……。義何從出？子墨子曰：義不從愚且賤者出，必自貴且知者出……。然則孰為貴孰為知？曰天為貴天為知而已矣，然則義果自從天出矣。今天下之人曰，當若天子之貴諸侯，諸侯之貴大夫，確明知之，然吾未知天之貴且知於天子也。子墨子曰：吾所以知天之貴且知於天子者有矣。曰：天子為善，天能賞之；天子為暴，天能罰之。天子有疾病禍祟，必齋戒沐浴，潔為酒醴粢盛，以祭祀天

鬼，則天能除之。

天是高高在上之神明，惟天下百姓，未能明知而已。天志上有云：

無從下之政上，必從上之政下，是故庶人竭力從事，未得次己而爲政，有士政之；士竭力從事，未得次己而爲政，有將軍大夫政之；將軍大夫竭力從事，未得次己而爲政，有三公諸侯政之；三公諸侯竭力聽治，未得次己而爲政，有天子政之；天子未得次己而爲政，有天政之。天子爲政於三公諸侯將軍大夫士庶人，天下之士君子固明知，天之爲政於天下，天下之百姓，未得明知也。

綜觀上述，墨子對「天」之觀念，咸從積極方面解釋之，以勉人之行善而不爲不善。如「天欲義」「天之欲人之相愛相利」「順天者必得賞」「愛人利人者，天必福之」諸語，皆具鼓勵人們爲善之意。至天之性體，除前引第一派諸家所言及墨子書中記載外，梁任公更析分爲六方面言之：「一、天爲萬事萬物之標準。二、天者，人格也。三、天者，常在者也。四、天者，至高貴而爲善之所從出也。五、天之欲惡與其報施。六、天之所欲惡者何在」（多採日人高瀨武次郎揚墨哲學）。王桐齡亦細分爲四點講述：「一、天爲萬事萬物之標準。二、天者，具有人格而全知全能者也。三、天者，有感覺，有意欲，有情操，有行爲者也。四、天爲義之所從出」。並謂此皆以天爲造物主，無所不在，無所不知，無所不能，與猶太教之Jehoval，耶穌教之God 意義同也」（儒墨異同）。多年來，倡此說者，頗不乏人。其所以認定墨子之「天」，同於基督教之上帝，或天主教之天父者，蓋除上列引述者外，當本之於天志中有關「天」之一段記載，其言曰：

且吾所以知天之愛民之厚者有矣。曰，以磨爲日月星辰，以昭道之；制爲四時，春夏秋冬，以紀綱之；霣降雪霜雨露，以遂長五穀麻絲，使民得而財利之；列爲山川谿谷，播賦百事，以臨司民之善否，爲王公侯伯，使之賞賢而罰暴。賦金木鳥獸，從事乎五穀麻絲，以爲民衣食之財。自古及今，未嘗不有此也。

據此，則天爲萬有之原，極近於聖經創世紀之眞主。然細按墨子之「天」，則又未敢苟同是說。蓋如其所言「我有天志，譬若輪人之有規、匠人之有矩，以度天下之方圓。」(天志上)「子墨子置立天志，以爲儀法，若輪人之有規，匠人之有矩也。」(天志下)「子墨子之有天意也，上將以度王公大人之爲刑政也……」(天志中)墨子以「天志」與匠人之「規」「矩」並論，則使「天」之地位降低，「天」之神聖意味減弱。而「天志」「天意」爲其所有，爲其所持，甚至爲其所「置」。則「天志」「天意」有似「工具」。因而乃有「天是墨子造出來」之說。是以嵇哲亦云：「墨子以天志與規矩相比，是天志爲墨子學說之工具矣。其於天志上加一我字，則天志乃墨子所造出，非宇宙中眞有一天志也」。

復次，其尙同上云：「天下之百姓，皆上同於天子，而不上同於天，則菑猶未去也」，天既爲至尊無上，則百姓同之，自屬理想，然不上同之，則必降災，亦嫌有汚於「天」之神格。而天志中所云：「然有所不爲天之所欲，而爲天之所不欲，則夫天亦且不爲人之所欲，而爲人之所不欲矣。」是「天」之氣度，亦嫌未大，與人對立，非「天」之所當爲。且亦與我國宗教思想之特質不合，按我國之宗教思想，其特質有三：㈠人神之距離少，不似西方之人神距離大。㈡祖考配享於神及神意與人意之不相違。不似西方之缺人與天帝配享而在其左右之思想。㈢天神之富仁愛體恤之德。不似西方神之威力盛，義足而仁不足。（參擇唐君毅中國文化之精神價值。）據此亦可知墨子之「天」，實未能全是而無非，吾人確難深信之。

嚴靈峯亦不同意墨子之「天」卽「上帝」之論。嚴氏曰：

法儀篇中說：「天之行廣而無私，其施厚而不德，其明久而不衰」而天志上却說「天」要「百姓犓牛羊豢犬豕，潔爲粢盛酒醴，以祭祀上帝鬼神」。天旣責人之報，則非「無私」和「不德」。天還要人間仰給烟火，又如何能「創造萬物」，百姓不祭祀，就要受罰，怎能够「不衰」。

又說，墨子書中，有下列重要各點，足以推翻這種傅會的說法：

1. 把天的神聖地位降落。如「不順天之意」，不祭祀天，一切就要受罰。……

2. 人與天對立。人可以「順天之意」亦可以「反天之意」……。

3. 如果世間一切皆由「天」所創造和安排，那末，造物主的「天」，爲甚麼不一勞永逸，一次儘造善人……。

當然，嚴氏之二分法，未可視爲鐵證。但墨子之「天」，不若造物主「上帝」之全能與偉大，確然是實。

綜上以觀，歷代墨學專家與夫箋墨學者，多言墨子之「天」爲有意志之神，而按之以墨書言「天」之文，謂「天」之神性，雖不周延，但其爲「有意志」而「賞善罰惡」是無可置疑的。所以近人仍多言之，如張起鈞、吳怡二先生同云：「墨子從種種方面證明上天對於人類，是一律覆育，一律愛護的。世上的人和「天」的關係，全是一樣遠近，不分軒輊，就如許多孫子，在老祖父的膝下一樣，全都是他兒子們的孩子，沒有遠近親疏。假如人們不明此義。而要你疆我界，秦楚自分，那就如孫兒們各分門戶，相互攻擊一樣的使老祖父傷心。我們爲了避免上天的傷心而降罰，我們爲了體行天志以求多福，便勢必要人人相愛，毫無厚此薄彼的偏愛」。（中國哲學史話）

但張吳二氏並不以爲墨子的「天」就是上帝，因爲他們繼之又云：「從哲學的眼光來看，把「兼愛」的基礎建築在這個道理上，實在是薄弱荒謬之至」。林尹先生云：「蓋墨子之學，實已近於宗教。故尊天之志，以爲不可違逆，多設鬼神，以爲佐天而行賞罰，藉神道之教，勵人爲善，篤人之行。」（中國學術思想大綱）林先生「藉神道之教，勵人爲善，篤人之行」之言，實在是深獲我心之論。而蔣維喬氏亦有如是之看法，其言曰：「拿尊天事鬼作信條，叫人們戰戰兢兢，畏懼鬼神的賞善罰惡，不敢爲非作歹，這全是宗教的教化作用。我國古代的學者，爲達到教化的成功，往往利用人民的習慣，以爲宣傳手段，當時的墨子既要施教，自然也不能例外。」（中國哲學史綱要）而羅根澤氏亦云：「（墨子）尊天事鬼神，都是爲的利民；這是一種利用，與原始的迷信天鬼不同。」（諸子考索）

因而筆者以爲墨子是以「天」爲統一天下之工具，以「天」爲推行其學說之手段。上述第三派之言，誠卓識之見也。蓋其尚同兼愛諸學說之成立，咸終訴之於「天」。是知其爲託「天」立言。託「天」改制無疑。吾人不信，請再以墨子之言以證之。墨書魯問篇載墨子對其弟子魏越之言曰：「凡入國，必擇務而從事焉：國家昏亂，則語之尚賢尚同；國家貧，則語之節用節喪；國家熹音湛湎，則語之非樂非命；國家淫僻無禮，則語之尊天事鬼；國家務奪侵凌，則語之「兼愛非攻」。我們單看「國家淫僻無禮，則語之尊天事鬼」之語，則墨子言「天」之立意所在，自不待言而明之矣。

(原載中華文化復興月刋第五卷第七期略予增訂而成此文)

第二章　墨子德論

蔣復璁先生云：「完人是立德、立言、立功三者齊備不朽的」(注一) 易象亦云：「君子以識前言往行以畜其德。」(注二) 陳立夫先生更云：「德爲共生存，共進化的原理之應用，顯係爲羣而施。無德之羣，猶如一盤散沙。」(注三) 觀上所言，「德」與人與羣關係之重要，可得而知矣。

蓋蔣氏之言，謂「立德」爲「完人」之所必具條件。而易象之說，謂「畜德」乃「君子」之不可或缺工夫。(注四) 至陳氏之論，則謂「德」關乎國家社會大羣之生存進化之道矣。是大哲如墨子者，其「德論」，實不可不詳究而深悉之，俾以爲吾人遵循之資，亦可藉以了然於墨子當世聲勢顯赫，徒屬滿天下之所以然也。況乎唐蘭亦據「三百篇有六十多『德』字，今文書二十八篇有一百多個『德』字。」而謂「德的名詞，在古代哲學，占有最重要的位置。」(注五) 毛子水先生亦云：「胡適之先生說道：『先秦顯學本只有儒、道、墨三家。』」又云：「孟、荀、老、墨、韓非、呂氏春秋等，爲我國幾部最古的政治和道德哲學的書，先民所以經紀人倫，平章百姓的法度，大部份都在這幾部書裏面。」（注六）是又見吾人探「德」、論「德」「踐「德」之意義深遠矣。

唐蘭嘗釋「德」云：「依訓詁看法，『德』就是『得』，而照現在的說法，『德』和『性格』差不多。性格可由鍛鍊而改變，所以要『修德』，好的性格是『美德』，惡的性格是『凶德』或『爽德』。德的本身是無所謂善惡的。（墨卿按墨子非攻下、閒詁云：「予既沈清殷紂于酒德矣。」即非善惡之德。）但因習慣的關係，『德』也就專指善良的德。」（注七）茲編所述，先就羣書所見，以覘「德」之究竟意義。進而以墨論墨、參諸古籍、再爲析言墨子有關「德論之述列。

(一)「德」字之意義

經查羣經諸子，以及有關典籍。「德」之意義，可得而言者，蓋有二焉：一爲「修已」方面之涵義；二爲「治人」方面之內容。於今請先觀其「修已」者諸義：

甲、德、得也。

1.廣雅釋詁三：「德、得也。」

2.禮記玉藻：「立容德」，釋文：「德、得也。」

3.老子：「上德不德」王注：「德，得也。」（管子心術篇同）

4.列子天瑞：「德之徼也」張注：「德，得也。」

5.論語爲政：「爲政以德」皇疏：「德，得也。」

6.莊子德充符：「惡用德」注：「德之言得也。」

按古籍以「得」訓「德」，所在多有，例繁不具引證。然所「得」者何？雖未嘗言之，其爲「行道而有得於心」之義可見。下列諸條則爲明言有所「得」者：

乙、德，得其性者。

1.淮南齊俗訓：「得其天性謂之德。」（後漢書朱穆傳與此同訓）

2.論語爲政：「道之以德」皇疏引郭象云：「德，得其性者也。」

3.禮記樂記：「德者，性之端也。」

5.後漢書朱穆傳注：「不失天性是謂德。」

「德」與「性」之關係。高晉生嘗云：「今詳審老氏之書，略稽莊生之言，而予以定義曰：德者，萬類之本性也。」（注八）按「性」爲人挾生以俱來者，荀子正名：「不事而自然謂之性。」論衡初禀：「性，生而然者也」是也。人性本然爲善，是以諸家以「性」訓「德」，而總統蔣公亦云：「天地父母生了我們下來，就有一種先天靈明的德性。」（注九）「德」「性」二者，由此可見關係。

丙、德、得以生者也。

1.賈子道德說：「所得以生謂之德。」

2.莊子天地：「物得以生謂之德。」

3.老子：「貴德」王注：「德者、物之所得也。」

4.鶡冠子環流：「所謂德者，能得人者也。」

5.韓非子解老：「神不淫于外，則身全，身全之謂德。」

按非惟人得以「生」謂之「德」，卽「物」亦然。由「人」而「物」，終至凡具是「德」者，無不得「人」矣。鶡冠子之言是也。易繫辭下云：「天地之大德曰生。」程明道云：「天地之大德曰生。天地絪縕，萬物化醇，生之謂性，萬物之生意最可觀，此元者，善之長也，斯所謂仁也。」(注十)二者之義與此相類。蓋以「生」爲「德」，以「德」爲立身處事之則，人物自各有所得以生者，而人亦爲我所用矣。

丁、德者、得於理也。

1.禮記曲禮：「道德仁義」疏云：「德者、得理之稱。」

2.賈子道術：「施行得理謂之德。」

3.孝經：「德義可尊」疏引劉炫云：「德者、得於理也。」

4.釋名釋言語：「德，得也，得事宜也。」

5.莊子德充符注云：「事得以成、物得以和謂之德。」

按就人之立身言，能得於「理」，則就人之行事而論，卽可謂「得事宜」，如是則必「

事得以成」而「物得以和」矣。

戊、在心爲德。

1.左桓公二年傳：「將昭德塞違」箋：「在心爲德、施之爲行。德是行之未發者，而不可聞見。」（通典引周禮師氏馬注同。）

2.韓非子解老：「德者，內也。」

3.詩車舝箋古人有高德者疏：「德者，在內未見之言。」

4.周禮師氏：「以三德敎國子」注：「德行內外之稱，在心爲德，施之爲行。」

5.書泰誓上：「同方度德」疏：「德者，得也，自得於心也。」（左文公十八年傳：「則以觀德」疏同。）

6.論衡書說：「實行爲德。」

按以「內」訓「德」，卽「在心爲德」之義也。晉書音義下云：「悳與德同。」漢書地理志上集注云：「悳、古德字。」悳字以心從直。意卽發自人之本然善心者爲「德」也。而誠於中、形乎外、以「德」存心，其行亦必合乎「德」矣。王充之說解，卽據此推論而言之。孔子云：「苟志於仁矣，無惡也。」亦此之義也。

己、德、生之本也。

1.禮記大學：「德者，本也。」

2.莊子駢拇：「而修于德」王注：「德者，全生之本也。」

3.韓非子解老：「德也者，人之所以建生也。」

4.莊子天地：「故執德之爲紀」注：「德者，人之綱要。」

按「德」爲人生之本。人而無「德」，何能以「生」？甚言之，「德」不惟個人賴以生者，而國家社會亦復賴以存之也。「德」爲「人之綱要」，可不修乎？

庚、德者，道之功用也。

1.老子釋文：「德，道之用也。」（素問寶命全形論「天地合氣」注同。）

2.韓非子解老：「德者，道之功也。」

3.素問解精微論：「是以人有德也」注：「德者，道之用，人之生也。」

4.管子法法：「通德者」王注：「德者，道由以成者也。」

5.賈子道德說：「德者，道之澤也。」

6.大戴記王言：「德者，所以尊道也。」

7.管子心術：「德者，道之舍也。」

按「道」與「德」二字連屬，其義同中有異：若老氏之書，是曰「道德經」者。老子正詁釋「道爲宇宙之母力，德爲萬類之本性。」淺言之，可謂「道」爲「德」之體，而「德」爲「道」之用。老子云：「道生之，德畜之。……萬物莫不尊道而貴德。」（五一章）此以爲人事之指標也。若常人之所謂「道德」云者，乃謂合於倫理之行爲也。換言之，卽衆人所應遵循之理法及行爲之合於理法者也。卽言「人與人之間，所應共同遵循之規範」亦無不可。如果「道」與「德」二字分屬，其義亦多：若韓愈云：「博愛之謂仁，行而宜之之謂義，由是而至焉之謂道，足乎己無待於外之謂德。」（原道）孔穎達云：「道者，通物之名；德者，得理之稱。」（禮記卷一曲禮上注）王弼云：「道者，物之所由也；德者，物之所得也。」（老子道德經五十一章註）（墨卿按「人」（亦可謂宇宙中之「物」。）近人王文俊亦云：「道是指大家應走的路，是公共性的；德乃指個人行路的心得，是個人性的。」（廿世紀之科學——人文科學之部頁二○四）據諸家所云，可知「道」爲本體，爲大道，萬物由之而生；「德」是心得，須踐行，爲萬物行道而得之成就。至「道」「德」二字之關係，高晉生嘗析之云：「道者，宇宙母力之本體。德者，宇宙母力之本性。本性之發，是爲作用。故切實言之，德者，宇宙母力之作用。亦可云：德者道，之用也。」（注十一）莊子天地篇亦云：「通於天地者，德也，行於萬物者，道也。上治人者，事也。能有所藝者，技也。技兼於事，事兼於義，義兼於德，德兼於道，道兼於天。」說雖稍異於高氏，但觀乎諸家之釋，於「道德」之涵義可知矣。

辛、德爲善福。

1. 國語晉語：「德義之樂則未也」注：「善善爲德。」
2. 說苑政理：「德者養善，而進闕者也。」
3. 禮記曲禮：「道德仁義」疏：「德謂善行。」
4. 後漢書明德馬后紀注：「忠和純淑曰德。」

5.禮記月令：「命相布德和令」注：「德謂善教也。」

6.國語晉語：「夫德、福之基也。」

7.禮記哀公問：「百姓之德也」注：「德猶福也。」

按以「善」「福」訓「德」，不惟就人之先天內涵言，謂爲「靈明之德性」，「本然之善性」。卽就人之後天表爲論，踐「德」者，必獲「善」邀「福」也。且獨善之外，兼可施之於人以爲之敎矣。

壬、德謂賢者。

1.周禮司士：「以德詔爵」注：「德謂賢者。」

2.莊子大宗師：「以德爲循」注：「德者自彼所循。」

3.莊子天地：「通於天地者德也。」

4.韓詩外傳五：「至精而妙乎天地之間者德也。」

5.莊子繕性：」德，和也。」

6.莊子駢拇釋文引崔注：「德，猶容也。」

7.莊子天地：「此謂德人之容」注：「德者，神人迹也。」

8.管子四時：「德出賢人」注：「德者，賢人所修爲，故能生賢也。」

按「德」亦至精而妙之物，爲人修養必具之者。循「德」而爲，可使人「和」，可步「神人之迹」。而有「德」之士，而後有「容」，而後可「通於天地」。臻此境界，非聖賢而何？

癸、德爲衆德。

1.禮記少儀：「士依于德」注：「德、三德也。一曰至德，二曰敏德，三曰孝德。」

2.大戴記四代：「德、有天德，有地德，有人德，此謂三德。」

3.大戴記衞將軍文子：「孝德之始也」注：「天道曰至德，地道曰敏德，人道曰孝德。」又云：「動而樂施者天德也，安而待化者地德也，自餘禮、義、忠、信以下皆爲人德。」

4.周禮大司徒：「六德、知、仁、聖、義、忠、和。」

5.禮記禮運：「天子以德爲車」疏：「德謂孝悌也。」

6.左僖公二十七年傳：「德、義利之本也。」

綜上所述，「德」字之諸多內涵，除「天德」「地德」外，率皆指人之內在修養而言，咸爲個人之「修己」工夫。然「己」者臻於健全之域後，必須進而力求達於「安人」「治人」之目的。吾人試從下列「德」之諸義，則可見其用以「治人」之一斑：

1.大戴記子張問入官：「德者，政之始也。」（孔子家語同。）

2.周書本典：「能督民過者，德也。」

3.管子正篇：「愛民無私曰德。」

4.大戴記盛德：「德法者，御民之本也。」又云：「德法者，御民之銜勒也。」

5.論語憲問：「何以報德」鄭注：「德謂施恩也。」
6.左襄公七年傳：「恤民爲德。」
7.漢書董仲舒傳：「德者，君之所以養也。」
8.呂氏春秋精通：「德也者，萬物之宰也。」
9.左襄公二十四年傳：「德者，國之基也。」
10.管子正篇：「愛之，生之，養之，成之，利民不德（得），天下親之曰德。」
11.國語周語下：「非地德」注：「德，猶利也。」
12.廣韻入聲廿五德：「德，德行。惠也、升也、福也。」
13.資治通鑑：「正直中和之謂德。」
14.荀子富國：「不以德爲政」注：「德謂教化使知分義也。」
15.管子心術：「化育萬物謂之德。」

司馬光以「正直中和」訓「德」。蓋「正直中和」以「公」爲本，而「公」爲得天下之要素。（呂覽貴公）廣韻以「惠、福」訓「德」，蓋「惠、福」足以使民。國語周語注，是以「利人利民」爲「德」也。其餘諸條，詞義淺白，一望而知其爲「治人」之道者矣。

「德」字，古作「悳」，以直從心，會意。直心者，心公平正直也。說文云：「悳，外得於人，內得於己也。從直心。」段注：「此當依小徐通論作內得於己，外得於人。內得於已謂身心所自得也；外得於人謂惠澤使人得之也。俗字叚『德』爲之。」玉篇，集韻皆據說文而爲言，並云通用作「德」。通訓定聲云：「按悳，從心直聲，外得于人者，恩惠之悳。

內得于己者，道悳之悳。經傳皆以『德』爲之。」

據此，則知該字古作「悳」，通作「德」。而其「內得於己」者，正「修己」之謂也。其「外得於人」者，正「治人」之謂也。近人有將之分爲「公德」與「私德」者。如梁任公嘗就其目的而言曰：「人人獨善其身者爲私德，人人相善其羣者爲公德。」如范錡就其範圍爲言曰：「人類行爲的善惡，僅僅關係到個人的是私德，如果這善惡關係到了社會大衆，便是公德。」吾人若謂「私德」是指「修己」方面而言，「公德」是指「治人」方面而言，當無不可。

「德」之於己於人，於民於國所關極大，自古如是，於今亦然。觀尙書洪範之「正直」「剛克」「柔克」三德。臯陶謨之「寬而栗、柔而立、愿而恭、亂而敬、擾而毅、直而溫、簡而廉、剛而塞、彊而義」九德。易經中之「元、亨、利、貞」四德。孔子之「智、仁、勇」三達德。孟子中之「仁、義、禮、智」四德。管子之「禮、義、廉、恥」四維。董仲舒之「仁、義、禮、智、信」五常。國父孫中山先生之「忠、孝、仁、愛、信、義、和、平」八德。西哲柏拉圖之「勇敢、節制、智慧、公正」四基德。古今中外，隨處可見，不勝例擧。或指人心內具之德性，或言化人必備之條件。要之，仍不出「修己」「治人」二者之範疇也。

(二) 墨子之德論

墨子講「德」，於「治人」不僅主「利人」，亦主「兼利天鬼」，其天志中云：「觀其事，上利乎天，中利乎鬼，下利乎人，三利無所不到，是謂天德。」而重「德」之論，主法「聖人之德」，謂其德若天高、地普，若地固、山承，亦若日光、月明，而總乎天地者。指出王公大人「欲王天下，正諸侯」必具德義。亦「皇天無親，惟德是輔。」（注十二）「太上以德撫民」（注十三）「德以柔中國」（注十四）之意也。墨子之言曰：

周頌道之曰：聖人之德，若天之高，若地之普；其有昭於天下，若地之固，若山之承，不折不崩，若日之光，若月之明，與天地同常。則此言聖人之德，章明博大，埴固以修久也。故聖人之德，蓋總乎天地者也。今王公大人，欲王天下、正諸侯，夫無德義，將何以哉？（尚賢中）

是以墨子之政論，以「德」爲尚。法古聖先王爲政之列德尙賢，而重在以「德」就列。其言曰：

故古者聖王之爲政，列德而尚賢。……故當是時，以德就列，以官服事，以勞殿賞，量功而分祿。（尚賢上）

並謂古之聖人謹言愼行精思，以求天下遺利以事天，則天鄉其德。其言曰：

則此言三聖人者，謹其言，愼其行，精其思慮，索天下之隱事遺利，以上事天，則天鄉其德。下施之萬民，萬物被其利，終身無已。（尚賢中）

墨子所擬「修己」「治人」之德目頗多。散見其書各篇及其經，說上下。而所述諸德，不惟乃其徒所共守者，亦且爲成其學派之主因。而今視之，依然爲吾人不可或缺之成人成物要件也。吳毓江云：「經上如仁、義、禮、實、忠、孝、信、廉、任、勇諸條，是墨家共同踐履之德目。墨子當日，蓋卽以此等德目教授子弟，故能造成一學派之風氣。」(注十五) 今試就全書所論之諸德目，逐次綜理論列於后：

「仁義」爲儒墨二家所倡言，亦爲二家共信共行共守者。呂覽有度云：「孔墨之弟子徒屬充滿天下，皆以仁義之術教導天下。」乃寫實之論。而阮元嘗從「仁義」之消極性言曰：「孔孟之後，惟韓非全反『仁義』之說，秦李斯殺韓非而用其說，不旋踵而秦以暴亡矣。」(注十六) 陳大齊先生進而從「仁義」之積極性指出：「中國的文化，經過五千年的考驗，而仍歷久不衰，其原因何在？乃因爲它以『和』與『安』作其最終目標。如何能達到『和』再進而至『安』呢？那就應本「仁義」以行事……。」(注十七) 國家社會臻於「安」「和」之境，該是吾人所共同期望者。墨子一生以救人濟世爲志，自「本仁義以行事」也。是故其於所染篇稱揚舜，禹、湯、武爲天下仁義之君，而以桀、紂、幽、厲爲天下之不義辱人。其言曰：

> 舉天下之仁義顯人，必稱此四王者（舜禹湯武）……舉天下不義辱人、必稱此四王者（桀紂幽厲）。

又以段干木、禽子、傅說；子西、豎刁、易牙之賢與不肖爲證，謂其尚友仁義與否，終致安危、榮辱異其途。其言曰：

> 其友皆好仁義，淳謹畏令，則家日益，身日安，名日榮，處官得其理矣。則段干木、禽子、傅說之徒是也。其友皆好矜奮，創作比周，則家日損，身日危，名日辱，處官失其理矣。則子西、豎刁、易牙之徒是也。

而「仁義」之準則，亦須端視其可否「富貧衆寡，安危治亂」而定。其節葬下有云：

意若使法其言，用其謀，厚葬久喪，實可以富貧寡衆安危治亂乎？此仁也義也，孝子之事也。……意亦使法其言，用其謀，厚葬久喪，實不可以富貧衆寡，安危治亂乎？此非仁非義，非孝子之事也。

終而總論「仁義」之用，不惟可一道術，亦且可一學業。蓋世之爲道術學業者不一，而能一之者，莫若「仁義」也。其非儒下有云：

夫一道術學業者，仁義也。大以治人，小以任官，遠施周徧，近以修身，不義不處，非理不行，務興天下之利，曲直周旋，不利則止，此君子之道也。

所以他歸結而言，以「仁義」爲「德」之美名。其天志中有云：

聚天下之美名而加之焉，曰此仁也，義也。

下面分就「仁」「義」論述之：

仁論

「仁」者，人之所以爲人之心也。「仁」者，衆德之元也。「仁」是代表養「心性」之全德，儒家以「仁」爲人生修養之最高境界。仁道學說爲孔子所獨創，（注十八）是以儒家典籍析述「仁」者特多，而儒家之學，亦可以「仁學」概之。單以論語論之，言「仁」者，卽有五十八章之夥。墨子度物量事亦常以「仁」爲標準，其不以「父母」「學」「君」三者爲法，乃因三者「仁者寡」故也。仁者寡而法之，是法不仁矣。（注十九）進而他指出「仁人之所以爲事者，必興天下之利，除天下之害。」（兼愛中）並要求「仁者之爲天下度也，辟（譬）

之無以異乎孝子之爲親度也。」（節葬下）以「孝子之爲親度」來譬喻「仁者之爲天下度」，是何等崇高境界？以今之民主時代視之，猶不能不令吾人高擧之而以爲鵠者也。另墨經有言「仁」一條，經上云：「仁、體愛也。」經說上云：「仁、愛己者，非爲用己也，不若愛馬。」按「體」爲「兼」之一部分。換言之，衆「體」爲「兼」，分之爲「體」也。經上有云：「體、分於兼也。」是其證。「仁」爲衆德之元，而「愛」由「仁」生，是「仁」爲「兼」，而「愛」爲「體」矣。然「體」解爲「體、用」之「體」，亦可通，是「仁」爲「體」，而「愛」爲「用」也。劉師培有云：「仁字與德字同，德兼內外而言，故仁亦兼體用而言。」（注二十）可爲證。若孔子答樊遲問仁曰：「仁者愛人。」荀子大略：「仁，愛也，故親。」莊子天地：「愛人利物之謂仁。」韓非子解老：「仁者，其中心欣然愛人也。」賈子道術：「心兼愛人謂之仁。」韓愈原道：「博愛之謂仁。」朱子全書卷四七：「仁是愛之理。」義均與墨子經文略同。墨子論愛，欲人皆「愛人若愛其身」，人之愛其身，皆所以自適其生也，絕無他意。故曰：「愛己者，非爲用己也。」愛馬，則不然，所以欲用馬也。故曰：「不若愛馬。」經說之義，以爲愛人當若愛己，不當若愛馬。蓋愛己非爲用己，純出之眞心眞愛，若欲用而愛之，則是以「愛」爲餌，非「仁」之眞諦也。而經說下亦有「仁、愛也……」之言，亦可謂佐證。

義論

「義」者，宜也，心之制而得事之宜者也。（孟子集注）孟子以「義」爲人之正路，爲人之所必由。（離婁、盡心上萬章下）孔子謂「君子義以爲上。」（論語陽貨）又云：「君子之於天下也，無適也，無莫也，義之與比。」（論語里仁）而墨子亦極重「義」，觀其書有「貴義」之篇可知矣。墨子認爲「義可以利人」，故曰：「義、天下之良寶也。」（耕柱）並嘗云：「萬事莫不貴於義。」。（貴義）何以言「義」爲天下之良寶，萬事莫不貴於「義」呢？吾人試爲翻閱其天志上，非攻下，尙賢上諸篇，可獲答案。蓋「義」之爲物，不惟可以服人，可使人富貴親近，亦且關乎天下人之生死治亂也。非攻下云：「今若有能以『義』名立於天下，以德求諸侯者，天下之服，可立而待也。」是「義」可服天下也。尙賢上云：「是故古者聖王之爲政也，不義不富，不義不貴，不義不親，不義不近，是以國之富貴人聞之，皆退而謀曰：始我所恃者，富貴也，今上擧義不避貧賤，然則我不可不爲義。親者聞之，亦退而謀曰：始我所恃者親也，今上擧義不避疏，然則我不可不爲義。近者聞之，亦退而謀曰：始我所恃者近也，今上擧義不避遠，然則我不可不爲義。遠之聞之，亦退而謀曰：我始以遠爲無恃，今上擧義不避遠，然則我不可不爲義。逮至遠鄙郊外之臣，門庭庶子，國中之衆，四鄙之萌人，聞之皆競爲義。」是「義」可使人獲致富貴親近也。天志上云：「天下有義則生，無義則死，有義則富，無義則貧，有義則治，無義則亂。」是「義」關乎天下人之生死、富貴、治亂也。是以墨子於魯問篇中嘗對公輸般云：「我義之鈎拒，賢於子舟戰之鈎拒」也。而於貴義篇更謂「從事於義，必爲聖人」。其言曰：「必去喜、去怒、去樂、去悲、去愛、去惡，而用仁義、手足口鼻耳目，從事於義，必爲聖人。」墨經亦有言「義」一條，經上云：「義，利也。」經說上云：「義，志以天下爲芬，而能能利之，不必用。」墨子以「利」釋「

義」，而孔子於「利」則罕言之。並謂「君子喻於義，小人喻於利」「放於利而行，多怨」。孟子亦謂「仁義而已矣，何必曰利？」「去利懷仁義」。而司馬遷亦謂「利，誠亂之始也。夫子罕言利者，常防其原也。」（孟荀列傳）是儒家以義利對峙。粗而視之，墨儒似不相容。然細而察之，則又絕然相侔也。蓋二家所言「利」之內涵不同，墨子之所謂「利」者，乃「衆利」「公利」也。儒家之所謂「利」者，乃「己利」「私利」也。是墨家推揚「公利」，亦必反對「私利」；儒家反對「私利」，亦必贊許「公利」也。況乎按諸古誼，尤見其同。若易文言云：「義者，利之和也。」又云：「利物足以和義。」左傳云：「義，利之本也。」又云：「義以生利」。又云：「信載義而行之謂利。」國語周語：「夫義所以生利也。」又云：「言義必及利」。晉語：「義以生利。」又云：「夫義，利之足也。」大戴記四代篇云：「義，利之本也。」呂覽無義篇云：「義者，萬利之本也。」尊師篇云：「義之大者，莫大於利人。」莊子徐無鬼篇云：「愛利出於仁義。」是非但墨儒以「利」爲「義」，卽道家亦有作是解者也。墨子常言「兼相愛，交相利」，兼相愛、仁也，交相利、義也。至經說之義，乃謂義者，以才能做到兼利爲本，不以求位求酬爲鵠，若求位求酬，是欲用而利之，則非出眞心，是以利爲餌，非「義」也。天志中云：「義，善政也。」善政之旨，在爲民謀福利，亦與此義相類。

「忠信」亦爲儒墨二家所並重。禮記以「忠信」爲「禮」之本。易經謂「忠信」所以進德也。論語云：「言忠信，行篤敬，雖蠻陌之邦，可行矣。」大學云：「君子有大道，必忠信以得之，驕泰以失之。」程頤更云：「人無忠信，不可立於世。」而墨子以爲「所信者不忠，所忠者不信」乃國家七患之一。(七患篇)並謂「忠信」，亦「王天下，正諸侯」之要件。其言曰：「古者明王聖人，所以王天下，正諸侯者，彼其愛民謹忠，利民謹厚，忠信相連，又示之以利，是以終身不饜(吳鈔本作厭)，歿世不卷(倦)」。(節用中)是以墨子於「忠信」之士，必將賞之、貴之，否則必予罪之賤之也。其言曰：「凡我國之忠信之士，我將賞貴之，不忠信之士，我將罪賤之。問於若國之士，孰喜孰懼，我以爲必忠信之士喜，不忠信之士懼。」(尚賢下)

下面分就「忠」「信」論列之：

忠論

「忠」亦爲孔子所創(見註十八)。「忠」者，盡己之謂。(朱熹語)無論於人於事，於民於國，凡盡其心盡其力，甚而盡其生命者，謂之「忠」也。所以左傳云：「臨患不忘國，忠也。」又云：「上思利民，忠也。」周書云：「忠，文之實也。」又云：「危身奉上，險不辭難，忠也。」論語云：「臣事君以忠。」又云：「爲人謀而不忠乎？」後漢書云：「忠者，義之主也。」墨子於「忠」之體認極深，於「忠」之踐行亦重。以爲「忠」之一字，關乎天下之得失也。魯問篇云：「昔者三代之聖王，禹、湯、文、武，百里之諸侯也，說忠行義取天下。三代之暴王，桀紂幽厲，讎忠行暴失天下。」墨經有言「忠」一條，經上云：「忠，以爲利而强低也。」經說上云：「忠，不利弱子亥，足將入止容。」經文之義，李漁叔先生云：「『低』當是『氐』字之譌。說文：『氐，至也。』似有抵達之意。」並引 國父孫中山先生云：「我們做一件事，總要始終不渝，做到成功。如果做不成功，就是把性命去犧牲，亦有所不惜，這便是忠。所以古人講「忠」字，推到極點便是死。」（註二十一）以爲中山先生之言，與墨子「忠」字旨意深相契合。並云：「試觀墨子救宋，起自魯，行十日十夜，裂裳裹足而不休……此種殺身爲人精神，非尋常人所能，必有强之使至者，則「忠」之教爲之耳。」（註二十二）說雖亦當，終覺有「改字解經」之嫌。王樹枏云：「史記平準書引晋灼注、低、距也。距，抗違也。强低猶力爭，卽謇拳强諫之意。」（註二十三）王說未曾改字，合解經之道，於「義」未損，似較之諸家爲勝。經說之文，李漁叔先生以爲「僞脫甚多，讀之不能成句，宜從蓋闕，不矜强釋爲能。」然揚寬云：「經說疑當作『不利弱子、劾，足將入正、頌。（容古通頌）言君不能愛利其民，則臣當劾其過失。政者，正也。君足以入乎正，則當頌其盛德。」（註二十四）揚解說文，與王解經文、正相貫通、意若合節。而按之墨書公輸篇所云：「知而不爭，不可謂忠。」魯問篇所云：「上有過，則微之以諫，己有善，則訪之上，而無敢以告外，匡其邪而入其善，尙同而無下比，是以美善在上，而怨讎在下，安樂在上，而憂慼在臣，此翟之所謂忠臣者也。」亦甚相侔也。荀子臣道篇云：「逆命而利君，謂之忠。」義與墨子正同。亦卽所謂「忠臣不避重誅以直諫」者也。

信論

「信」從人言。是人言爲「信」，不「信」則非人言也。所以論語云：「人而無信，不知其可也。」又云：「與朋友交，言而有信。」又云：「民無信不立。」孟子云：「有諸己之謂信。」又云：「朋友有信。」所以白虎通云：「信者，誠也。」穀梁傳云：「言之所以為言者，信也。」左傳云：「信，國之寶也，民之所由庇也。」又云：「不信於民，神勿福也。」是人與人之間、人與羣之間、及羣與羣之間，無信均不可以存之而神亦勿福之也。所以詩經云：「斯言之玷、不可為也。」而墨子於「信」之論，亦與儒家近似之。若其修身篇云：「言不信者，行不果。」又云：「行不信者，名必秏。」兼愛下亦云：「言必信，行必果。」是「信」為「行果」「名立」之主因也。墨經有言「信」一條，經上云：「信，言合於意也。」經說上云：「信，不以其言之當也，使人視城得金。」凡人意發於心，而言出於口，心口如一，言必有當，言而當意，則可謂之「信」矣。李漁叔先生云：「經義似謂吾意所在，乃發而為言，而一言之出，必與意合，如人初未以其言為當，（不以其言之當）則以事實證之。夫城上非置金之地，今告以其處有金，令往視城，則果得之，是足以證吾言之非妄而從此信立矣。」（註二十五）史記商君列傳「徙木示信」之事；賈子道術：「期果言當謂之信。」之言，均與此相類。

以下分就德目「孝」「愛」「禮」「平」「智」「勇」「任」「儉」「實」「行」「慈孝長弟」等，臚列論述之：

孝　論

「孝」為百行之先，五教之要，亦為治國之所本也。長孫無忌云：「夫孝者，天之經，地之義，人之行。自天子達於庶人，雖尊卑有差，及乎行孝，其義一也。」（註二十六）鄭康成亦云：「孝爲道之根源，六藝之總會。」（六藝論）是以前修多先通孝經，而九行在孝經也。孝經云：「人之行，莫大於孝。」又云：「孝爲百行之源。」孔子云：「啜菽飲水，盡其歡，斯謂之孝。」孟子云：「大孝終身慕父母。」左傳云：「孝，禮之始也。」周書云：「慈惠愛親爲孝。」墨子於「孝」德，亦極重視之。嘗云：「入則孝慈於親戚（父母也），出則弟長於鄉里⋯⋯。」必如此，始能得「上之所賞而百姓之所譽也。」（非命上）而其大取篇中更謂厚於其親，爲人子之本分。其言曰：「厚親，分也。」至墨經所云，尤與引述諸家之言相類。經上云：「孝，利親也。」經說上云：「孝，以利親爲芬，而能能利親，不必得。」以「利親」爲「孝」，與賈子道術之「子愛利親謂之孝。」義同。經說之「芬」爲職分之分，上「能」字指「才能」而言，下「能」字爲「能夠做到」之意。以利親爲職分，而本身之才能又能夠做到「利親」之行，然如此行爲，是否得親長之歡心，關鍵不全在己而亦在親。利親而能得親長之歡心，如曾文正公所云：「事親以得歡心爲本。」可謂「孝」矣。反之，利親而不得親長歡心，於己心無虧，仍不失爲「孝」也。「不必得」之義，約而言之，蓋有四焉：一謂有利親之實，不必得孝子之名。如舜之事瞽叟至孝，牛羊倉廩，其利於親者多矣，如瞽叟愛象而惡舜是也。二謂有利親之實，不必見得於親意。如伯奇申生，孝而獲罪，不得於親是也。三謂「得」同「德」，言利親爲子之分，不必自以爲「德」也。四謂孝之目標在利親，不必求有所得，如家產之類是也。四義雖皆可通，然末之一說，終嫌辭費，蓋既以利親爲人子之本分，則自不能求有所得如家產之類矣。且此解亦嫌動機未純，不可取以爲訓也。孟子嘗斥墨子爲「無父」，似兼愛有害於孝德，今觀此條利親之言，固未嘗非孝可知矣。孫詒讓謂「墨氏兼愛，固諄諄以孝慈爲本，其書具在，可以勘驗」卓然有識之言也。（容另文詳之）張純一氏於此補充墨家利親之量云：「㈠墨家之孝，非徒具虛文。必能中親之利，乃可爲孝（說本兼愛下篇）。㈡大取篇云：愛人之親，若愛其親。不止利一親，故曰：知親之一利，未爲孝也。㈢兼愛下篇曰：必吾先從事乎愛利人之親，然後人報我以愛利吾親，務使天下人交爲孝子。㈣墨家譏儒者獨慕父母，爲嬰兒子之知。（公孟）故以聖人不得爲子之事（大取），當爲天下而忘其親（大取），斯爲不匱之大孝。此皆其能利親，而不計所得者也。」（註二十七）是墨子言「孝」，不惟「親親」「長長」，亦且推及國家民族之大孝矣。

愛論

「愛」與「仁」可互文以見義。廣雅：「愛，仁也。」法言：「自愛，仁之至也。」孔孟：「仁者愛人。」韓愈：「博愛之謂仁。」諸例是其證也。「愛」若以類分之，有所謂父母子女之愛，夫妻之愛，朋友之愛，國家民族之愛也。「愛」若以範圍言之，有所謂愛己愛人，有所謂愛其類（禮記）汎愛衆（論語）之愛也。墨儒之「愛」論，同主「愛己」亦「愛人」。然墨子「己」「人」之間，以「若」爲界，卽「愛人若己」之謂也。而儒家「己」「人」之間，以「及」爲界，卽「愛己及人」之謂也。二者均爲將「愛」以「己」爲「人」之標準，均爲「人」之中俱有「己」在也。儒家之言，若「老吾老，以及人之老，幼吾幼，以及人之幼。」「親親而仁民，仁民而愛物。」是也。墨家之言，若「愛人之親，若愛其親。」（大取篇）「視人之國，若視其國，視人之家，若視其家，視人之身，若視其身。」（兼愛中）況

「愛人者，人必從而愛之，利人者，人必從而利之；惡人者，人必從而惡之，害人者，人必從而害之。」（兼愛中）卽孟子「仁者愛人，愛人者，人恆愛之；敬人者，人恆敬之。」之意也。是愛人亦卽愛己，愛人之親亦卽愛己之親也。因而墨子又云：「愛人不外己，己在所愛之中」（大取篇）而其「愛」之等次，爲「愛利吾親」「愛利人之親」（兼愛下）。進而「愛利家」「愛利國」「愛利萬民」（尚賢中）「愛」之動機亦極爲純正，如「愛人，非爲譽也。其類在逆旅。」（大取篇）至其愛力之大，愛域之廣，尤足驚異。蓋其所「愛」，不管人之盈否，數之多寡，亦不問其地域之大小，與所處境遇如何，絕無有所更變也。經下云：「無窮不害兼，說在盈否。」經說下云：「無，南者有窮則可盡，無窮則不可盡，有窮無窮未可智，則可盡不可盡（不可盡）未可智，人之盈否未可智，而（必）人之可盡不可盡亦未可智，而必人之可盡愛也，誖。人若不盈无窮，則人有窮也，盡有窮，無難。盈無窮，則無窮盡也，盡有窮，無難。」「誖」字以上爲論者之辭，其下墨子以盈否二層以辨之，以見二說均無害於兼愛之旨。經下又云：「不知其數而知其盡也，說在明者。」經說下云：「不，二（不）智其數，惡智愛民之盡文（之）也，或者遺乎其問也。盡問人，則盡愛其所問。若不智其數而智愛之盡之也，無難。」經之義，承前條「盡有窮，無難」之意，謂雖不悉其人數，而悉其盡，故不害兼愛。說之義，謂前以盈否之答，而問者仍以不知其人數，何以知其盡愛之？爲問，此爲前所未及問之者，終答以「盡問有窮無窮界之人，則盡愛其所問之人，如是雖不知其數，而盡愛之亦無難矣。」經下繼之又云：「不知其所處，不害愛之，說在喪子者。」意謂雖不知其人處身何地，亦無害於其愛意，如人之喪其子者然。縱然其飄泊何方未知，而生死究竟亦未詳悉，終不能少減於父母愛子之心也。大取篇云：「凡學愛人，愛衆世與寡世相若，兼愛之有相若，愛尚（上）世與愛後世，一若今世之人也。」是愛域徧及「時」「空」「縱」「橫」，範疇至深至博矣。而小取篇亦有近似之論。其言曰：「愛人，待周愛人，而後爲愛人。不愛人，不待周不愛人，有失周愛，因爲不愛人矣。」因愛人必得周延，而後方可謂之愛人，否則，卽其中一人不愛，亦不得謂之愛人也。（註二十八）

禮論

「禮」也者，理之不可易也。（禮記），爲「修己」「治人」必具之美德。古籍言之甚詳。擧例以言，如左傳云：「禮，人之幹也，無禮無以立。」又云：「禮，國之幹也，敬，禮之輿也。」禮記更云：「人有禮則安，無禮則危。」又云：「重禮，所以爲國本也。」論語亦云：「非禮勿視、非禮勿聽、非禮勿言、非禮勿動。」荀子則云：「國無禮，則不正。」朱熹則云：「禮者，天理之節文，人事之儀則也。」至有清曾文正公，乃總其心得而言之曰：「先王之道，所謂修齊治平，經緯萬彙者，何歸乎？亦曰禮而已矣。」（聖哲畫像記）是就「禮」於人之內在修養，與夫外在治平之道言之。蓋「禮」爲人類羣居應有秩序之一種維繫力量也。墨經有言「禮」一條，經上云：「禮，敬也。」經說上云：「禮，貴者公，賤者名，而俱有敬，僈焉等異，論也。」夫「禮」由「敬」生。「禮」爲「敬」之文，而「敬」爲「禮」之質。「禮」而無「敬」，則不得謂之禮矣。故禮記曲禮云：「毋不敬。」樂記云：「禮者，殊事合敬者也。」而墨子亦有「禮，敬也。」之言。至經說以「僈焉」二字，有連上文讀，與合下句唸二種，致其「義」別有二：前者，以爲「賤者稱貴者以公，非必敬也。貴者呼賤者以名，非必慢也。若貴者稱賤者以公，爲敬。如孟嘗君呼馮諼爲「馮公」是也。賤者稱貴者以名，爲慢。若國策：「宋人有學者，三年反而名其母。」是也。然貴者，如齊以侯稱公，鄭以伯稱公，自尊也，慢也。賤者，如「父之前子名，君之前臣名」（曲禮），自卑也，敬也。故曰：貴者公，賤者名，而俱有敬慢焉。等異論（釋名，論、倫也。）也者，猶云：以等差而別異貴賤之倫矣。」（註二十九）筆者以爲後者合下句而唸之，其文義較合墨子兼愛平等之意旨。白虎通云：「氏者所以貴功德，賤使力，或氏其官，或氏其事。」通志亦云：「賤者，有名無氏。」是有氏則以某公稱之，無氏則可直呼其名，今俗尚以稱「公」爲敬，呼「名」爲不敬，是其遺則也。慢通曼，廣雅：「曼，無也。」「慢焉等異」即無有等差之異也。墨子以爲人雖有貴賤之別，而「禮」則不應有敬慢之分，故主張人與人間，不論貴賤，於「禮」俱當有敬。論者，理也。蓋云理所當然也。至以「公」爲公位，以「名」爲民，解爲二者心中俱有敬慢之意，調節制宜，固待之以「禮」，而貴賤之禮，則有大小高下文質之別者。義雖亦通，然似於墨書原義未安。

平論

「平」，正也，均也，坦也。（周禮）平正、公平，連詞，爲吾人習用之語。人之一生，若內而心中平正或公平，則遇事坦蕩。外而理物平正或公平，則可有得有成。是以左傳有「心平德和」之言。詩經有「四方既平，王國庶定」之論。而廣韻亦訓「平」爲「成」也。墨經有言「平」二條，經上云：「平，同高也。」無說。諸家多以「幾何理」釋之。謂「平者，兩物之高度相等也。」陳澧云：「此卽海島算經所謂兩表齊高。」者是也。墨家此論或係針對名家「山與澤平」「山淵平」之說而言之。然筆者細味原文，似亦與墨家「平等」之念合，蓋「平」而無分高低，乃曰：「同高」。此非僅以「物」爲然，人「心」亦所同然也。人之「心」平，則接物待人無高低之象，而達於必「公」必「正」之境矣。經上又一條云：「平，知無欲惡也。」經說上云：「平，惔然。」諸家或釋之曰：「雖知其事，而愛惡之情未生，其在人心，最爲平正而無所偏倚也。謂之平者，若水之無波然。禮記中庸云：喜怒哀樂之未發，謂之中。究非冥然無知者比也。」（註三十）或釋之曰：「人之一生，馳逐塵境，其顚倒夢想，皆以欲惡主之，此種惔然之平，似與佛家離念淸淨之旨，特相融會，了悟微塵世界，諸法悉空，憎愛之心由是泯除，自成一境。」（註三十一）或釋之曰：「平，正也。人有知而後有欲惡。欲惡不得正，則一切行爲之罪惡由此而生。故欲正行爲，宜先正其心，欲正其心，宜先去欲惡。使其心還復本體，則平矣。」（註三十二）三說均可通。然以張注爲得墨子本義。蓋墨子救世，席不暇暖，絕不視「諸法皆空」而致「憎愛之心由是泯除」，亦不求其於事「愛惡之情未生」，而致「其在人心，最爲平正而無所偏倚」也。必以修養工夫如張注者，始持論周延，亦合先賢「修己」「治人」之道也。莊子刻意篇云：「平易恬惔，則憂患不能入，邪氣不能襲。」淮南齊俗訓云：「人性欲平，嗜欲害之，惟聖人能遺物而反己。」原道訓云：「無所好憎，平之至也。」詮言訓云：「心常無欲，可謂恬矣。」均與墨子之義相發明。

智　論

「智」爲三達德之一，爲人所必具之德。釋名云：「智，知也，無所不知也。」通訓定聲云：「智者，知也；無不知也。」論語云：「智者知人。」又云：「智者使人知己。」又云：「智者不惑。」白虎通云：「智者，進止無所惑，又經典或通用知。」莊子：「知可否，智也。」孟子：「是非之心，智之端也。」蓋「知己」「知人」，「無不知」「無所惑」「知可否」，始可謂之士。（註三十三）始可進而安邦定國。所以小焉者，於「己」則「智者，避危於無形。」（司馬相如語）大焉者，於「國」則「知，周乎萬物，而道濟天下。」（周易）「智者假衆力以禁暴弱，而暴人止。」也。（管子）按「智」之一字，義多訓「明」。而人之「高明」者，不惟知之近，亦且知之遠。人之「精明」者，不惟見其粗，亦且見其精。（註三十四）而墨子深悉「智」之爲要，是以其修身篇云：「言無爲多，而務爲智。」又云：「志不彊者，智不達。」蓋以言多無益而其志不堅者，學必不能精進，則永無「眞知」矣。無「眞知」，則無以知遠近，見精粗，亦無以「修己」以「治世」也。西哲有謂孔子之道尙「仁」而不尙「智」，以爲中國道德是愚人道德，以「愚人倫範」譏之。實則西哲自以爲「智」，乃至「愚」之象。而國人守「愚」，正上「智」之徵。觀乎西哲最大智者康德之有「中國人」綽號可知也。況且歷覽羣籍，古聖賢亦非不尙「智」者。而我中華民族之所以偉大，版圖之所以廣遠，實以國人表面「愚」實際「智」之美德有以致之也。（註三十五）

勇論

「勇」亦人生必具之德，亦所謂「三達德」之一也。說文：「勇，气也。从力，甬聲。」古文作恿，从心。「勇」字从力，是知其勇者，須具熱力、活力、動力、毅力。進而以知「勇」字造字之所以然。蓋「戰以勇爲主，以氣爲決。」（註三十六）是知「勇」之所以訓「气」，及勇與氣之關係，與夫二字成複詞「勇氣」之所以然。「勇」而用之於戰爭，則有釋名之解云：「勇，踴也，遇敵踴躍欲擊之也。」廣韻：「勇，猛也。」左傳：「知死不辟，勇也。」若「勇」而用之於所有事，則有玉篇之釋云：「勇，果決也。」管子：「折而不撓，勇也。」孟子：「勇者不懼。」，此二分法，雖未盡洽，然二者要皆以荀子之言爲依歸也。荀子嘗言：「持節不恐，謂之勇。」（賈子道術同）墨經有言「勇」一條，經上云：「勇，志之所以敢也。」經說上云：「勇，以其敢於事也，命之；不以其不敢於彼也，害之。」志者，心之所之也。而經言「志之所以敢」，正與古文从心之「恿」字義合。而其所以「志之所以敢」者，亦以其「持節不恐」故也。命猶名也。（廣雅釋詁）經說之義，謂「因其敢也而得勇名，人有敢，亦有不敢。就其敢於此也，卽名曰勇。（張惠言說）雖不敢彼，仍不害（損也，傷也）其爲勇也。」（註三十七）若藺相如之叱辱秦王，敢於是也；退而屈於廉頗，不敢於彼也。析論二事，何害藺相如之勇名哉？甚且適以見其大勇矣。墨子修身篇有云：「君子戰雖有陳，而勇爲本焉。」馬總意林亦有「戰雖有陳，勇爲本焉。」之言，孝經更爲强調云：「戰陣無勇，非孝也。」是勇之爲要可知。另其徒胡非子「爲言五勇，屈將子悅服」之事，亦可爲之佐證。其言曰：「吾聞勇有五等。夫負長劍，赴榛薄，折兕豹，搏熊羆，此獵徒之勇也。負長劍，赴深泉，斬蛟龍，搏黿鼉，此漁人之勇也。登高陟危，鵠立四望，顏色不變，此陶缶之勇也。剽必刺，視必殺，此五刑之勇也。昔齊桓公以魯爲南境，魯公憂之，三日不食，曹劌聞之，觸齊車，見桓公曰：臣聞君辱臣死，君退師則可，不退則臣請擊頸以血濺君矣。桓公懼，不知所措，管仲乃勸，與之盟而退。夫曹劌匹夫徒步之士，布衣柔履之人也。唯無怒，一怒而刦萬乘之師，千乘之國，此謂君子之勇，勇之貴者也。晏嬰匹夫，一怒而沮崔子之亂，亦君子之勇也。五勇不同，公子將何處？屈將悅，稱善。乃解長劍，釋危冠，而請爲弟子焉。」（註三十八）觀其徒勇氣之大，識見之遠，則其師墨子之「勇」論，亦可以據以識其概略矣。

任論

墨家忘己而濟物，以繩墨自矯而備世之急，摩頂放踵利天下爲之。其所以然者，蓋以其具諸「德」之修養也，而其中「勇」「任」二德所關爲大，「任」德尤見重要也。墨經有言「任」一條，經上云：「任，士損己而益所爲也。」經說上云：「任，爲身之所惡，以成人之所急。」「任」略如史記游俠傳所謂「任俠」。「士」當含「武士」「文士」兩者而言。（註三十九）「任俠」據漢書季布傳顏師古注：「任，謂任使其氣力，俠之言挾也，以權力挾輔人也。」顏注「俠」字之義尚佳，惟於「任」字之釋未安。說文云：「任，保也。」甚當。是凡能保護人者謂「任」，能輔助人者謂「俠」也。「任」者甘於犧牲自己，以求有益於所爲（利天下）之事，與其所知所愛之人。故曰：「任，士損己而益所爲也。」說之義，高晉生言之甚是，其言曰：「任者，可以捐財出力，赴湯蹈火，殺身捨生，以拯救他人之患難。捐財出力，赴湯蹈火，殺身舍生者，己之所惡也。患難，人之所急也。故曰：「任，爲身之所惡，以成人之所急。」」（註四十）此條經義與說義，兩兩相承，至爲顯豁。蓋經之「損己」，卽說之「身之所惡」，而經之「益所爲」卽說之「成人之所急」也。墨家此種古今罕見之損己益人精神，頗多其例。若呂覽上德篇：「孟勝爲墨者鉅子；孟勝死，弟子死之者百八十。」淮南秦族訓：「墨子服役百八十人，皆可使赴火蹈刃，死不旋踵；化之所致也。」墨書公輸篇：「臣之弟子禽滑釐等三百人，已持臣守圉之器，在宋城上而待楚寇矣；雖殺臣，不能絕也。」皆是也。

以上係就墨子德論之犖犖大者而言之，舍此而外，細目尚多，陳義亦高。若其「儉」論，亦爲其特色之一。曹耀湘以爲墨學之大旨有三，「儉」爲其一。（墨子箋）視之墨書辭過、三辯、非樂、節用、節葬諸篇，言「儉」之義夥矣。僅擧一例以概之，其辭過篇云：「凡此五者（宮室、衣服、飲食、舟車、畜私）聖人之所儉節也，小人之所淫佚也，儉節則昌，淫佚則亡，此五者，不可不節。夫婦節而天地和，風雨節而五穀孰（熟），衣服節而肌膚和。」據此可見一斑。無怪司馬溫公讚歎曰：「儉，美德也。」墨子主「先質後文」，以「實」爲「榮」，必「實」至乃爲「榮」。有諸內而形諸外，進而使「人」如「己」，不徒虛飾於外。故經上云：「實，榮也。」經說上云：「實，其志氣之見也。使人如己，不若金聲玉服。」而求「實」之道，須力行之乃可。故經上又云：「行，爲也。」經說上云：「

行，所爲不善名，行也。所爲善名，巧也。若爲盜。」蓋見義勇爲，不好名譽，是乃眞「行」。莊子有「爲善勿近名」之言，管子有「釣名之人，無賢士焉」之語，是以好名而爲，非謂眞「行」，乃沽名釣譽之輩，投機取巧之徒也。其修身篇有云：「名不徒生，譽不自長，功成名遂，名譽不可虛假，反之身者也。」又云：「名不可簡而成也，譽不可巧而立也。君子以身戴行者也。」耕柱篇有云：「爲善非避毀就譽」。墨子尚力行，亦尚賢者，故非虛僞巧飾，而主「行」以「爲」爲本也。

至於倫理關係，墨子亦主「慈孝長弟」，以爲不如是，其害甚大。如非命上云：「以此爲君則不義，爲臣則不忠，爲父則不慈，爲子則不孝，爲兄則不長，爲弟則不弟，而强執此者（有命），此特凶言之所自生，而暴人之道也。」尚賢中亦云：「是以入則不慈孝父母，出則不長弟鄉里，居處無節，出入無度，男女無別。使治官府則盜竊，守城則倍畔，君有難則不死，出亡則不從，使斷獄則不中，分財則不均，與謀事不得，舉事不成，入守不固，出誅不疆。」（非命上略同）歸結以爲昔三代暴王，所以失國覆社者，以此故也。所以墨子於非命上篇提出積極之主張。其言曰：「是故古之聖王，發憲出令，設以爲賞罰以勸賢。是以入則孝慈於親戚（父母），出則弟長於鄉里，坐處有度，出入有節，男女有辨，是故治官府則不盜竊，守城則不崩叛，君有難則死，出亡則送。此上之所賞而百姓之所譽也。」推而至於「平天下」方面，則主張國與國間，和平相處。其「非攻」之說，以今語言之，即「反侵略」之謂也。其非攻上篇，取譬設喻，層層推闡。發揮「非攻」眞理處，尤淋漓盡致。以其又具「和平」美德之最佳說明也。他若「止楚攻宋」，「止楚攻鄭」，「止齊攻魯」之弭兵活動，固無論矣。

總之，觀乎墨子全書，於「修己」「治人」之德，言之甚詳，行之亦切，吾人讀其書，想見其爲人。千古而下望風懷想，若人皆善推其言行而用之，或可杜人心之惡源，開萬世太平之基也。

注釋

註一：蔣復璁「從中國文化看傳統與權威」。按左襄二十四年傳：「太上有立德，其次有立功，其次有立言，雖久不廢，此之謂不朽。」是其所本。

註二：周易、大畜卦辭。

註三：陳立夫「文藝與文化復興」。

註四：毛子水文存頁一七三，「書籍和修養」文中云：「畜德者，修養也。」

註五：唐蘭「孝子時代新考」中「春秋時所謂道」章。見古史辨第六册頁六一三。

註六：毛子水文存頁九六至九七「談諸子」。

註七：同註五。

註八：高晉生「老子正詁」頁八「通說」。

註九：見 總統蔣公著「大學之道」。

註十：見二程全書，遺書第十一師訓頁三至四。

註十一：見氏著「老子正詁」頁九「通說」。

註十二：見尚書：蔡仲之命。

註十三：左僖公二十四年傳，襄王卿士譚伯富辰語。

註十四：左僖公二十五年傳，晉文公受襄王所賜南陽之田，陽樊人不服，文公圍之，其民有名倉葛者呼語。

註十五：吳毓江「墨子校注」卷九，頁十一。

註十六：阮元「揅經室集」。

註十七：見陳大齊先生談文化復興。載諸五五年中央日報文化復興運動特刊。

註十八：屈萬里先生據甲文金文及詩、書、易諸書以證「仁」「忠」爲孔子所獨創。見孔孟月刊十卷十二期氏作「孔子的述與作」一文。

註十九：該段語意，見墨子法儀篇。

註二十：劉師培理學字義通釋大旨。

註二一：見三民主義、民族主義第六講。

註二二：見李漁叔先生著「墨辯新註」卷一，頁五七至五九。

註二三：王樹枏「墨子斠註補正」，范耕研「墨辯疏證」卷四，頁四八引。

註二四：楊寬「墨經哲學」頁五六。

註二五：李漁叔「墨辯新註」卷一，頁六一。

註二六：隋書經籍志卷一。按孝經三才章亦有「夫孝、天之經，地之義，人之行。」之語。

註二七：張純一「墨子集解」卷十，頁三七七至三七八。

註二八：有關墨子「愛」論，詳見第六章第四節「墨家愛人利民之精神」。

註二九：譚戒甫「墨辯發微」上經校釋第三，頁五七。

註三十：「墨辯疏證」卷四，頁五四，引曹耀湘墨子箋語。

註三一：李漁叔先生著「墨辯新註」卷一，頁七〇。

註三二：張之銳著「新考正墨經註」，張純一「墨子集解」卷十，頁三八四引。

註三三：顧野王玉篇：「通古今，辨然不（否），謂之士。」

註三四：略本曾國藩說。見其致仲弟書。

註三五：略本費海璣「談西方對我國道德之誤解」。見學園雜誌七卷十一期。

註三六：蘇軾「倡勇敢」語。見古文辭類纂頁四五一。

註三七：范耕研「墨辯疏證」卷四，頁五二。

註三八：見孫詒讓「墨子閒詁」墨子後語，胡非子佚文。按意林及太平御覽四百三十七、四百九十六於此俱有引述。

註三九：士字原指執干（盾）、戈、佩、弓的武士，其後却漸漸變成專指讀書議論的文人。語見張蔭麟「中國史綱」上古篇，頁四三。

註四十：高晉生「墨經校詮」卷一，經上上欄，經說上前半篇。頁四二。

（本章嘗以墨子忠信論及墨子仁義論為題發表於建設雜誌二十三卷七期及二十四卷六期）

第三章　墨子科學觀

墨家之書，詞義簡古，脫譌亦多。而經、說之文，以橫直屢改、字迹漫漶，致形沕音舛，衍奧尤甚。幸經前修畢孫開其先路，梁胡踵其緒業，董理疏釋，大義乃備。後之諸家，亦每發善言，時出新義。補苴之功，殊堪欽羨。

墨經五千餘言，內容精賅。名哲科學，俱在乎是。就中科學之論，爲楊寬等所不說，而晚近治墨之士，則闡發殆盡，創獲實多。茲篇所述，參酌各家，取其精當，汰其未安，間以管窺蠡測之。本「讀書貴質疑，尤貴闕疑」（註一）之旨，旣不爲古人張目，强以近說冥符遙契；亦不因比附己意，而望文生訓曲爲之解。如李漁叔先生所云：「是墨家者還諸墨家」而已。（註二）今就科學理論、科學技術、科學精神三者，擧墨書之要者論列，以覘遠古科學之一斑焉。

一、科學理論

㈠天　文　學

我國自黃帝使羲和占日，常娥占月，鬼臾區占星象，於天文研究已見端倪。歷唐虞至夏殷，迄於周末，各行星軌道之不同，多已瞭然。故屈原天問有云：「圜則九重，孰營度之。」他若地形之說，由愼子：「天形如彈丸」（卽蔡邕所言渾天也），「其勢斜倚」（按係地軸傾斜也）之言，可知地形亦圓也。由呂氏春秋：「冬至日行遠道，夏至日行近道，乃參於上，當樞之下無晝夜。」之語，可知地形圓，故南北極常半年無晝夜之分樞極也。由尸子「地右闢而起昴畢」之語，可據知地動之理也。至惠子與黃繚論天地所以不墜不陷之故，似已略知太空引力矣。總之諸子之言天體者，不一而足。而墨子之天文學，亦多可紹述者。如經上：「久，彌異時也。」經說上：「久，古今且莫。」及經上：「宇，彌異所也。」經說上：「宇，東西家南北。」咸言時空之無限也。他如：

經下：缶（卽正字）而不可擔，說在摶。

說：正，凡無所處而不中縣，摶也。

擔，說文作儋，借作澹，定也。摶，說文：「摶，圜也。」通訓定聲云：「圜，天體也。」鄧高鏡謂天體似圓形物體，隨所置而正，然常圓轉不定，故曰：正而不可定。無論所處之位置如何，其重心之垂直線恒中縣也。（註三）尹文子大道篇云：「因圓者之自轉，使不得止。」

論衡狀留篇云：「圓物投之於地，東西南北無之不可，策杖叩動，纔微輒停。」皆謂圓物易轉不定也。李漁叔先生並謂：「牛頓所發明之萬有引力，大意謂地球被太陽吸力所把持，凡在地球四周各部分，無論何處，所有物體，均被牽曳向地球之中心，牛頓並證明太陽吸引地球，使其在軌道上自轉，而不讓其馳離至空間，與本條之義相合。」（註四）墨子述重心之理畢，乃進而以言太空星球運行之狀況。如：

經下：宇進無近，說在敷。

說：傴宇不可偏舉，宇也。進行者，先敷近，後敷遠，行者必是先近而後遠。

宇爲無窮極而至大無外之空間，今太空是也。敷，猶布也。無近，周徧之義。經謂此太空運行，周徧不已者，蓋以行星徧布故也。傴蓋區之繁文，謂地面也。李漁叔先生以爲「並區宇而爲宇宙之總體，不可偏舉其一也。宇之進行，先敷近而後敷遠：如地球由東向西繞日而行，在東半球日出，正西半球日沒時，卽可證明此理。（現代天文家以格林威治及格什米爾相對，兩者相距爲七十五度，太陽經格林威治子午圈爲午前七時，或午前五小時，而在格什米爾，則爲午後六時，或午後五小時，詳見經下宇或徙條。）亦若人之行路然，必先有一起點，而由近以及遠也。」（註五）莊子天下篇釋文引司馬彪云：「天下無方，故所在爲中，循環無端，故所行爲始。」卽此意也。下條乃專就時空論之。如：

經下：行脩（原作循，据張改）以久，說在先後。

說：行，遠近脩也，先後久也。民行脩必以久也，久有窮無窮。

李漁叔先生釋此條甚當。其言曰：「時從空生，昔人觀象授時，由日月星辰之升恒出沒，而測其運行之理，運行不息，時間隨逝，而先後生焉。（墨經之所謂時皆爲久。）故曰：行脩以久，說在先後。經說更就空間與時間之義申之。謂此宇宙之運行，有一定之距離，亦有一定時速，故曰：行，遠近脩也，先後久也。民行脩必以久者，民謂人民，廣其義爲一切人類，在此宇宙中，進行於空間，亦必需時間，其理一也。久有窮無窮之義，其理尤爲精確，今世天文家以地球自轉之周期爲二十四等分，謂之一日，被認爲一不可分之整體，時間一直從〇至二十四，無有停晷，今日如此，明日復然，由此相續，永久無歇。就其可知而可析者觀之，則一刻一時一日皆有盡，就其不可知不可析者觀之，則千齡萬代猶無終也。」(註六) 於是更言宇宙變動不居及其運轉之所以然。如：

經下：宇，或徙（原作從，据畢改），說在長宇久。

說：長宇，徙而有處宇。宇，南北在旦（原作且，据王改）有在莫。宇徙久。

或，說文云：「或，邦也，或从土作域，今作區域字」是也。有，王引之云：「有，又也」。莫卽暮之正字。經之義謂太空運行無已，天地密移，上下四方，未有窮處，古今旦莫，未知起訖也。說之義謂地體自轉，繞日而旋，歷一年一周隋（俗作橢）軌，日力攝之，不入於別種恒星之範圍，故云長宇徙而有處宇。南北二極，遞見日光者，各有六月，除暮光七十餘日外，北旦三月半，卽南暮三月半，南旦三月半，卽北暮三月半，更相徙易，亘古如斯，故云宇南北在旦又在暮。宇徙久，卽侯先勒（John Herchel）談天所謂恒動也。(註七) 李漁叔先生補釋「宇徙久」之義云：「宇徙久三字，在墨經中最堪重視，由中外各世紀實際觀察，與推理所得，證明地球爲一自轉之球體，每二十四小時在地軸上自轉一周，每三百六十五日繞太陽公轉一周，此卽人類所謂時間之累積，由宇徙而成久也。」其說甚當。按莊子秋水篇云：「物之生也，若驟若馳，無動而不變，無時而不移。」卽本諸「宇徙」之義而言之也。墨子並嘗論及太陽與地球所成節氣之關係。如

經上：日中，缶南也。

無說。

所謂日中，當謂「日出東中入西中」之省文。正南，亦兼言正北。按缶卽正字，或係武后所改。今天文家謂每年十二月二十二或二十三爲冬至，當太陽經過此點時，北半球夜最長，稱爲北極夜，而對面爲南極晝；至次年三月二十一或二十二爲春分，當太陽經過此點時，日光正射赤道上，南北兩半球晝夜均分。又六月二十一或二十二爲夏至，當太陽經過此點時，北半球晝最長，稱爲北極晝，而對面爲南極夜；至九月二十三或二十四爲秋分，當太陽經過此點時，日光亦正射赤道上。南北兩半球晝夜均分。蓋赤道爲地球面南北等距之中線，日東出西入，因有東中、西中之稱，再由東西中點引線向南北極，卽成正南正北。(註八)

(二)數學

墨子之數學概念，自有清鄒特夫，陳澧以降，頗多究之者，而其成績亦甚新奇可喜。試觀其對數建位之觀念，實具極清楚之認識。如：

經下：一少於二，而多於五，說在建位。(位原作住，據曹改)。

說：五有一焉，一有五焉。十，二焉。

建，廣雅釋詁：立也。如數中之一，可以少於二，可以多於五，視其所立之位如何耳。如在個位，則五之中有一矣。如在十位，則一之中有五矣。十，本爲二五也。張惠言云：「建一爲端，則一爲十，是多於五。五析之，則有一者五，是一少於二也。建一以爲十，則一有五者二，是多於五也。建一爲十，累一爲二。」俞樾云：「數至於十，則復爲一，故多於五。五有一者，一二三四之一也。一有五者，一十，一百之一也。」吳毓江云：「一少於二與五有一焉，皆以絕對值言，其理易明。一多於五者，中國建位以十，數始於一，終於九，則建一以表示之，此名爲一，計位則爲十，有五者二焉，故曰：一有五焉，十，二焉。」（註九）諸家皆可謂善解經義者矣。

又有算術所謂倍數之理。如：

經上：倍，爲二也。

說：倍，二尺與尺但去一。

凡某數以二乘之，其所得必爲某數之倍數。故一乘二得二，二卽一之倍數；三乘二得六，六卽三之倍數，所謂公倍數是也。故曰：倍，爲二也。（註十）高晉生云：「去，卽數學所謂減也。二尺爲一尺之倍，因二尺但減一尺，正餘一尺也。故曰：二尺與尺但去一。（註十一）張純一引伍非百說云：「倍數一，等於基數二。譬之二尺，尺之倍也。何以知爲尺之倍，以二尺減一尺尚有一，故曰：二尺與尺但去一。」（註十二）按諸說均是。

陳澧有云：「鄒特夫云，墨子經說，有中西算法，澧因取而讀之，如經上云：平，同高也。……此其文義易明者。其脫誤難明者，細繹之，算術當更多耳。」（註十三）

自陳氏作述於清同治十年二月迄今百餘年，雖治墨者衆，而有成者亦不乏人，惜乎異說仍多。今茲所述，撮要言之，脫誤難解者，暫略之耳。下面請再觀墨子之形學。如：

經上：端，體之無序而最前者也。

說：端，是無同也。

陳澧謂：「此所謂端，卽爲西人算法所謂點也。體之無序，卽所謂線也。序如東序西序之序，猶言兩旁也。幾何原理云：『線有長無廣，卽所謂無序，謂無兩旁也。』又云：『線之界是點，卽所謂最前也。』又云：『直線止有兩端，兩端上下，更無一點，卽所謂無同也。』」（註十四）陳氏釋「端」爲「點」甚佳。蓋點爲基本數，爲一切形之始。梁啓超云：「凡形起於點」是也。「無序」之解，李漁叔先生說之甚當，其言曰：「無序者，言無與爲次序，以其無長短廣狹厚薄也，此爲每一物形之起點，故云最前。」（註十五）「無同」之說，譚戒甫氏釋之有理，其言曰：「蓋端之爲物，已分至無餘，既無有相爲比次者；則其絕對獨立，必亦無有與之相同者矣。故曰，無同也。」（註十六）而「無同」之意，揚寬謂「端」既無長廣，又無高厚，至小極微，與「無」相同也，則是以哲學釋之矣。

經說上：尺前於區穴，（梁云穴字疑衍）而後於端。

端卽幾何學所謂點也。尺卽幾何學所謂線也。區卽幾何學所謂面也。梁啓超云：「區者，幾何學，所謂面也。有長有廣，成一界域，故謂之區。先有點（端）而後有線（尺），先有線而後有面，故曰：尺前於區，而後於端。」（註十七）按梁說甚是，後之釋解此文者多從之。

經上：體，分於兼也。

說：體，若二之一，尺之端也。

兼，全量也。體爲兼之一部分（衆體爲兼，分之爲體）。故云：「體，分於兼也。」若二之一者，二爲一之兼，一爲二之體，蓋以倍言之也。後第六十條經云：「倍爲二也。」故設體爲一，而一之倍爲兼，卽體爲二之一。若尺之端者，尺爲端之兼，端爲尺之體，蓋以多言之也。尺卽幾何學所謂線。尺之端者，線之點也。後第四十五條說云：「偏也者兼之體也。」故設兼爲尺，而尺之偏爲體，卽體爲尺之端。（註十八）

經上：厚，有所謂大也。

說：厚，惟無所大。

厚，卽幾何學所謂體也。范耕研所云：「今世算家論物形有四等，曰點、線、面、體。墨經所謂厚者，當算家之體。」（註十九）是也。幾何原本云：「點爲線之界，線爲面之界，面爲體之界。」由點、線、面之擴張積而成大，此所大卽體也。體必有所大，故曰：「厚，有所謂大也。」梁改「惟」爲區，李漁叔先生已指其非。謂：「梁好改字，或不誤亦改，且以自成其說而已。」又云：「然此惟字當誤，但不知何字成譌耳。」實則「惟」字未誤，乃以不明「惟無」之訓，致生異說也。按惟無所大者，惟所大也。「惟無」與「唯毋」同。墨子尚賢中云：古者聖王唯毋得賢人而使之。王引之云：毋，語詞耳，本無意義。此猶言唯得賢人而使之也，歷舉數十條爲證。其字或作毋，或作無，皆是語詞，特未及經說此條，諸家遂亦忽之。（註二十）

經上：盈，莫不有也。

說：盈，無盈無厚。

盈，廣雅釋詁：「滿也」，又：「充也」。盈者，充實彌滿，無乎不在，故曰：「莫不有也。」無盈無厚者，孫詒讓云：「言物必有盈其中者，乃成厚之體，無所盈，則不成厚也。」(註二二)是也。前條經云：「厚，有所大也。」此則言「無盈無厚」者，反面言之也。蓋凡物必待充盈始得成厚之體，無成盈則不成厚。而「無厚」猶云「無所大」，亦卽「無體積」之意也。

經上：圜，一中同長也。

說：圜，規寫攴（孫云，交之誤）也。

張皋文氏謂：「立一爲中而量之，四周同長則圜矣。」劉嶽雲謂：「此謂圜體自中心出徑線至周等長也。」按幾何原本云：「圜者，一形於平地居一界之間，外圜線爲圜之界，內形爲圜。」又云：「自圜之一界作一直線，過中心至他界，爲圜徑。」又云：「圜之中處爲圜心，一圜爲一心，無二心。」蓋一圜只一心，圜內任作穿心直線，皆必相等，故曰：「一中同長。」張純一乃指云：「劉說圜體，當作圜面。」(註二三)與梁啓超所見相同。然謂當作圜面者，似有未妥。李漁叔先生所釋甚是。其言曰：「按朱駿聲說文通訓定聲云：『圜，天體也，从口睘聲。按渾圓爲圜，平圓爲圓，圓之規爲圓。』云云，則言圜體，亦無不合。」(註二三)吳毓江於此亦有精當之論。其言曰：「案析言之，渾圓曰圜，平圓曰圓。渾言之，則圜圓通用。本條定義，立體圓、平面圓均適用之。圜僅有一中心，由中心至圜周之距離均等，以規寫畫而交之卽得圓。」（註二四）然則「規寫交」者，或卽今幾何學所謂「作圖」是也。

經上：方，柱隅四讙也。

說：方，矩見支（孫云疑當爲寫交）也。

李漁叔先生謂：「前條言規以畫圓，此言矩以畫方」是也。此「方」字，亦兼平方立方而言。柱卽幾何學所謂邊也。隅卽幾何學所謂角也。讙、驩、懽、歡等字，皆可通假。張皋文云：「讙亦合也。」國策秦策「而大國與之懽」，注：「懽猶合分。」是「四讙」者，四合也。矩者，量方之器也。寫與畫同。蓋以矩畫之，而柱隅四合，是謂之方。故曰：「矩寫交也。」周髀曰：「合矩以爲方」義與此類。

經上：仳，有以相攖，有不相攖也。

說：仳，兩有端而后可。

仳與比通。以，猶謂也。攖，梁云相接觸也。蓋卽幾何學之所謂相交也。凡形或相攖，或不相攖，皆可相比。高晉生云：「仳者，較其長短也。按幾何學，較其長短，其法有兩：一用兩線相交法，卽經所謂相攖也。二用兩線平行法，卽經所謂不相攖也。故曰：「仳有以相攖，有不相攖也。」又云：「較兩線之長短，或用兩線相交法，或用兩線平行法，均必須兩線各有定點，以爲之準，而後方可得其差數」。故曰：「兩有端而後可。」（註二五）茲以圖示如下：

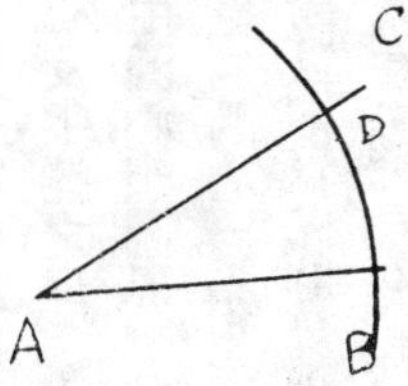

(一)兩線相交法

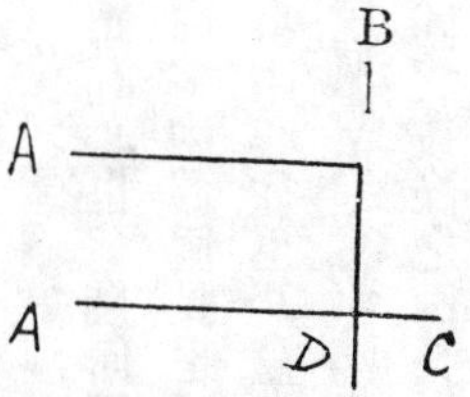

(二)兩線平行法

經上：攖，相得也。

說：攖，尺與尺，俱不盡，端與端，俱盡。尺與端，或盡或不盡。堅白之攖相盡，體攖不相盡。

攖，交也。相得，相接觸，相銜接也。盡謂兩者相合，互相含受，渾融無間之意。（註二六）尺與尺俱不盡者，以線與線相交，有長者、有短者，故曰：「俱不盡。」端與端俱盡者，以點與點交，則兩點俱盡也。孫云：「經上云：『端，體之無序而最前者也。』是端前更無餘地，故相攖則兩俱盡。」（註二七）是也。尺與端或盡或不盡者，以線為點之積，線與點相交時，就點而言則盡，就線而言則不盡也。堅白之攖相盡者，即經說下堅白相盈之義。堅白在石之中相盈，亦可謂之相交。有堅之處必有白，有白之處必有堅，彼此相含，彌滿無間，故曰：相盡。體攖不相盡者，兩體相交，其相盈之處，僅各體之部分，故曰：體攖不相盡。譚戒甫云：「此體猶言質體，如二石相攖，各有質礙，物理學所謂不可入性是也。故曰：不相盡。」譚氏繼而補充說明云：「尺與尺，端與端，尺與端，皆屬體攖，故不相盡。惟端與端數量相等，可謂之盡，然仍不得謂之相盡，相盡者，直堅白之攖而已。」（二八）

經上：次，無間而不相攖也。

說：次，無厚而後可。

次，卽幾何學所謂相切也。攖，卽幾何學所謂相交也。蓋二者相切，其中無間，而並不相交，故曰：次，無間而不相攖也。厚，卽幾何學所謂體也。幾何學所謂相切，或兩點相切，或兩直線相切，或兩平面相切，而無兩體相切。蓋兩體相依，只有體之某點某線某面相切，必不能全體相切也。故相切只能就點、線、面言之，不能對體言之，故曰：「無厚而後可。」（註二九）

經上：中，同長也。

說：中心（原倒誤），自是往相若也。

此言幾何學圓心及半徑之理。中，卽幾何學所謂圓心也。幾何原本云：「圜者自界至中心作直線俱等。」由圓心至圓界，其長皆相等，故曰：中，同長也。中心者，圜心也。幾何原本云：「圜之中處爲圜心」是也。自是而往者，自中心往也。蓋自圜心出半徑至圜界必等長，故曰：相若。譚戒甫於此嘗補充云：「方圜皆有心也。故此統言圜與方之中亦可。」（註三十）梁啓超亦補注云：「此條與第五十八條不同，彼條之同長以面言，此條之同長以線言。」二家之言，均補諸說之所未備，而使經說之義益爲周延。

經上：平，同高也。

無說。

平，同高者，幾何理也。陳澧云：「此卽海島算經所謂兩表齊高也。又幾何原本云：『兩平行線內有兩平行方形，有兩三角形，若底等則形亦等。』其理亦賅於此。」按陳說甚是。

墨子之數學，至此已見其概。茲假陳文濤氏之言以爲之結。其言曰：「古時埃及人每言三角，必附於實體而言，絕無抽象三角形之思想。人必先有抽象思想，然後有求公理思想，襁褓嬰兒雖亦略知推證，而與公名公詞不相習，故絕對不知所謂公理之爲何。斯賓塞爾言觀人之術，欲覘其智識之高下，但聆其言，使於所用名辭，多專少公，則不待深求，可知其神識之甚下。觀墨子於各抽象之數學公名，所下界說之嚴切，實我國當時學術界一榮光也。」(註三二)

(三)物理學

(1)力學

陳文濤云：「先秦力學程度若何，實難於臆度。老子云：小國寡民，使有什佰人之器而不用。說者謂：雖有什佰倍人力之機械，而不用也。周時已能製什佰倍人之機械，則力學程度，不可謂不高。列子所云：周穆王時偃師獻幻人，官體均能運動，說或可信。若權衡之製，則平行力對於支點之作用也。子貢敎漢陰丈人用桔槔，引水灌田，則槓桿之起重也；墨

子之木鳶，則利用分力之理也；車輗之引重，則利用物質之分子力也」。(註三二)

據陳氏之釋，以爲墨子木鳶，當係輕木所製，如後世之紙鳶。鳶之橫厲長空，與他種飛鳥姿勢大異，蓋以翼之斜面，適對風之方向，又垂翼是以迎風，使生合力以上浮，與他種飛鳥以翼打擊空氣無異；木鳶之製，若亦取象乎此，則當時已明分合力之理矣。後以爲墨子常稱車輗引重之巧。(註三三)則當時已明物質之分子力矣。

惟按之事實，木鳶似非墨子所製，詳見後。至墨子力學之論述頗多；其於力之解釋如：

經上：力，刑(同形)之所以奮也。

說：力，重之謂，下與(同擧)重，奮也。

奮，廣雅釋詁：動也。經義謂力乃形體奮動之因也。蓋形體本靜，其所以奮動者在力。今動力學：「凡改變物形之動止狀態者，皆謂之力。」是也。力加於物而後物動，惟力不自見，由重乃見，故曰：重之謂。「下擧重，奮也」句，張其鍠墨經通解釋之甚詳。其言曰：「以力釋重，與西人重學說合，自下擧重，以有力能動也。凡物體皆有重量，重卽下墜之因，自下以力擧之向上，必奮動也。」至於重力作用集於一點，墨子深知之，如：

經下：均之絕不(通否)，說在所均。

說：均，髮均縣輕重而髮絕，不均也。均，其絕也莫絕。

此言力均不易折物。若公子牟釋公孫龍「髮引千鈞」之言曰：「髮引千鈞，勢至等也。」至等卽均之義也。列子雖爲僞書，但張湛注湯問篇此文之言，頗可據。其言曰：「髮甚微脆而至不絕者，至均故也。今所以絕者，由輕重相傾，有不均處也。若其均也，寧有絕理。」

世說新語巧藝篇，有文一則可爲本條確證，其文云：「陵雲臺，樓觀精巧。先稱平衆木輕重，然後造構，乃無錙銖相負揭。臺雖高峻，常隨風搖動，而終無傾倒之理。魏明帝登臺，懼其勢危，別以大材扶持之，樓卽頹壞。論者謂輕重力偏故也。」（註三四）

而槓桿原理，墨子亦嘗言之。如：

經下：負（舊作貞，據說改）而不撓，說在勝。

說：負，衡木加重焉而不撓，極勝重也。右校交繩，無加焉而撓，極不勝重也。衡加重於其一旁必捶。權，重相若也。相衡則本短標長，兩加焉，重相若，則標必下，標得權也。

此言力學上重心之理。曹氏曰：撓，傾也。勝，能勝任也。極，中也。按說中兩「極」字，均爲中心，或重心之義。負而不撓，說在勝者，謂負物而不傾欹，以其本體能勝任之也。衡，謂平衡，以肩負木，平均增加其重量，卽不至傾覆，吾人恒見市中人以首載物行，重疊至十數層，甚高危而不墜。所謂極勝重，亦卽重心穩定是也。右校交繩：校、連木也。（見說文繫傳）繩與承同。詩「抑子孫繩繩」韓詩作「承承」。謂此負木者若僅從右疊增之，雖所負仍是原本之數，而必至傾仄者，以右肩偏重，失却重心，所謂極不勝重也。以下就此理以權衡喩之，此一衡字，與前訓平者異義，蓋專指「稱」而言，說文：「衡，稱也。」橫者爲衡，卽秤桿；懸者爲衡，卽秤錘。捶垂同聲假借字。此言懸一秤桿於此，一旁（猶言一邊）加重，必偏下。本短標長，狀稱物時之形象，若兩端重量同時比例增加（按「同時比例增加」語意不妥，當作同量增加爲是），則標必作直線垂下，與負物之理一致（註三五）。於此，陳文濤氏嘗以簡圖明之，茲錄之於次：

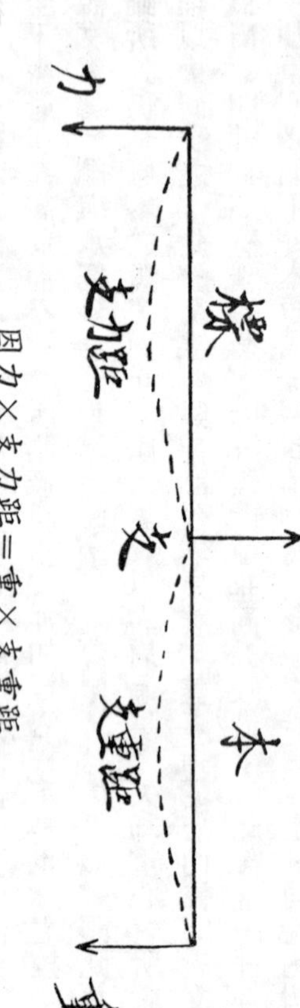

因力×支力距＝重×支重距

標長卽支力距長，故兩邊加相等之重，則標必下。（註三六）

吳毓江依經之貞，校改說之負爲貞。釋「右校交繩」謂「校者校量攪動之意，交繩爲繫權之繩。」釋「衡加重一旁」之「衡」爲「平衡」，「相衡」之衡爲「相觀察」。亦可通。吳氏曾以四式一圖言此條槓桿之理。其言曰：「本條以衡木說明槓桿之理，正而不偏撓，卽衡木之平衡狀態也。誰南子說山訓曰：重鈞則衡不傾。義與此同。如圖甲：W爲重，繫重之點爲重點A，E爲權，懸權之點爲力點B，其提挈處，爲支點P。第一節之公式爲：W×AP之距離＝E×BP之距離。此爲槓桿基本公式，雙方重相若故不傾撓。第二節雙方之重量不變，僅交繩向右移動，卽B點向右移動，則衡必向E方傾撓，其公式爲：W×AP＜E（BP＋向右移動之距離）。第三節AP與BP之距離不變，僅於W方或E方加重量，則加重之一方必垂下，其公式爲：（W＋新加之重）×AP＞E×BP或爲：W×AP＜（E＋新加之重）×BP。第四節，權方與重方平衡，假定本短標長，即AP小於BP，今於兩方各加以等量之重，則標方必下垂，因標方得權勢也。其公式為：（W＋新加之重）×AP＜（E＋新加之重）×BP。」又云：「新論明權篇曰：今加一環於衡左，則右蹶；加之於右，則左蹶。即依本條第三節公式立言也。」（註三七）

茲錄原圖於下：

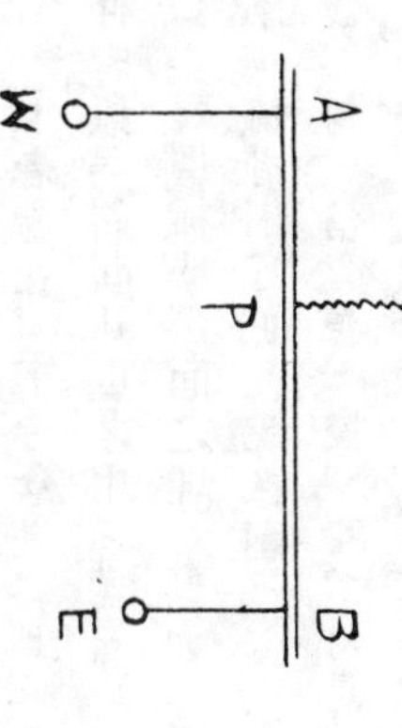

經下：合與一，或復否，說在拒。

無說。

此條釋者諸家，以譚戒甫氏為優。其言曰：「本條論動力學之理。合者，合數力也，一者，一力也，相對為文。……與猶敵也，當也。或復否，猶云或復，或不復。復者，反也，今力學謂之反動力（Reaction）。拒，抵禦之義。」又云：「此具二義：㈠合與一或復。㈡合與一或不復。何以知其復？以其相拒故。牛頓動例第三律曰：『凡動必復，物等，其力

亦等，惟方向反。』即所謂復也。或不復者，如二力懸殊泰甚，反動力等於無，已無速率之可見，故云不復。」（註三八）

此外，鄒伯奇以爲升重之法（註三九），高葆光以爲單滑車起重之理（註四〇），吳毓江以爲承前條槓桿原理而申言之（註四一）者有：

經下：挈與枝板，說在薄。

說：挈，有力也，引無力也，不正，所挈之止於施也。繩制挈之也，若以錐刺之。挈，長重者下，短輕者上，上者愈得，下者愈亡。繩直，權重相若，則正矣。上者愈喪，下者愈得，上者權重，盡則遂挈。

孫仲容以爲斜面升重之用（註四二），吳毓江以爲應用斜面學理，作爲擧重之具（註四三），譚戒甫以爲釋機械學斜面之理（註四四），高葆光以爲講複式滑車之道（註四五）者、有：

經下：倚者不可正，說在剃。

說：倚、倍、拒、堅、䠷、倚焉則不正。兩輪高，兩輪爲輲，車梯也。重在前，弦其前，載弦其前，載弦其軲，而縣重於其前。是梯，挈且挈則行。凡重，上弗挈，下弗收，旁弗劫，則下直。扡，或害之也。沠，梯者不能沠，直也。今也廢石於平地，重不下，無跨也。若夫繩之引軲也，是猶自舟中引橫也。

鄒伯奇以爲轉重之法（註四六），譚戒甫以爲論建築之術（註四七），高葆光以爲釋絜收引杜之意義（註四八），高亨以爲言物之壓力（註四九）者，有：

經下：推之必往，說在廢材。

說：推，跰石絫石耳。夾寖者，法也。方石去地尺，關石於其下，縣絲於其上，使適至方石，不下，柱也。膠絲去石，挈也。絲絕，引也。未變而名易，收也。

右三條高葆光以爲皆言「絜收的意義和功用」。而筆者終覺各家疏釋改字太多，實有「更字解經」之嫌，未若梁任公，李漁叔之闕疑爲是。梁氏云：「右四條皆言重學。」又云：「右十八條，自審學力不足以釋之，故不強爲釋，所校亦未精，僅采舊說耳。世有達者，疏通證明。實愜所望。」(註五十) 李氏云：「右三條義多難牽，晚近諸注家各有所見，多以今世重學牽合之，未足徵信。」(註五一)

(2)光 學

墨子對光學之研究，頗有系統，惜乎失傳，後人無繼。今茲逐條分別觀之。如：

經下：景不徙（徙舊作從，王引之依列子改），說在改爲。

說：景，光至，景亡，若在，盡古息。

景，卽今影字正文。俞云：「盡古，猶終古也。」孫云：「息當訓爲止，卽經不徙之義。」又云：「以此經及莊列張馬諸說綜合論之，大意蓋謂景必亡而更生，始有更改，若具不亡，則景常在，後景卽前景，無所改易，故說云：『光至，景亡，若在，盡古息。』息卽不徙之義也。」(註五二) 李漁叔先生於此云：「此義亦甚易明，吾人尋常見鳥飛過，鳥動影亦動，鳥移影亦移。蓋物體蔽光，鳥至光蔽則影生，鳥去光復而影滅，鳥復前進，新影生於前，舊影亡於後，是原影終未嘗動，特改易其位置焉耳。」(註五三) 孫李二氏均得墨子本義。（校詮略同）

又殷家儁援引墨說，據「光至景亡」，謂墨子已知光之複射。蓋謂「至，極也。孔愈小者，則影界愈清；徑大一分，則光多一分；複射再展大，則影模糊不肖形，故云：影亡。」（註五四）說雖異於各家，然亦足證墨子之光學知識也。茲錄之，備一說。

經下：景二，說在重。

說：景，二光夾一光，一光者景也。

此言由光成影（本影副影）之理也。重，卽光幅重疊之謂。凡光射於物，而成物影，影必有二，故曰：景二，說在重。此一物影，中濃而外淡，吾國前代謂濃者爲景，淡者爲罔兩。莊子齊物論：罔兩問景。郭象注：罔兩，景外之微陰也。景外微陰四字，狀寫明碻，與今世光學稱景爲本影，罔兩爲副影者無異。（註五五）

二光夾一光，係說明重字之理。二光一光，爲義各異，故又以一光者景也句簡別之。此如甲圖：以一光而得一景，故可簡別上句。又如乙圖，設AB爲一光體，CD爲一物，置前。則由AB所四射之光線，一方面爲CD所閡，於是沿ACE及BDF，而成一EF，之本影。復次，A點光線又沿ADG，B點光線又沿BCH，而成一HG之副影。此副影必須ADG與BCH二光線相會於K，而夾AB一光體，方能得重，故又以二光夾一光句說明之也。（註五六）

經下：景到，在午有端與景長，說在端。

說：景，光之人照(原作煦，據曹改)若射。下者之人也高，高者之人也下。足蔽下光，故成景於上，首蔽上光，故成景於下。在遠近有端與於光，故景庫內也。

此今日攝影所用之光學原理也。到卽倒字。張惠言云：「午，交午也。」劉嶽雲云：「古者橫直交互謂之午⋯儀禮度而午。注云：『一縱一橫謂之午』是也。其形爲×，×者光線

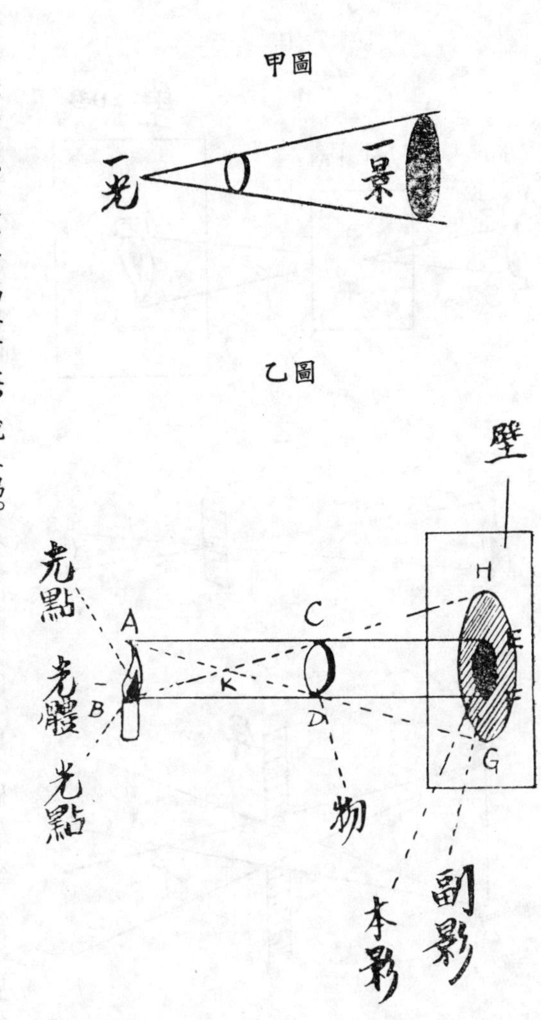

之交點。」光之人：之，至也。（見詩柏舟箋）照若射者，射用矢，故其本字从矢作䠶。射矢必直，詩小雅「其直如矢」是也。景庫內：經上第四八條「庫，易也。」易有明義，卽是。（譚戒甫語）孫詒讓云：「此卽光學所謂約行線，由侈而歛，交聚成點，端卽點也。」又云：「凡約行線中有物隔，（按當作有隔孔）則光線必交，穿交而過，則成倒景。在午有端與景長：長、謂線，對端爲點而言。謂凡光在交聚成點之時，則有礙於光線之行，故穿交而

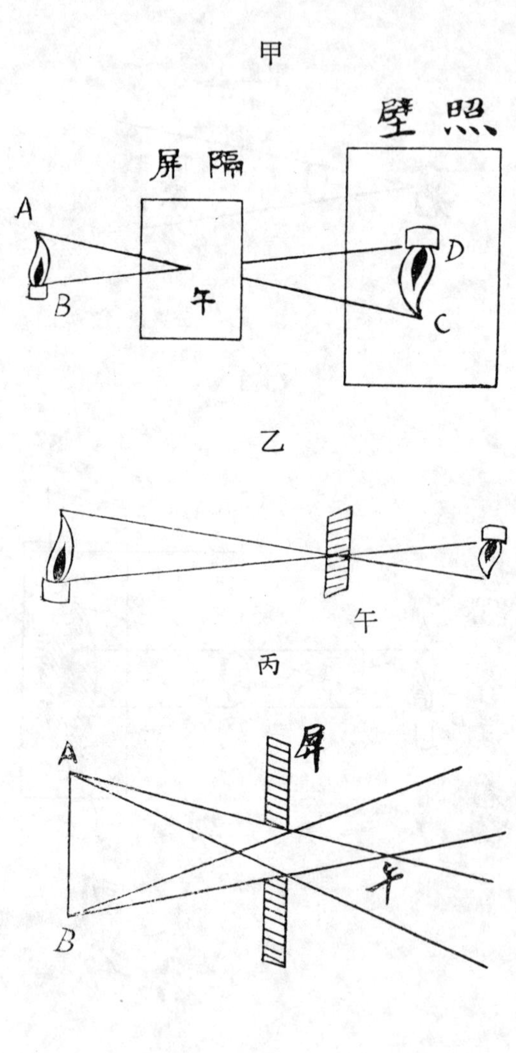

景到也。」（註五七）譚戒甫對張惠言、劉嶽雲、孫詒讓三人之論，評之曰：「張、劉、孫三說，均於『景到在午有端』六字發揮明確，惟未盡『與景長』三字之義。」於是他進而疏解云：「茲更以圖明之。如下圖甲：設ＡＢ為一光體，其ＡＢ間之各光線，一一穿過隔屏午孔，而射於右之照壁上，成ＣＤ之倒影，所謂『景到』也。ＡＢ二光線交午，必有一點。然說云『在午』，又云『有端』者，蓋謂在交午之處，僅須一甚小之孔如點，決不可令其稍大（卽今攝影暗箱所謂針眼），如圖甲與乙之午點是。又影之所以倒及影之所以大小，殆全由此點為其主因，是以更出其故曰：『說在端。』反之，若屏孔過大，如圖丙：則孔周之光線，繁複散漫，而影卽模糊。苟置照壁於屏午之間，將映出孔形矣。與景長：與當讀預；長，猶言長短（計長而短自見），蓋影之大小，係於線之長短；若午點距光近，線短，距壁遠，線長，則影大：如圖甲。午點距光遠，線長，距壁近，線短，則影小：如圖乙也。」

又云：「說承經文推言光之直達（Rectilineal Propagation）反射（Reflection）及今照像（Photography）之理。茲分三段言之：㈠光之直達：據今光學，光之傳布，恒依直線進行，故取譬飛矢直入，曰照若射。如上條圖乙：ＡＢ一光，被ＣＤ遮斷，而現本影ＥＦ於照壁上，卽為光線不能曲行之證。又如本條圖甲：Ａ光線由午孔徑射於Ｃ，Ｂ光線由午孔徑射於Ｄ，若目在ＣＤ以內，必盡見ＡＢ之光，以光線直行故也。㈡光之反射：日體極大，光線四布，如圖丁：有ＡＢ無數光線至人ＣＤ之間，盡行反射，其達午點者，一一入暗箱至ＥＦ之間，以成ＥＦ之倒像。蓋光線下至人反射於上，上至人反射於下，其ＣＤ午與ＥＦ午之兩三角形，皆屬光域，今僅以ＣＥ及ＤＦ二線表其外界而已。鄒伯奇云：『密室小孔漏光，必成倒影。雲鳥東飛，其影西逝。』按卽此所謂光之反射也。㈢照像之理：足蔽下光故成景於上者：因日光至人，爲D足所遮蔽，故D光反射入午而達於F，卽成人足F之影於上。首蔽上光故成景於下者：因日光至人，爲C首所遮蔽，故C光反射入午而達於E，卽成人首E之影於下。首下、足上，所謂景倒也。與經文『與景長』句相應。蓋當照像時，其午端與CD距離之遠近。須參合於光之强弱，以進退其暗箱，庶能使影明晰，故曰景庫內也。」（註五八）按譚說甚當，疏釋亦詳。

又王錦光釋本條經說「光之人」，煦若射，至故成景於下」云：「此說明光的直線進行的針孔照相匣的實驗（小孔成像的實驗）。光線就好比射出的箭那樣；因爲從下面到人身上的像在高處，反之從高處照到人身上的像在下面，針孔相匣的實驗是證明光直線進行的最好方法之一。」又云：「他（指沈存中）說：陽燧（指窪鏡卽陽鏡）的鏡面是凹的，對着太陽

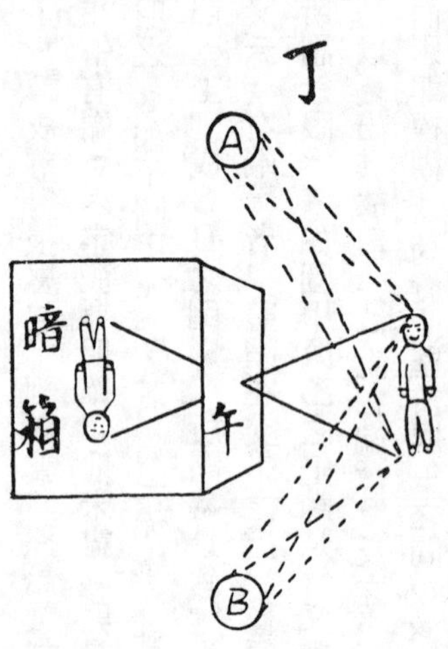

照的時候，反射的光都向內聚集在離鏡一二寸的地方，形成一個芝麻或豆子那末小的小點，東西放在那裏就會燒起來，這也是腰鼓最細的地方。從這裏可以看出沈括進一步發展了墨經中的針孔照相匣實驗，與凹面鏡的焦點及造像。他具體的用細腰鼓的腰等例子來譬喻凹面鏡的焦點，與照相匣的針孔，把小孔成像，及和凹面鏡像這兩件光學上不同的現象聯系起來，並且說明所以成像是由於光線穿過『礙』（小孔與焦點）形成『光束』的道理。」（註五九）

經下：景迎日，說在摶。

說：景，日之光反燭人，則景在日與人之間。

此言回光反照之理。摶訓圜，有周繞之義，不必改摶爲轉。燭，照也。經之義，乃言日光照物，物成影，影必背日。但影有時迎日，蓋日光射於物後之晶體上，其光回轉而照物，物景遂見於前也。說之義，乃謂日之光射於晶體上，而後方能反照，如一大鏡，鏡面向上（墨卿按應爲向日）而植於地上，人向日而立於鏡前，日光射於鏡上，其光反射於人，則人影見於人之前，（墨卿按時影有二：一爲日光直接照射所生，在人之前；一爲鏡面反光所生，在人之後。此指後者而言。）影適在日與人之間也。（註六〇）

經下：景之大小，說在杝（舊作地，據孫改）缶遠近。

說：景，木柂（一作杝），景短大。木正，景長小。大小於木，則景大於木。非獨小也，遠近。

柂借爲迆，俗字作斜。木柂，畢云：「猶言木斜。」是也。缶卽正字（說見前）。經義謂光照物而成影之大小，在於物體之斜正與夫光距物之遠近也。說以木爲例。言光照於木，木傾斜則其影短而粗大，木正直則其影長而細小。蓋光距木愈遠，則其影愈大，愈近，則其成影愈小也。孫詒讓所云：「木斜近地故景短，陰影濃，光不內侵故大。木正遠地故景長，光複映射，景界不清故小」是也。然無論木之大小何如，其所成之影，恒較木體爲大也。非獨小也，遠近者。謂非獨光小影大，遠近亦然也。理甚易明。若解爲植表測影之理，當無强爲比附之嫌也。

經下：臨鑑而立，景到，多而若少，說在寡區。

說：臨，臨正鑒，景寡。貌能（張云能卽態字），白黑，遠近，杝正，異於光鑒。景就當俱，去亦（原作尒據畢改）當俱，俱用北。鑒者之皃（舊作臭，形近而譌），於鑒無所不鑒。景之皃無數，而必過正。故同處，其體俱，然鑒分。

臨，廣雅釋詁：「臨，視也。」方言十三：「臨，照也。」鑑，廣雅釋器：「鑑謂之鏡。」（按鑑或爲透明礦石類）景，篇海：「景，像也。」此言人臨窪鏡而立影倒。卽鄒特夫所云：「經下所云臨鑑而立景到，謂窪鏡也」是也。按「多而若少，說在寡區」者，謂物像大而似小者之故，在於球心與焦點間之小面積也。說言人臨正鑒（平面鏡）前，其影變化少不若光鑒（凹鏡）之影有正、倒、實、虛、大、小之別也。他若物體之形，白黑之色，遠近之度，斜正之勢，俱大異於臨光鑒（凹鏡）之前也。「景就當俱，去亦當俱，俱用北」者，言物景遠（去）近（就），皆有正反之現象，若左成右，大而小或小而大，亦或有倒而正，正而倒之事也。蓋「北」與「背」同。「反」之意也。「臭」當爲「皃」字，形近而譌。鑒者之皃，無一不在鑒中，斯於鑒無所不鑒也。「景之皃無數而必過正」：或卽謂無數之景皃，咸有過正成反之現象也。「故同處，其體俱，然鑒分」：李漁叔先生言：「此二鑒同在一處，其光體亦相似，而所鑒之物景不同，由鑒之本身不同也。」（註六一）

經下：鑑位，景一小而易，一大而缶（卽正字）說在中之外內。

說：鑒，中之內，鑒者近中，則所鑒大，景亦大；遠中，則所鑒小，景亦小，而必正。起於中緣正而長其直也。中之外，鑒者近中，則所鑒大，景亦大；遠中，則所鑒小，景亦小，而必易。合於中緣正而長其直也。

此條言凸透鏡及凹面鏡成像之理。李漁叔先生等以爲「本條言突鏡（凸鏡）之理」非是。蓋所謂突鏡（凸鏡）者，卽今之所謂凸面鏡也，與所謂凸透鏡者絕異。按無論其爲凸透鏡或凹面鏡，凡物在焦點以內者均成虛像（卽正像），凡物在焦點以外者均成實像（卽倒像）。二者均係距焦點近者其影大，距焦點遠者其影小也。「易」之義，俞樾以爲與「施」通，而訓「邪」，謂「一小而邪，一大而正，相對爲文」。此解雖去經說原義未遠，然終不若取其本義爲佳，蓋「易」者。卽「倒」之意也，物像倒立，正是物之首尾易位也。其所謂「中」者，卽「焦點」是也。焦點者，置易燃之物於下，可灼然而焦，故名。中之外內，猶言在焦點之內外也。物在中之內，距焦點近，鏡光射物多，故物影大，距焦點遠，則鏡光射物少，故物影小。至在中之外者亦然。所鑒，猶云所照也。又物在焦點內，所成之影必爲物之正形，在焦點外，則成反形，此「正」與「易」之理。起於中：謂起於中心，緣其正而外射爲長直線。合於中：謂仍與中相應，緣其邪而旁射爲長直線也。（註六二）李漁叔先生就凸透鏡之理釋本條；王錦光則以凹面鏡之道解此文。其言云：「此說明凹面鏡的現象。經說：

照鏡子（凹面鏡）的人，在凹面鏡的「中」點之外，他所看見自己的像是倒像，比人小；照鏡的人，在「中」點之內，他所看見自己的像是正像，比人大。經說說：人站在「中」點之內，他所看見自己的像總是正立的，他從「中」點向鏡面移動，離「中」點越近像越大，離「中」點越遠像越小；人在「中」點以外呢？他所看見自己的像總是倒立的。從「中」點向外移，離「中」點越近像越大，離「中」點越遠像越小。依照現代科學的解釋，這「中」點應該是指凹面鏡的焦點。」

又殷家儁註鄒著「格術補」，依據墨經「鑒者近中則所鑒大，景亦大；遠中，則所鑒小」及「鑑位（立之訛）量（景字訛）一小而易，一大而缶（正字訛）」之語，謂墨子已知凹鏡像之大小及正倒（註六三），並以表釋其理，茲錄之供參考：

凹面鏡光源位置	像之大小	位置
遠中球心以外	小	倒
近中球心焦點間	大	倒
近中焦點內	大	正

經下：鑑團景一，大而必正，說在得。

說：鑒，鑒者近，景亦大，亓遠，所鑒小，景亦小，而必正。景過正故招。

此言凸鏡成像之理。團訓圜。亓，古其字，墨書其多作亓。鑑團卽凸鏡也。景一者，景皆正無他變化。大而必正，據說之文，應作大小而必正，卽說之義也。說在得；得謂鏡光攝得物形也。說義謂物距凸鏡近，其影較距鏡遠者爲大。而無論大小，皆爲正影。若物距鏡過遠則影失其常而招搖無定矣。李漁叔先生謂「招與柖字同，樹搖貌，義爲招搖。謂過正則反恍惚不明也。」甚是。(註六四)

墨子之光學原理，高葆光氏極崇揚之，謂其特點有八，其言曰：「(一)光線的進行，是直射的。見「景光之人，照若射」條。(二)二條反射光線相交，始能成像。見「二光夾一光」條。(三)物若立於凹面鏡前之焦點以外，所成之像是倒立。見「下者之人也高，高者之人也下」條。(四)物若立於凹面鏡前之焦點處則不能成像，祇爛然一片。見「景庫內也」條。(五)物若立於凹面鏡前之焦點以內，所成之像是正立。見「鑒中之內，鑒者近中」條。(六)一組平行對立之鏡面，人立其間，成像無數；但因各像光度明暗不一，實際所看到的，僅由首數次反射後所成之幾個像。見「景之臾無數」條。(七)凸面鏡所成之像，恒比實物爲小。但其大小，乃於物與鏡之距離，成反比之關係，且均爲正立。見「鑒，鑒者近，則所鑒大……而必正」條。(八)凹凸面鏡，有曲率中心之發現。見「起於中緣正而長其值也」與「鑒，鑒者近，則所鑒大」等條。(註六五)

其他諸家對之，亦揄揚者衆，而譏貶者寡。惟揄揚間有過之者，蓋純以現代物理學解之，墨子之世，尙未及也。然若干物理基礎理論則亦俱備，殆無可疑者。是以於墨經科學，雖不欲全然採諸現代之說，强爲比附誇飾也。蓋今之科學，度越墨子遠矣。李漁叔先生云：「墨家之學，在先秦諸子中最爲精博，若必謂其論理學，度越培根與穆勒，其於天文學，比肩牛頓與愛因斯坦，則不惟涉於誇誕，亦毋乃厚誣古人。」李氏之言，深獲吾心。

二、科學技術

墨家之科學，除墨經著錄者外，尚有見於諸書之墨子爲「木鳶」「車轄」事，及止楚攻宋，與有關軍事十一篇之守備工程，茲分別述論於后：

(一)木鳶車轄（註六六）

列子湯問篇云：「墨翟之飛鳶」張注云：「墨翟作木鳶，飛三日不集」。韓非子外儲說左上第三十二云：「墨子爲木鳶，三年而成，蜚一日而敗，弟子曰：先生之巧，至能使木鳶飛。墨子曰：不如爲車輗者巧也，用咫尺之木，不費一朝之事，而引三十石之任，致遠力多，久於歲數。今我爲鳶，三年成，蜚一日而敗。惠子聞之曰，墨子大巧，巧爲輗，拙爲鳶。」又畢沅云：「文選長笛賦注云：案墨子削竹以爲鵲，鵲三日不行者，彼誤。」孫詒讓云：「渚宮舊事云：嘗爲木鳶，乘之以窺宋城，與此異。」論衡卷八儒增篇云：「儒書稱魯般墨子之巧，刻木爲鳶，飛之三日不集。」卷十六亂龍篇亦云：「魯般墨子，刻木爲鳶，蜚之三日而不集，爲之巧也。」

是魯般（公輸班）墨子俱爲巧工，且其事例亦多混淆，因而乃有魯班墨子同爲一事之載述。論衡儒增篇又云：「魯般巧亡其母也，言巧工，爲母作木車馬，木人御者，機關備具，載母其上，一驅不還，遂失其母。」

爲此，王充辯之甚當！其言曰：「如木鳶機備具，與木車馬等，則遂飛不集，機關爲須臾，間不能遠過三日，則木車等亦宜三日止於道路，無爲徑去，以失其母，二者必失實者矣。」（儒增篇）

此外，墨子公輸子（註六七）同作木鳶之記述：如淮南齊俗訓亦相提並論之云：「魯班（公輸子）、墨子以木爲鳶而飛之，三日不集。」墨子書魯問篇則單言之云：「公輸子削竹木以爲鵲，成而飛之，三日不下，公輸子自以爲至巧。」文選長笛賦李善註則引淮南子曰：魯班爲木鳶而飛之云云，而略去文中墨子之名，以作木鳶事歸諸魯班，並復引論衡另爲之說云：「魯爲母作木人爲御，機關一發，遂去不還，人謂班母亡。」（此事王充以爲失實，甚是）可見此事混然久矣。

按此作木鳶事，似不得歸屬墨子，蓋其所據列子一書，係屬僞書，非可信史料，而韓非所云：「三年而成」云云，揆諸墨子行誼，亦難成事實。墨子爲行道救世，栖栖皇皇，何久暇得之而成此事？況韓子引事多誤哉！渚宮舊事所云「乘之以窺宋城」，直似幻想語耳。蓋卽或當時有此成就，木鳶可以飛翔空際，然亦未可能竟至用以乘人以窺之地步也，果爾，豈不有若今日之飛機矣。而畢沅之說其「三日不行彼誤」云云，是又一異說也。是知此事衆說紛然，莫衷一是。而墨子尚用，絕不欲曠日費時以成僅用之於飛翔觀賞之木鳶也。觀其書魯問篇對公輸子之言可知矣。其言曰：「子之爲鵲也，不如翟之爲車轄，須臾劉三寸之木，而任五十石之重，故所爲巧，利於人謂之巧，不利於人謂之拙。」在利人之前提下，墨子當不肯費時三年而成無用之鳶明矣。

惟此事雖非必爲墨子所爲，然其有科學技術，並不因而否定之。他之爲「車轄」以任五十石之重之舉，他之對其弟子「不如爲車輗之巧也，用咫尺之木，不費一朝之事，而行三十石之任」之言，咸足藉以證其「技術」之高超。張銑評墨子魯班二人云：「皆古之巧智人也。」（文選長笛篇賦注）的然不誣。二人雖同屬巧智者，然墨子終勝公輸一籌。章太炎先生有云：「公輸般與之同時，世爲巧匠。」（註六八）又云：「若墨翟守城矣，巧過於公輸般，故能壞其攻具矣。」（註六九）可證。

㈡軍事工程

墨子除止楚攻宋：翟「解帶爲城，以牒爲械」之「守圉」科學外，另軍事工程方面：墨子書備城門篇云：「備城門爲縣門沈（猶今之閘板可縣可沈），機（關機）長二丈，廣八尺。爲之兩相如，門扇數，合相接三寸，施工扇上，無過二寸，塹中深丈五，廣比扇，塹長以力爲度，塹之末爲之縣，可容一人所。」

上所述者，乃其縣門之法。該篇所云，大抵皆城門守備之道，關乎今之工兵製造者甚夥，非深於科學知識技能者，無能爲也。其備高臨篇云：「備高臨以連弩之車，材大方，一方一尺，長稱城之厚薄，兩軸三輪，輪居筐中，重下士，筐左右旁二植，左右有衡植，衡植左右皆圜內，內徑四寸，左右縛弩皆於植，以弦鉤弦。……」

若此機關裝製，設非巧智若墨子，何能臻此？備梯篇有云：「雲梯者，重器也，亓動移甚難，守爲行城雜樓，相見以環亓中，以適廣狹爲度，環中藉幕，毋廣亓處。行城之法，高城廿尺，上加堞廣十尺，左右出巨（距），各二十尺，雜樓高廣如行城之法……若此，則雲梯之攻敗矣。」

墨子了然於雲梯之構造及性能，針對之以訂其「軍卒並進，雲梯旣施，攻備已具，武士又多，爭上吾城」之防禦辦法。是以「雲梯之攻敗矣」。備水篇云：「城內塹外周道，廣八步，備水謹度四旁（方）高下，城中地偏下，令耳（渠）亓內，及下地，深穿之，令漏泉，置則（側）瓦井中，視外水深丈以上，鑿城內水耳（疑水門之誤），並船以爲十臨……。」

上述水戰之法，與通典所載守拒法相類，於當時頗有助於戰績。墨子居然亦洞悉此道，確屬令人對其爲救世而作之工作，至感驚異。其備突篇云：「城百步，一突門，突門各爲窯竈，竇入門四五尺，爲亓門上瓦屋，毋令水潦能入門中，吏主塞突門，用車兩輪，以木束之，塗其上維（帷），置突門內，使（吏）度門廣狹，令之入門中四五尺，置窯竈，門旁爲橐，充竈狀（裝）柴艾，寇卽入下輪而塞之，鼓橐而熏之。」

「突門」爲置城內以備敵者。六韜突戰篇「百步一突門，門有行馬」是也。此種防禦工事，若「寇入卽下輪而塞之，鼓橐而熏之」，則使敵人無所遁形而必爲之擊敗矣。其備穴篇云：「備穴者，城內爲高樓，以謹候望適（敵）人，適人爲變築垣聚土非常者，若彭（旁）有水濁非常者，此穴土也。急壍城內，穴亓土直之，穿井城內，五步一井傅城足，高地丈五尺，下地得泉三尺而止。……然則穴土之攻敗矣。」又云：「謹備穴，穴疑有應寇，急穴，穴未得，愼勿追，凡殺以穴攻者，二十步一置穴，穴高十尺，鑿十尺，鑿如前，步下三尺，十步擁穴，左右橫行，高廣各十尺爲殺……。」

備穴篇所言，卒皆爲「穴」，守「穴」之道，若敵人爲穴而來攻之，則我必以穴師迎戰之。猶今之壕溝戰也。又其備蛾（蟻）篇云：「蛾傅者，將之忿者也，守爲行臨射之，校（拔）機藉之，擢之，太汜（火湯）迫之，燒荅覆之，沙石雨之，然則蛾傅之攻敗矣。」又云：「備蛾傅爲縣陴，以木板厚二寸，前後三尺，旁廣五尺，高五尺，而折爲下磨車，輪徑尺六寸，令一人操二丈四方，刄其兩端，居縣陴中以鐵璅，敷縣二陴上衡，爲之機，令有力四人，下上之，勿離。」

此段語，先言防守「卒緣城而上，如蟻之緣牆」者。次述備蛾傅之法，當用縣陴。而於縣陴之製造，言之亦詳。可見其巧於工程也。其迎敵祠篇云：「敵以東方來，迎之東壇，壇高八尺，堂密八……敵以南方來，迎之南壇，壇高七尺，堂密七……敵以西方來，迎之西壇，壇高九尺，堂密九……敵以北方來，迎之北壇，壇高六尺，堂密六……。」（北堂書抄引黃帝兵法與此節文全同，或僞造黃帝兵法者，據墨子而成之耶？）

東、西、南、北四方之壇，各有不同高度，其堂亦各有其不同之深度。而「壇」、「堂」之建造，則非稔於土木工程者不易成其事也。其雜守篇多掇拾他篇異文而成，其中築郵亭一節，亦見其土木工程之智能。其言曰：「築郵亭者圜之，高二丈以上，令侍殺（等傳）爲辟（臂）梯，梯兩臂長三丈，連門三尺，報以繩連之，槧再雜，爲縣梁，聾（當作龍）竈，亭一鼓。」

李筌太白陰經守城具篇云：「禽滑釐問墨翟守城之具，墨翟答以六十六事」。其六十六雖未見其全豹，然就備城門以下十一篇所述，其工兵及兵工之知識技能，均可謂獨步當世矣。

三、科學精神

復次，墨家亦富科學精神，是以特別注重實驗，反對臆度。必經實驗之歷程，而後方可斷言之。經下有云：「以楹爲摶，於以爲無知也，說在意。」經說下云：「以楹之摶也見之，其於意也不易，旡知意相也，若楹輕（借爲徑）於秋（揪之省文），其於意也洋然。」楹爲柱。摶訓圓。柱之形圓，一望可知，然其圓度大小之算，則不能知。是以徒知其圓，不過以意度之，不得謂之知。因而經說下乃有「若以目之所見爲然，而其意亦無變易，是無知意相」之語。換言之，意度乃是無知，必實驗之而後可謂眞知也。徑、直也，洋讀爲詳，盡也，悉也（吳毓江語）。說之末二語意云：「若以楹直於揪，乃出之意度，盡人皆知也。」蓋揪雖直，終不若斲削之楹爲直也。墨子之以意度爲無知，與韓子解老篇以意度爲愚，其義一也。經下又云：「物之所以然，與所以知之，與所以使人知之，不必同，說在病。」經說下云：「物，或傷之，然也。見之，智也。告之，使智也。」

一切現象之所以然，實不易一一知之，或其所以知之，或其所以使人知之，確難同然。如病患之然也，先見之，而後告之是也。此具科學精神之所在。梁啓超云：「此條含義甚精，例如蒸熱之氣，遇冷而降，此雨之所以然也。吾因偶有所見而明其理，是所以知也。設種種試驗使人共明其理，是所以使人知之也。所謂科學精神者，不惟知其所以然，又須使人知之……。」（註七〇）范耕研以爲此學問之所以能發明與教育之所以能收效者也，所見甚是。

墨子之科學精神，尤見於非命篇之「三本」說。非命上有云：「子墨子言曰，言必立儀，言而毋儀，譬猶運鈞之上，而立朝夕者也。是非利害之辨，不可得而明知也，故言必有三表。何謂三表？子墨子言：有本之者，有原之者，有用之者。於何本之？上本之於古者聖王之事。於何原之？下原察百姓耳目之實。於何用之？廢以爲刑政，觀其中國家百姓人民之利，此所謂言有三表也。」（註七一）

注重實驗，爲墨子立論之特色。所謂本之者，卽考其本始，以歷史爲證，所謂歷史法也；所謂原之者，卽察度其事故，以見百姓之反應，所謂觀察法也；所謂用之者，卽應用於實際，以爲施政之成效，所謂實驗法也。

上述三條實驗定律，極合現代科學要求。他如旗幟篇所云：「守城之法，木爲蒼旗，火爲赤旗，薪樵爲黃旗，石爲白旗，水爲黑旗，食爲菌旗，死士爲倉英（蒼鷹）之旗，竟（賁）士爲虎旗，多卒爲雙兎之旗，五尺男子爲童旗，女子爲稊末之旗，弩爲狗旗，戟爲𦵏旗，劍盾爲羽旗，車爲龍旗，騎爲鳥旗，凡所求索旗，名不在書者，皆以其形名爲旗。」

是知旗幟之別，亦各有其定制。且此種分類，頗具深義，識科學方法者，始有此精密之區分也。且號令篇云：「……此守城之大體也；其不在此中者，皆心術與人參之。」

此亦岳武穆謂宗澤「陣而後戰，兵法之常，運用之妙，存乎一心」之意也。是又一見其具有科學頭腦之證。觀號令一篇，其於陣先善後與夫平日守備事宜，無不令出必行，極具科學精神，面面具到，事事得體，而「守必身自致之」精神，尤為可嘉。而胡適以為「墨子說的是一個『怎樣』…說的是一個『為什麼』」，亦為其科學精神之一證。（註七二）至其科學方法──辯學之論列，限於篇幅，容另文詳之。

註釋

註一：見劉載賡續墨子閒詁自序。
註二：見李漁叔墨辯新註二四頁，墨經眞偽考。
註三：鄧高鏡墨經新釋。墨辯疏證卷七、一三八頁引。
註四：墨辯新註卷四、二〇三頁。
註五：墨辯新註卷四、二〇五頁。
註六：墨辯新註卷四、二〇五至二〇六頁。
註七：劉載賡續墨子閒詁卷四經下一至二頁。
註八：譚戒甫墨辯發微上經校釋第三、八七頁。
註九：吳毓江墨子校註卷十、十九頁。
註十：墨辯發微九〇頁。
註十一：高亨墨經校詮六三頁。
註十二：張純一墨子集解四〇三頁。
註十三：陳澧東塾讀書記卷十二、二〇六頁。

註十四：東塾讀書記卷十二、二〇六頁。
註十五：墨辯新註卷二、九六頁。
註十六：墨辯發微上經校釋第三、九一頁。
註十七：梁啓超墨經校釋三二頁。
註十八：墨辯發微上經校釋第三、五二頁。
註十九：范耕研墨辯疏證卷五、七〇頁。
註二〇：墨辯疏證卷五、七〇頁。
註二一：墨子閒詁經說上第四十二、二〇八頁。
註二二：墨子集解卷十、四〇二頁。
註二三：墨辯新註卷二、九四頁。
註二四：墨子校註卷十、十一頁。
註二五：墨經校詮七一至七二頁。
註二六：墨子校註卷十、十二頁。
註二七：墨子閒詁二〇九頁。
註二八：墨辯發微上經校釋第三、九五頁。
註二九：墨經校詮七二至七三頁。
註三〇：墨辯發微八六頁。
註三一：陳文濤先秦自然學概論二二頁。
註三二：先秦自然學概論第六章六五頁。
註三三：說文：輗、大車轅耑持衡者。戴氏震謂：大車鬲以駕牛，小車衡以駕馬。轅端持鬲，其關鍵名輗。輈端持衡，其關鍵名軏。輈轅所以引車，必施輗軏而後行，輗軏似不過一種栓木。

註三四：劉義慶世說新語卷五、一七五頁。
註三五：見墨辯新註卷三、一六四頁。
註三六：先秦自然學概論第六章六六頁。
註三七：見墨子校註卷之十，第十頁。又墨經校詮一四一至一四二頁，墨學概論一一〇至一一三頁均以圖式解之。所釋稍異，其爲槓桿之理一也。
註三八：墨辯發微下經校釋第四、一三七至一三八頁。
註三九：墨子閒詁卷十，經說下第四三、二二二頁引。
註四〇：墨學概論一一四頁。
註四一：墨子校註卷十，十頁。
註四二：墨子閒詁卷十，二二二頁。
註四三：墨子校註卷十，十一頁。
註四四：墨辯發微第二編下經校釋第四、一六三頁。
註四五：墨學概論一一六頁。
註四六：墨子閒詁卷十，經說下第四十三、二二三頁引。
註四七：墨辯發微一六三頁。
註四八：墨學概論一一四頁。
註四九：墨經校詮一四七至一四八頁。
註五〇：墨經校釋七一頁。
註五一：墨辯新註卷三、一六七頁。
註五二：墨子閒詁卷十經下第四一、一九九頁。
註五三：墨辯新詁卷三、一五三頁。

註五四：南海鄒伯奇因夢溪筆談鳥影西逝之理著格術補，殷家儁爲之箋註，中多援引墨子學說，見先秦自然學概論第七章七一頁。

註五五：墨辯新註卷三、一五三頁。

註五六：墨辯發微下經校釋第四、一四四至一四五頁。

註五七：墨子閒詁卷十，經下第四五、一九九頁。

註五八：墨辯發微一四五至一四七頁。

註五九：科學畫報揚家駱編夢溪筆談校證所引，見墨辯新註卷三、一五六頁。

註六〇：參見墨經校詮一三〇頁，該書光學理論，皆爲其友張鴻基所詳說。見其書一四〇頁。

註六一：墨辯新註卷三、一五九頁。

註六二：墨辯新註卷三、一六〇頁。

註六三：先秦自然學概論第七章七三頁。

註六四：墨辯新註卷三、一六二頁。

註六五：墨學概論一二五至一二六頁。

註六六：說文車部云：「轄，鍵也。」按鍵之爲用大矣；淮南繆稱訓：「故終年爲車，無三寸之轄，不可以驅馳。」人間訓：「車之所以能轉千里者，以其要在三寸之轄。」文選七啓註引尸子云：「文軒六駚題無四寸之鍵，則車不行。」可證。

註六七：按公輸般又稱公輸若。檀弓：「康子母死，公輸若方小，斂，般請以機封。」若即般字。（詳見王引之春秋名字解詁）

註六八：章太炎國學略說一七九頁。

註六九：章太炎國故論衡原道上，一五七頁。

註七〇：墨經校釋六一頁。

註七一：墨子閒詁卷九，非命上第三五、一六四頁。

註七二：胡適中國古代哲學史第二冊第六編第十至十二頁

（原載省立高雄師範學院學報第一期）

第四章 墨子非樂思想平議

墨子不貪利祿、不辭苦辛、不避危亡、亦不求人知。「凡民有喪，匍匐救之」。雖百世之後，猶可起頑立儒，而令人想見其風儀。然其非樂思想，後人對之評議者夥，非議者衆。究其原，實以誤解太多之故。本文之作，蓋就墨子非樂之內容，非樂之原故，及其生世環境，與夫諸家之評隲，詳加探究，以爲「平」議。藉悉墨子非樂之論，固針時弊以立言，有其積極用心者在。亦見儒墨二家於「樂」體認之異同也。

前人所以誤解墨子非樂思想，乃以不詳其非樂之內容，未察其生世環境有以致之。吾人若了然於此，則或首肯墨子之非樂矣。

誠然，樂之爲用大矣。孔子嘗言「移風易俗，莫善於樂。」(註一) 樂記亦云：「夫樂者樂也，人情之所不能免也。」蓋樂之爲物，用之於個人，可陶治性情，化戾氣爲祥和；用之於社會，可相感以善，天下皆寧；用之於人性，則「聞其樂而知其德」(註二)「聞其聲而知其風，察其風而知其志，觀其志而知其德、盛、衰、賢、不肖、君子、小人，皆形於樂，不可隱逸。」（註三）用之於治道，則「樂在宗廟之中，君臣上下聽之，則莫不和敬；在族長鄉里之中，長幼同聽之，則莫不和順；在閨門之內，兄子兄弟同聽之，則莫不和親。」（樂記）「樂中平，則民和而不流。樂肅壯，則齊而不亂。民和齊，則兵勁城固，敵國不敢嬰也。如是，則百姓莫不安其處，樂其鄉，以至足其上矣。」（樂記）用之於軍事，則作戰之初，鉦鼓出征；作戰之後，獻俘獻馘，以樂告廟。而劉師培亦云：「古人重樂歌所以宣民氣也。……重樂舞所以強民力也。」（註四）荀子更指出「聽其雅頌之聲，而志意得廣焉。執其干戚，習其俯仰屈伸，而容貌得莊焉。行其綴兆，要其節奏，而行列得正焉，進退得齊焉。」（樂論。此文與樂記同，惟多三「而」字）

上述儒家言樂之爲用者夥矣，幾無代無之，而更僕難數。然墨子亦未否定「樂」所引起廣大心靈之共鳴作用與感化效果。甚且墨子非惟未嘗否定「樂」之本身，而且爲一深於「樂」者之思想家。蓋一則墨子於非樂上篇言樂器名之繁多與夫爲樂之事，非門外所可知者。二則由其吹笙知之，由其爲「樂吏」知之也。呂氏春秋貴因篇云：「墨子見荊王，錦衣吹笙，因也。」高誘註云：「墨子好儉非樂，錦與笙非其所服也，而爲之，因荊王之所欲也。」而藝文類聚四四引尸子云：「墨子吹笙，墨子非樂，而於樂有是也。」（註五）而禮記更云：「翟者，樂吏之賤者也。」

吾人稍加思考推論，卽知常人尙悉「樂」爲人所喜之用也，況見譽以爲「北方聖人」之墨子。善於「樂」如墨子者，豈不知「樂」之利善哉！其所以非之者，蓋有由也。尸子有云：「繞梁之鳴，許史鼓之，非不樂也，墨子以爲傷義，故不聽也。」（文選七命李善註引）

其所以吹笙者，乃「因荆王之所欲」也。而墨子之投其所欲，實思藉以達成楚王受其良書行其學說之手段耳。凡此，言墨子非樂者，須先知之也。以下請詳墨子非樂之內容。

非樂之內容

按之以墨子之書，及有關羣籍，其非樂之內容，約可分為廣義與狹義二者。就其廣義內容言，蓋有二焉：㈠為非不中聖人之事，不中萬民之利，而虧奪民衣食之財之美術。㈡為非傷生害事之繁禮淫樂。

㈠非不中聖人之事，不中萬民之利，而虧奪民衣食之財之美術：其言曰：「是故子墨子之所以非樂者，非以大鍾鳴鼓琴瑟竽笙之聲，以為不樂也；非以刻鏤華文章之色，以為不美也；非以犓豢煎炙之味，以為不甘也；非以高台厚榭邃野之居，以為不安也。雖身知其安也，口知其甘也，目知其美也，耳知其樂也。然上考之，不中聖王之事，下度之，不中萬民之利。是故子墨子曰：「為樂非也。」（非樂上）同篇又云：「夫仁者之為天下度也，非為其目之所美，耳之所樂，口之所甘，身之所安，以此虧奪民衣食之財，仁者弗為也。」（非樂上）

㈡非傷生害事之繁禮淫樂：淮南要略有云：「（墨子）以為儒者禮煩擾而不說，厚葬靡財而貧民，久服傷生而害事，故背周道而用夏政。」墨子非儒下云：「且夫繁飾禮樂以淫人，久喪偽哀以謾親……好樂而淫人，不可使親治。……盛容脩飾以蠱世，弦歌鼓舞以聚衆，繁登降之禮以示儀，務趨翔之節以觀衆。」公孟篇亦云：「公孟子曰：國亂，則治之；國治，則為禮樂。國治（貧）則從事；國富，則為禮樂。子墨子曰：國之治，治之，故治也；（註六）治之廢，則國之治亦廢。國之富也，從事，故富也；從事廢，則國之富亦廢。故雖（惟）治國，勸之無饜，然後可也。今子曰：國治，則爲禮樂，亂則治之，是猶噎（當作渴）而穿井也，死而求醫也。古者三代暴王、桀、紂、幽、厲，薾爲聲樂，不顧其民。是以身爲刑僇，國爲戾虛（當作虛戾）者，皆從此道也。」

至其狹義之非樂內容，卽吾人常言之「聲」「音」之事、「音樂」之謂也。歸納而言之，可得下列四端。

㈠非厚歛萬民以造樂器：其言曰：「今王公大人，雖（惟）無（語詞）造爲樂器，以爲事乎國家，非直掊潦水折（擿）壤坦（土壇）而爲之也。將必厚措歛乎萬民，以爲大鍾鳴鼓琴瑟竽笙之聲。」（非樂上）

㈡非虧奪民衣食之財以奏樂：⑴非奏鍾鼓琴瑟竽笙而揚干戚。其言曰：「爲之撞巨鍾、擊鳴鼓、彈琴瑟、吹竽笙，而揚干戚，民之食之財，將安可得乎？卽我以爲未必然也。」⑵非撞鍾。其言曰：「今王公大人，唯毋（語詞）處高台厚榭之上而視之，鍾猶是延鼎（偃覆之鼎）也，弗撞擊，將何樂得焉哉！其說將必撞擊之。……今王公大人唯毋（語詞）爲樂，虧奪民衣食之財，以拊（擊也）樂如此多也。是故子墨子曰：爲樂非也。」⑶非樂舞。其言曰：「萬人（舞人）不可衣短褐，不可食糠糟……此掌（常）不從事乎衣食之財，而掌（常）食乎人者也。是故子墨子曰：今王公大人唯毋（語詞）爲樂，虧奪民衣食之財，以拊（擊也）樂如此多也，是故子墨子曰：爲樂非也。」（以上俱見墨子非樂上篇）

㈢非廢治怠事以聽樂：其言曰：「今大鍾鳴琴瑟竽笙之聲，既已具矣，大人鏽（當作肅）然奏而獨聽之，將何樂得焉哉！其說將必與賤人與君子聽之（據萬曆本）。與君子聽之，廢君子之聽治；與賤人聽之，廢賤人之從事。今王公大人，惟毋（語詞）爲樂，虧奪民衣食之財，以拊樂如此之多也，是故子墨子曰：爲樂非也。」（非樂上）以下並分就王公大人、士君子、農夫、婦人以言聽樂怠事之害，茲從略。

㈣非喪身敗國之淫佚舞樂：墨子一則曰：「其恒舞于宮，是謂巫風。其刑君子出絲二衞，小人否（倍）似（以）二伯（帛）黃徑（經）。」蓋常舞則荒淫，故刑之。再則曰：「嗚呼！萬舞洋洋、黃言孔章，上帝弗常，九有（九州）以亡。上帝不順，降之百殃，其家必壞喪。」三則曰：「啓乃淫溢康樂，野于飲食，將將銘莧磬以力（疑當作將將鍠鍠、筦磬以方，言肆力於淫樂也）湛濁于酒，渝食于野、萬舞翼翼、章聞于天、天用弗式。」（以上俱見墨子非樂上）

非樂之原故

吾人於墨子非樂之內容，縷析條分之後，可悉其所以非樂者，蓋一則不合其「興天下之利，除天下之害」之大前提。二則以處於當世不以聽「樂」爲「樂」（ㄌㄜˋ）故也。觀其非樂上篇開端則言「仁者之事（據萬曆本），必務求興天下之利，除天下之害，將以爲法乎天下，利人乎卽爲，不利人乎卽止。」中間嘗言「姑嘗厚措斂乎萬民，以爲大鍾鳴鼓琴瑟竽笙之聲，以求興天下之利，除天下之利，除天下之害，而無補也。」終篇結束更言「今天下士君子，誠將欲求興天下之利，除天下之害，當在樂之爲物，將不可不禁而止也。」是知墨子非樂有其大前提在。觀乎非樂上「孰爲而廢大人之聽治、賤人之從事、曰樂也」之新釋，可知墨子之「非聽樂」，以其「不樂」故（ㄌㄜˋ）也。按此句「爲」字，應訓「謂」。經傳釋詞：「爲，猶謂也。」穀梁宣公二年傳云：「趙盾曰：天乎！天乎！予無罪，孰爲盾而忍弑其君者乎？」是其證。此句「樂也」之「樂」字，應讀「ㄌㄜˋ」，其意謂「誰說因樂而廢大人之聽治，因樂而廢賤人之從事，是件樂事啊！」蓋王公大人說樂而聽之，則國家亂而社稷危；士君子說樂而聽之，則倉廩府庫不實；農夫說樂而聽之，則叔粟不足；婦人說樂而聽之，則布縿不興。至此境地，何「樂」之有？是故子墨子曰：爲樂非也。此釋似較前人「誰使廢大人之聽治，廢賤人之從事，是音樂啊。」之解，爲得墨子本義。蓋後者之解實已否定音樂之本身矣。深於音樂之墨子，想必不作如是言也。是以論其非樂之故，總而言之，不外二者：㈠上不中聖王之事，下不中萬民之利。㈡厚措斂乎萬民，虧奪民衣食之財。就以此二者之故，墨子乃不能以聽「樂」爲「樂」（ㄌㄜˋ），故非之。然若細分其非樂之故，則似有下列七者可得而言之：

㈠不能去憂患：其言曰：「民有三患，飢者不得食，寒者不得衣，勞者不得息，三者民之巨患也。然卽爲之撞巨鍾，擊鳴鼓，彈琴瑟，吹竽笙，而揚干戚，民衣食之財，安可得乎？」（非樂上）

㈡不能禁盜止亂：其言曰：「今有大國卽攻小國，有大家卽伐小家，强刼弱，衆暴寡，詐欺愚，貴傲賤，寇亂盜賊並興，不可禁止也。然卽當爲之撞巨鍾，擊鳴鼓，彈琴瑟，吹竽笙，而揚干戚，天下之亂也，將安可得而治與？」（非樂上）。又其答公孟子之言曰：「國之治，治之，故治也；治之廢，則國之治亦廢。國之富，從事，故富也；從事廢，則國之富亦廢。故雖（惟）治國，勸之無饜，然後可也。今子曰：國治，則爲禮樂，亂則治之，是猶噎

（渴）而穿井也，死而求醫也。」（公孟篇）是墨子以爲「樂」不能止亂，而公孟子云「國治，則爲禮樂」是公孟子亦以爲「樂」非治天下之道也。

㈢勞力廢事：⑴奏樂者不使老幼，而使壯年，致廢耕樹紡織。其言曰：「惟毋（語詞）撞擊，將必不使老與遲（穉）者，老與遲者，耳目不聰明，股肱不畢强，聲不和調，明不轉扑（宛轉貌）。將必使當（丁）年。因其耳目之聰明，股肱之畢强，聲之和調，明之轉扑。使丈夫爲之，廢丈夫耕稼樹藝之時，使婦人爲之，廢婦人紡績織紝之事。」⑵聽樂者非君子即賤人，致政荒事廢。其言曰：「與君子聽之，廢君子之聽治；與賤人聽之，廢賤人之從事。」「今惟毋（語詞）在乎王公大人說樂而聽之，即必不能蚤朝晏退，聽獄治政矣，是故國家亂而社稷危矣。今惟毋（語詞）在乎士君子說樂而聽之，即必不能竭股肱之力，亶其思慮之智，內治官府，外收斂關市山林澤梁之利，以實倉廩府庫，是故倉廩府庫不實。今惟毋（語詞）在乎農夫說樂而聽之，即必不能蚤出暮入，耕稼樹藝，多聚叔粟，是故叔粟不足。今惟毋（語詞）在乎婦人說樂而聽之，即必不能夙興夜寐，紡績織紝，多治絲葛緒、綑布縿，是故布縿不興。」（以上俱見墨子非樂上）又曰：「禮煩擾而不說……故背周道而用夏政。」（淮南要略）又曰：「樂愈繁而治愈寡。」（墨子三辯篇）

㈣耗費資財：⑴造樂器者厚斂乎萬民。其言曰：「今王公大人，雖（惟）無（語詞）造爲樂器，以爲事乎國家。……將必厚措斂乎萬民，以爲大鍾鳴鼓琴瑟竽笙之聲。」⑵奏樂者食肉衣錦而費財。其言曰：「昔者齊康公，與樂萬（舞），萬人（舞人）不可衣短褐，不可食糠糟，曰：食飲不美，面目顏色不足視也；衣服不美，身體從容醜羸不足觀也。是以食必

粱肉，衣必文繡，此掌（常）不從乎衣食之財，而掌（常）食乎人者也。」（以上俱見非樂上）

㈤不能生存：耽於樂者，尤不能生存。其言曰：「賴其力則生，不賴其力者不生。君子不聽治，卽刑政亂；賤人不强從事，則財用不足。」（非樂上）如是，則無以爲生矣。

㈥喪身亡國：淫於樂者，必喪身亡國。其言曰：「萬舞洋洋，黃言孔章，上帝弗常，九有（九州也）以亡。上帝不順，降之百殃，其家必壞喪。察九有之所以亡者，徒從（縱）飾樂也。於武觀曰：啓乃淫康樂，野于飲食，將將銘莧磬以力（疑當作將將鍠鍠，筦磬以方）濁于酒，渝食于野。萬舞翼翼，章聞于天，天用弗式。」（非樂上）又曰：「且夫繁飾禮樂以淫人……好樂而淫人。」（非儒下）又曰：「古者三代暴王，桀、紂、幽、厲，薾爲聲樂，不顧其民。是以身爲刑僇，國爲戾虛（當作虛戾）者，皆從此道也。」（公孟篇）

㈦以其不樂：因聽樂而致大人廢聽治，賤人廢從事之結果，必不得歡樂也。故墨子曰：「孰爲（謂也）而廢大人之聽治，賤人之從事，曰：樂（ㄌㄜˋ）也。」此新釋之說，見前。尤可注意者，墨子於非樂上篇言非樂之故，其每段結言不曰：「虧奪民衣食之財」（計四次）卽曰：「厚措斂乎萬民」（計三次）。爲樂以至於斯，焉可不非之哉！

墨子生世環境之考查

春秋之世，已極擾攘，胡適嘗剴切言之，謂是時政治黑暗，社會紛亂，貧富不均，而民生困苦。（註七）史記自序亦云：「春秋之中，弒君三十六，亡國五十二，諸侯奔走，不得保其社稷者，不可勝數。」逮乎戰國，愈見紛擾，諸侯恣肆，以攻伐爲賢，而唯圖自逸，罔顧民困。此類險惡混亂情事，古籍載述頗多，茲信筆拈觀數則以證之，其餘不錄亦可知也。孟子有云：「春秋無義戰。」（盡心下）又云：「聖王不作，諸侯放恣，處士橫議。」「世衰道微，邪說暴行有作，臣弑其君者有之，子弑其父者有之。」（滕文公下）又云：「彼奪其民時，使不得耕耨，以養其父母，父母凍餓，兄弟妻子離散，彼陷溺其民。」（梁惠王上）又云：「父子不相見，兄弟妻子離散。」「君之民，老弱轉乎溝壑，壯者散而之四方者，幾千人矣。」（梁惠王下）又云：「爭地以戰，殺人盈野，爭城以戰，殺人盈城。」（離婁上）莊子亦云：「天下大亂，賢聖不明，道德不一，天下多得一察焉以自好……天下之人，各為其所欲焉以自方。」（天下篇）

史記孟荀列傳云：「當是之時，秦用商君，富國强兵。楚魏用吳起，戰勝弱敵。齊威王宣王用孫子田忌之徒，而諸侯東面朝齊。天下方務於合從連橫，以攻伐為賢。」而漢書藝文志亦云：「諸子十家，其可觀者，九家而已，皆起於王道既微，諸侯力政。」劉向戰國策書錄更云：「仲尼既毀之後，田氏取齊，六卿分晉，道德大廢，上下失序。至秦孝公捐禮讓，而貴戰爭，棄仁義而用詐譎，苟以取强而已。夫篡盜之人列為侯王，詐譎之國興兵為强，是以轉相放效，後生師之，遂相吞滅，幷大兼小。暴師經歲，流血滿野，父子不相親，兄弟不相安，夫婦離散，莫保其命，湣然道德絕矣。」

郎擎霄氏分析春秋戰國混亂不堪之顯著現象有四：㈠自幽厲以後，王室無權，故諸侯攻弒或跋扈而不能討，干戈擾攘，無一日之安寧。及至戰國，兵禍日甚，兼併甚熾，人民疲於戰爭。㈡春秋之世，諸侯各據一方，如齊桓晉文之創霸，吳越之爭霸，或以强而凌弱，或以衆而暴寡，視王室如敝屣，等王法如虛設，故諸侯侵奪王權者有之，大夫謀簒諸侯者有之。㈢那時縱橫家之流，四方奔走，游說諸侯，或以此而謀金帛，或藉此而得上相，或獻策而吞他國，或出身計陷人地，置人生命財產於不顧，而達其自私自利之目的。故游談之士日多，狡黠之徒漸起，是以純樸日凋，詐僞紛紜。㈣凡在一種紛亂的政治狀況和紛亂的社會狀況下，學者的思想，因受環境影響，每易起極大變化，春秋戰國時代，舊社會舊政治組織崩壞。」（註八）

張蔭麟氏以爲顧名思義，戰國時代的特色乃在戰爭，並就戰爭的質與量，析論爲五點云：「㈠直至春秋末，最大的晉楚兩國，其兵力不過四千乘左右（註九）……而戰國七雄中秦、楚、齊、趙各有「帶甲百萬」以上。㈡春秋時代國防，其初只注意首都，後來才陸續給近邊衝要的邑築城。……但在戰國時代，各國當敵的邊境都築起長城和堡壘，這表明國際的生存競爭已到了絲毫不能放鬆的地步了。㈢春秋時代，征戰的目的，以取俘奪貨，屈敵行成爲常例，以佔奪土地，殘殺敵人爲例外。在戰國時代，則征戰的目的，以佔奪土地，殘殺敵人爲常例，而僅取俘奪貨，屈敵行成爲例外。……「屠城」一詞，是在戰國出現的。（荀子議兵篇）「師之所處，必生荆棘」「大兵之後必有凶年」都是這時代人形容戰禍的實話。㈣戰爭工具，在這時代也大有進步，以前的兵器全是用銅的，此時已漸漸的代以鐵和鋼；以前純用車戰……此時則濟以騎兵和步卒。此外攻城有雲梯的器械，舟戰有鉤拒的器械。……㈤戰爭的技術，在戰國時代日益專門化了。當春秋之世，各國的軍事領袖，都是兼管民政的封君，純粹的武將是沒有的。戰國初期的大政治家像李悝、吳起、商鞅……都是帶兵出陣的。

但自此以降，文武漸漸分途，專門的名將如孫臏、穰苴、白起、王翦、廉頗、李牧……等相繼出現。」（註十）

從各國兵力之加多，各國城堡之增强，以及戰爭工具之進步，戰爭技術之專門化四者觀之，已足見相互戰鬥之激烈，殘害之可怖，而復以「佔奪」「殘殺」爲常例，則其時人之不堪其苦可得而知矣。

梁啓超氏論及春秋戰國時代之環境，亦沉痛至極。其言曰：「貴族的奢侈，自古已然。春秋戰國之間，國愈大，物力愈豐，專制力愈强，奢侈的程度也跟著愈甚。再加以當時經濟狀況變遷，經濟上的兼併，與政治上的兼併駢進。觀范蠡三致千金，子貢結駟連騎，可想見當時富族階級的勢力。貴富兩族，相競於奢侈，平民資產被掠日甚。」（註十一）

近人言此一時期狀況者尙多，不贅引。今則再請一觀古書之記載，藉見古代天子生活之奢靡。如周禮膳夫篇云：「凡王之饋，食用六穀，膳用六牲，飲用六清，羞用百二十品，（包有鳥獸魚貝蔬菜瓜果所成食物，計有蝸螺、蚳蜉（白蟻）蜩（蟬）范（蜂）……等）珍用八物，醬用百二十甕。（包各種鳥獸魚貝蔬菜瓜果所做成之肉醬（醢）菜醬（菹）……等）

周禮一書，雖其成書年代有問題，但據之以爲研究，仍有參考可信價值。而天子飲食之豐美，直至清代仍保有一百二十菜之多。（據孔達生先生考證）呂氏春秋本味篇亦云：「肉之美者，猩猩之脣，貛貛之炙……魚之美者，洞庭之鱄，東海之鮞……；菜之美者，崑崙之蘋，壽木之華……。」亦足證古人飲食之講求。

於今單以北方之齊與南方之楚爲例，試觀其奢侈之風與夫貴族生活之豪華。就齊國言，先於墨子之「景公外傲諸侯，內輕百姓，好勇力、崇樂，以從嗜欲，諸侯不說，百姓不親。」(註十二)「齊景公，內好聲色，外好狗馬，獵射亡歸，好色無辨，作爲路寢之台，族鑄大鐘，撞之庭下，郊雉皆呴，一朝三千鍾贛，梁邱據子家噲導於左右，故晏子之諫生焉。」(註十三)後於墨子之齊威王時「齊國之臨菑，於商鞅死後未久，人口已達七萬戶。且其民無不吹笙鼓瑟，彈琴擊筑，六博蹋鞠者。臨菑之途，車轂擊，人肩摩，連袵成帷，擧袂成幕……。」(註十四)

就楚國論，其貴族飲食起居之華美，於後於墨子之楚辭招魂一文可見之。其於瑤台夏屋，居室之美，有云：「高堂邃宇，檻層軒些。層台累榭，臨高山些。網戶朱綴，刻方連些。冬有突廈，夏屋寒些。川谷徑復，流潺湲些。光風轉蕙，氾崇蘭些。經堂入奧，朱塵筵些。」

其於室內裝飾之美，佈設之麗，描繪有云：「砥室翠翹，挂曲瓊些。翡翠珠被，爛齊光些。蒻阿拂壁，羅幬張些。纂組綺縞，結琦璜些。室中之觀，多珍怪些。」

其於美女之修眉明眸，靡顏膩理，與夫柔情綽態之刻畫，以及「侍宿」「侍君」之情景有云：「蘭膏明燭，華容備些。二八侍宿，射遞代些。九侯淑女，多迅衆些。盛鬋不同制，實滿宮些。容態好比，順彌代些。弱顏固植，謇其有意些。姱容脩態，絙洞房些。娥眉曼睩，目騰光些。靡顏膩理，遺視矊些。離榭脩幕，侍君之閒些。」

其於酒食之述列，尤令人垂涎不已。其文云：「室家遂宗，食多方些。稻粢穱麥，挐黃梁些。大苦鹹酸，辛甘行些。肥牛之腱，臑若芳些。和酸若苦，陳吳羹些。胹鼈炮羔，有柘漿些。鵠酸臇鳧，煎鴻鶬些。露雞臛蠵，厲而不爽些。粔籹蜜餌，有餦餭些。瑤漿蜜勺，實羽觴些。挫糟凍飲，酎清涼些。華酌既陳，有瓊漿些。」其於女樂之盛，艷麗之狀，形容盡緻，其文云：「肴羞未通，女樂羅些。敶鐘按鼓，造新歌些。涉江釆菱，發揚荷些。美人既醉，朱顏酡些。娭光眇視，目曾波些。被文服纖，麗而不奇些。長髮曼鬋，豔陸離些。二八齊容，起鄭舞些。衽若交竿，撫案下些。竽瑟狂會，搷鳴鼓些。宮庭震驚，發激楚些。吳歈蔡謳，奏大呂些。」其他如「鄭衞妖玩，來雜陳些」之妖冶，「娛酒不廢，沈日夜些」之沈迷，均足見生活之糜爛，實與「戰國」不相調者也。至楚辭大招有關宴樂荒淫之述說，與招魂小異而大同，從略。況大招之作，又稍後於招魂，是據以證之，亦不若招魂之强有力也。

然是時一般農民，生活之淸苦，實有不足以仰事父母，俯畜妻子者。魏文侯之卿相，子夏之徒李克（或作李悝）所著「雜律」有云：「糴甚貴傷民，甚賤傷農……今一夫挾五口，治百畝田，歲收畝一石半，爲粟百五十石。除十一之稅十五石，餘百三十五石，人月一石半，五人終歲爲粟九十石，餘有四十五石，石三十（每石值三十錢）爲錢千三百五十。除社閭、嘗新、春秋之祠，用錢三百；餘千五十。人率用錢三百，五人終歲用千五百。不足四千五十。不幸疾病死喪之費，及上賦斂，又未與此。此農夫所以常困，有不勸耕之心，而令糴至於甚貴者也。」（註十五）

李克之言，雖指魏國，但據此部分，實可以見全體（六國）之梗略也。若再加之戰爭禍亂，則民之不堪忍受可知矣。

墨子生於戰國之秋（註十六）生年佔有戰國上半期之整個年代（註十七）。耳聞目見，戰亂相循，生民塗炭，而貴族生活驕奢淫佚，極聲色犬馬之慾，一種憫人之心，油然而生。復覩王公大人「厚作斂於百姓，暴奪民衣食之財。」（辭過篇）以爲美食、錦衣、宮台、飾車。終至「民苦於外、府庫單（殫）於內，上不厭其樂，下不堪其苦。」（七患篇）則其爲「民」計之，固應時時以求「中萬民之利」爲念，而爲「君」思之，亦須使知「內作色荒，外作禽荒，甘酒嗜音，峻宇雕牆，有一于此，未或不亡」（註十八）以爲戒之。如是，擺脫享樂，爲墨子必然之路向矣。

諸家評騭與辨正

諸家對墨子非樂思想之評騭，有誤解良深，譏其無情者。此或以於「樂」之內涵了解相異故也。亦有明其究竟，贊其蘇困者。此或以悉墨子生世環境與夫用心然也。外此，尚有介乎二者之間者，卽亦褒亦貶者也。今請先觀誤解者之言：

荀子云：「墨子之言，昭昭然爲天下憂不足……我爲墨子之非樂也，則使天下亂。墨子之節用也，則使天下貧。……墨子大有天下，小有一國，將蹙然衣麤食惡，憂戚而非樂，若是則瘠，瘠則不足欲，不足欲則賞不行」（富國篇）。荀子又云：「人不能不樂，樂則不能無形，形而不爲道，則不能無亂，先王惡其亂也，故制雅頌之聲以道之，使其聲足以樂而不流，使其交足以辨而不諰，使其曲直繁省廉肉節奏足以感動人之善心，使夫邪汙之氣無由得接焉，此先王立樂之方也。……」（樂論）

荀子富國篇「非樂使天下亂」之言，實嫌武斷，亦屬籠統，未可服人。至「衣麤食惡，憂戚非樂」致「賞不行」之論，見道如顏子者，當非如此，且墨子亦非主張長此以往也。而樂論云云，一則所言之「樂」，非墨子「非樂」之「樂」，此「樂」亦必爲墨子所樂聞者也。二則墨子以爲先質後文，故主當時非樂以救世，非非樂之本身也。

梁啓超云：「墨子非樂之精神，全起於生計問題，蓋墨子以嚴格消極的論必要之欲望，知有物質上之實利，而不知有精神之實利。知娛樂之事，足以廢時曠業，而不知其能以間接力陶鑄人之德性，增長人之智慧，舒宣人之筋力，而所得者足以償所失而有餘也。今者樂教之關係羣治，其理大明，各國莫不以此爲教育之一要素焉。墨子之誤見，殆不待辨，而以高尙純粹之墨學，其所以不能大行於後者，未始不坐是。」（註十九）梁氏又云：「墨子學說最大的缺點，莫如非樂，他總覺得娛樂是廢時失事，却不曉得娛樂和休息，可以增加「物作的能率。」若使墨子辦工廠，那「八點鐘制度」他定然反對的。若使墨子辦學堂，一定每天上課十二點鐘，連新年也不放假。但這種辦法對不對，眞可以不煩言而決了。」（註二十）

連梁任公亦竟誤會至此，何可歎也！墨子何嘗不知「娛樂和休息，可以增加物作的能率」，又何嘗否認「正樂」「雅樂」之陶人性、長人智、舒人力之功用哉！

高葆光云：「墨子反對音樂，十分澈底，不但王公大人不可爲樂，卽平民亦不可爲樂。和儒家的見地大不相同，儒家以音樂，能引起人的樂趣，有陶冶性情的功用，故主張用樂。而墨子則以人的情趣不足重，所以認音樂不但無益而且有害。……儒者注重情感，故以引起人的樂趣，爲音樂之功用；而墨子抹殺人的感情，故以喜樂爲非，而反對音樂。……墨子認爲天下人皆須吃苦，不應享樂，人須工作，不應休息。其弟子譏之爲「駕而不稅（脫）。

張而不弛」極爲恰當。荀子批說「蔽於用而不知文」也正中其弊。」（註二十一）

高氏之釋，誤解殊深。墨子未嘗抹殺人之感情。觀其因弟子禽滑釐事之三年，以致「手足胼胝，面目黧黑，役身給使，不敢問欲。」墨子乃有哀之，飽以酒脯。致禽子再拜而歎之情事。（見備梯篇）其情誼誠屬深摯者矣。而「篤不稅、張不弛」正見其精神。至引「蔽於用而不知文」之言尤誤，蓋墨子尙用非文，（先質後文）非蔽而不知也。

日人山縣周南云：「墨子直知勤儉之可濟民，而不達聖人設禮樂之義。苟從墨子之道，民之被髮左衽者尙矣。」（註四十五）

山縣周南之云墨子「不達聖人設禮樂之義」之語，實其不達墨學之旨之論，亦不達時移勢變，禮樂亦變形變質而臻非非不可之地之言也。

右列四家爲誤解墨子非樂思想之最者，餘不贅引。就此亦可見此種誤解，雖尙智所不免也。蓋就「樂」之本質言，實未可非之，然就墨子之內涵論，設不明其環境與用心，自不能所見無偏矣。

次再請看贊賞者之論：

曹耀湘云：「墨子之敎在於節用，如飲食、衣服、宮室、舟車、甲兵之類，皆勞力而費財，而實爲人生不能不用之事，故其用而節之。至於樂則勞力而費財，而究無當於人生日用之實。飢者不得而食，寒者不得而衣，勞者不得而息，亂寇不得而解，固不宜以後世淫哇之樂，上擬韶夏，以爲不可缺也。語雖矯枉過直，究亦救世之良藥也。」（註二十二）曹氏於三辯篇末又云：「此篇非毀先王之樂，亦敎儉之旨，兼敎人勤也。蓋以樂之一事，勞人而費財，以娛耳目之觀聽，且能令人放逸而費時曠日，故並先王制作之禮樂而毀之。其實墨子之旨，但謂先王有樂，宜損而不宜再益，所惡於樂者，惡其流之日繁也。」（註二十三）

曹氏之言，一則云「不宜以後世淫哇之樂，上擬韶夏，以爲不可缺。」而認爲墨子「語雖矯枉過直，究亦救世之良藥。」再則云墨子「非毀先王之樂，亦教儉之旨，兼教人勤。」而以爲「先王有樂宜損不宜再益，所惡於樂者，惡其流之日繁也。」所見甚是。

章太炎云：「不知墨子本旨在兼愛尚同，而尚賢、節用、節葬、非樂是其辦法，明鬼則其作用也。」章氏又云：「節葬、非樂乃墨子量時度勢之言。」又云：「墨子經春秋之亂，日覩厚葬以致發冢，（莊子有詩禮發冢語可證）故主節葬；春秋之初，樂有等級，及季氏僭用八佾，三家以雍徹，後又爲女樂所亂（齊人饋女樂可見）有不得不非之勢。蓋節葬、非樂二者，本非尹佚所有，乃墨子以意增加者也。」（註二十四）

章氏「非樂其辦法」「非樂乃墨子量時度勢之言」，洵爲有識之見。蓋自春秋至戰國，樂之變，「有不得不非之勢」矣。

張純一云：「墨子昭昭然爲天下憂不足」，（荀子富國）力主勞儉。以樂無益於人，必致「虧奪民衣食之財；並廢君子之聽治，與賤人之從事。」（非樂上）且以堯舜湯武言，「樂愈繁者治愈寡」，（三辯）故非樂。……蓋墨主實利之普及，（多注意於貧民，期於一切平等）儒尚優美之感化；（貧民往往向隅，則貧富貴賤，階級難平）二家所見不同，而濟時之心一也。」（註二十五）張氏又云：「墨家務勞於爲人，儉於自奉，盡性以蘇天下之困。故日夜不休，自苦爲極，以備世之急，不容正長厚措斂乎萬民，虧奪民衣食之財以自養。以爲樂不能食肌、衣寒、息勞，止亂，且耗財費時，奢靡成性，使擧國上下不能賴其力以生，而肌，而寒，而亂，殊背大禹形勞天下之恉，故力非之。蓋憫當時社會文勝之極敝，挺身與抗，而欲反之質也。」（註二十六）

張氏「二家所見不同，而濟時之心一也」之言，及「蓋憫當時社會文勝之極敝，挺身與抗，而欲反之質也」之語，咸平允而有得之論。

方授楚云：「至於音樂，則以爲上考之，不中聖王之事，下度之，不中萬民之利。（非樂上）於是視爲浪費，而欲完全去之，非徒節也，故曰：聖王不爲樂。（三辯）又曰：今天下士君子，誠將欲求興天下之利，除天下之害，當在樂之爲物，不可不禁而止也。」方氏又云：「何以爲樂？則以爲與君子聽之，廢君子聽治；與賤人聽之，廢賤人從事。君子不强聽治，則刑政亂；賤人不强從事，則財用不足。（非樂上）」又云：「對於音樂，亦以爲虧奪民衣食之財而反對之。」（註二十七）

方氏之說，雖尙洽墨子原義，惟所云有欠周延也。

郎擎霄云：「墨子所說的樂，是廣義的樂。他以爲通常眼睛愛好看的，便要有刻鏤文章之色。耳朶愛聽音樂，便要鼓琴瑟竽笙之聲。口腹愛吃甘旨，便要芻豢煎炙之味。身體愛安適，便要建高台厚榭邃宇之居，這是過份的生活，這是奢侈的生活。和百姓的福利大相違背。繩之以「聖人爲法乎天下，利人乎則爲，不利人乎則止。」的例，那麼，樂是一定要非了。」郎氏又云：「大凡以「自苦爲極」的人，多半是主張非樂、禹、墨想是此流之人吧！夫禹治水之功，不可不謂大矣；墨子救世之德，不可不謂多矣。所以他們兩聖，不以「自苦爲極」不能成其志。不以「自苦爲極」不能竟其功。我們要知道他們的這種苦衷，所以不應該反對他們的非樂了。」又云：「墨子的非樂論，亦是有爲而發，他鑒之夏啓淫溢康樂，而幾亡國，驗之當時諸侯大夫終日爲樂而誤政事，所以不得不非樂了。」（註二十八）

郎氏上述三則文字，其一、以爲「過份的生活，奢侈的生活，和百姓的福利大相違背。」故墨子非之。其二、主張後人當知墨子不以「自苦爲極」不能成其志，亦不能竟其功之苦衷，則不應反對其非樂。其三、墨子非樂、亦是有爲而發，有見以言。目覩當時諸侯大夫終日爲樂而誤政事，則不得不非樂。若墨子生於今日，必謂郎氏爲知言者矣。

羅光云：「墨子不但非葬（墨卿按應作節葬），他也主張非樂；因爲好樂，也是糜費太多，也是不利於民。而且好樂，卽不好生產，不好生產，國家必貧。」（註二十九）

羅氏言簡意賅，可謂有得之見。

陸世鴻云：「（墨子）非樂的動機，也是根據節用而來。墨子說：仁者之事，必務求興天下之利，除天下之害，將以爲法乎天下，利乎人卽爲，不利乎人卽止。他認爲爲了少數人的目之所美，耳之所樂，以致虧奪人民衣食之財，這是仁者弗爲的。他列擧王公大人爲了興樂而勞民傷財，荒廢正業的事例以後，所下的斷語是說：今天下士君子，誠將欲求興天下之利，除天下之害，當在樂之爲物，將不可不禁而止也。」陸氏又云：「墨子不贊成黃連樹底下彈琴，所以非樂。倘使王公大人歡喜聽樂，不妨害其蚤朝晏退聽獄治政的功夫；士君子歡喜聽樂，不妨害其竭股肱之力，亶思慮之智，內治官府，外收斂關市山林澤梁之利，以實倉廩府庫的功夫；農人歡喜聽樂，不妨害其蚤出暮入，耕稼樹藝，多聚叔粟的功夫；婦人歡喜聽樂，不妨害其夙興夜寐，紡績織紝，多治麻絲葛緒綑布縿的功夫。這種正當的娛樂，墨子看見了，他也決不會非議而阻止的。」（註三十）

陸氏之言「非樂動機據節用而來。」「不贊成黃連樹底下彈琴」甚是。而謂君子賤人爲樂而不怠於其事，此種娛樂，墨子必不非止。亦屬實言。

蔣維喬云：「音樂是動人情感，使人快樂的東西。人們不能有苦無樂，所以先王制樂，以調節人情，有很大的作用。但戰國時代的王公大人，荒淫於音樂，弄得政治廢弛，耗費有用的財力，去做無益的事體，爲害很大，離開先王制樂的本意遠之又遠了。在墨子自苦爲極；節用興利的眼光中看來，當然要全部推翻而主張非樂的。所以他的非樂，並不是反對樂的本身，乃因當時荒淫成風，生出許多害處。爲除害興利的緣故，不能不拔本塞源有這主張。」（註三十一）

蔣氏以爲墨子之世，「王公大人荒淫於音樂」，「離開先王制樂之本意遠之又遠。」而墨子「並不是反對樂的本身，乃因當時荒淫成風」，「不能不拔本塞源。」吾人聞此言論，不亦快哉！

李石岑據淮南要略所云：「以爲其禮煩擾而不說……故背周道而用夏政。」解釋云：「這裏面單就反對儒家的禮說，儒家的禮和儒家的樂，是有極密切的關係的，孔子的禮就包括樂裏面，樂就是禮的擴大。所以反對儒家的禮，也可以說是反對儒家的樂，也可以說是一種非樂的精神的表現。」李氏又云：「譬如久處溫柔，便乏遠志；既富裘馬，豈甘藜蕨？所以墨子不能不首倡非樂。……墨子不僅從當時大勢觀察，覺得應該提倡非樂，並從歷史觀察，也覺得非力倡非樂不可。」又云：「墨子的最大不可及處，便是擺脫一切享樂思想，親自去做那種『中萬民之利』的工作。而且從『腓無胈，脛無毛』做起，這是何等可驚可泣的精神。」（註三十二）

李氏從「人性」觀點，說明墨子不能不首倡非樂，而從當時大勢或從歷史觀察，亦非非樂不可。進而對其精神，深表贊佩。至其所謂「反對儒家的禮樂」云云，亦屬諸家所罕言者。然墨子實非繁禮淫樂者也。

王寒生云：「墨子並非完全反對不要音樂。古時之音樂與禮並重，有禮必有樂，尤其在舉行宗教大典時，必須有音樂。墨子為一宗教家，他又焉能完全反對音樂？他所以反對者，是許多靡靡之音，以及音樂為奢侈生活補助品。」（註三十三）

王氏之論，雖未周延，要皆合理中肯之言。

徐崑生云：「墨子主非樂，與節用觀點有關。他以為音樂不僅浪費財物，而且會破壞善良的風俗，如果在上者，耽於音樂，則怠於政治，而不知富國利民；萬民如耽於音樂，則易怠於自己的職務，而喪失資產。………與儒家之重視音樂適相反。儒家以為音樂可以怡人心志。墨子則認為音樂可以惰人心志，因此倡自苦。然則墨子並非認為音樂不能使人快樂，僅認為過份重視音樂，則易費資財，對國家人民絕無好處，且易使人養成奢侈的習慣。換言之，卽擔心大家去尋音樂的享受，而誤了正事，消磨了人類向上的意志。」（註三十四）

徐氏對墨子非樂思想之考察，謂非樂乃「非耽於音樂」，並非否認音樂使人快樂之言。深獲我心。按之墨子非樂之故，除㈠「不能去憂患。」㈡「不能禁盜止亂。」二者外，餘皆

「耽於音樂」是其因也。

王昌祉云：「當時的王公大人，耽於聲色，靡財傷民，墨子竭力反對，為此第九項是非樂。」（註三十五）

王氏之「耽於聲色，靡財傷民。」之見，同乎前條徐氏之言。

李紹崑云：「其實墨子非樂的用意至深且大，既非反天下之心，（按莊子天下篇語）也不是使天下亂（按荀子富國篇語）更不是不曉得娛樂和休息，可以增加物作的能率。（梁啓超墨子學案語）他之非樂，既有消極的理由，也有積極的用意。」李氏又云：「他之非樂，並非私憂過計，而是不得不然；倘其身當太平盛世，相信他也會與民同樂的。」（註三十六）

李氏從墨子之用意察其非樂思想，獨具隻眼，所見眞純。而「用意」即今之所謂「動機」也，動機純正，發於其事，未有不正者也。即或稍有不當，亦必有為人諒之矣。而其非樂之故，李氏以為消極理由，即「不中聖王之事與不中萬民之利。」積極用意，乃「先質後文」。即范仲淹所謂「先天下之憂而憂，後天下之樂而樂」是也。

張鐵君云：「墨子非樂，淺見者以為墨子主張天下人皆應吃苦，不應享樂。連他的弟子，也以為他駕而不稅，張而不弛。一般人說他根本反對音樂，抹殺人類的感情。不知墨子的非樂，是非王公大人厚歛民財，以造作樂器。他說：今王公大人，雖唯造為樂器，將必厚措斂乎萬民，以為大鼓琴瑟竽笙之聲。這種不與民同樂的樂，而且大耗民財以作樂器之樂，儒家也不見得不加以反對。總之，墨子的薄葬短喪與非樂的主張，皆針對一定時代的社會流弊而發，並未和儒家厚葬久喪及六藝之樂的本旨相矛盾。儒家知常，墨子處變，儒家執中，

墨子達權，儒墨仍是相通的。」（註三十七）

張氏察乎春秋與我國之變異，深乎「諸子之學，皆起於救世之弊，應時而興。」（淮南要略）乃有上述之論見。

右列十四家爲贊賞墨子非樂思想之最者，餘不贅引。各家所見，雖未謂周延，然率皆明乎墨子之用心，悉乎當時之流弊者之論述。吾人比而觀之，綜而察之，當知墨子非樂思想之所以然矣。

最後請觀亦褒亦貶者之言：

胡適之云：「譬如墨子非樂，說音樂無用，爲什麼呢？因爲㈠、費金錢，㈡、不能救百姓的貧苦，㈢、不能保護國家，㈣、使人變成奢侈的習慣。………墨子生來是一個苦行救世的宗教家，性有所偏，想不到音樂的功用上去，這便是他非樂論的流弊了。」胡氏又云：「墨子所謂樂，是廣義的樂。如非樂上所說樂字包括『鐘鼓琴瑟竽笙之聲』，『刻鏤文章之色』，『芻豢煎炙之味』，『高台厚榭邃野之居』。可見墨子對於一切美術，如音樂、雕刻、建築、烹調等等，都說是奢侈品，都是該廢除的。這種觀念固是一種狹義功用主義的流弊，但我們須要知道墨子的宗教以自苦爲極。因要自苦，故不得不反對一切美術。」（註三十八）

胡氏謂墨子「因要自苦，故不得不反對一切美術。」固有所見。然若謂墨子因濟社會、救時弊、不得不爾，尤能補偏救失也。至謂其「性有所偏，想不到音樂的功用上去」，則爲不知墨子者之言矣。

王桐齡云：「墨子非樂之論，誠不免有偏頗之處。蓋墨子以嚴格消極的論必要之欲望，知有物質上之實利，而不知有精神上之實利；知娛樂之事足以曠時廢事，而不知能以間接力陶鑄人之德性，增長人之智慧，舒宣人之筋力，而所得者足以償所失而有餘也。墨學之所以不能大行於後世者，其原因未始不在此。」

王氏此段文字對墨子非樂之誤解，與梁啓超全同。（引文見前）其意同，其語調同，其文字亦復雷同也。（除首二語外，僅末語梁氏作「未始不坐是」）惟中間少去「今者樂教之關係羣治……」四十五字耳。不悉爲有意抄襲，抑「君子所見者同」故。然後者終難以「同」至於斯極也。查梁啓超語見其所著子墨子學說第二章第一節頁二四。是書民國二十五年四月初版。而王桐齡語見所著儒墨之異同第三章第三節頁五六。該書民國十一年十二月初版。然梁氏之墨子學案自序有「民國十年四月五日啓超記」字樣，則梁說似早於王說矣。

王桐齡又云：「墨子對禮樂極端排斥，吾推其原因，厥有二端：㈠、時代之影響：……墨子則以救民於水火爲急，無暇談及禮樂。孔子時提倡禮樂，猶可以維持國家及社會一部分秩序。墨子時雖提倡禮樂，亦無補於社會也。㈡、性格之關係：……墨子，聖之任者也，其性格趨於極端，重實際，輕形式，其實行力之強，及其刻苦自勵之精神，遠在孔子以上，而缺乏調和性，天然與禮樂相遠，故不欲以己所不欲者誤人。」（註三十九）

王氏此論，發前人所未發，言前人所未言。蓋時代異，所見者自異，所倡者亦必相異也。而性格不同，其所欲者不同，而所倡者亦自不同也。

陳顧遠云：「墨子非樂還是由節用引伸出來的，以爲樂都是一種奢侈品，尚起來流弊很大，不如直接了當廢去，免得影響到社會和政治上安寧。」並云：音樂不但不中民利，無補事實，並且還要虧奪民財。怎樣虧奪民財呢？陳氏言曰：「第一項：奏樂底人，因要他『耳目之聰明，股肱之畢強，聲之和調，眉（應作明）之轉朴（應作抃）』總得要使壯年。那末，『使丈夫爲之，廢丈夫耕稼樹藝之時；使婦人爲之，廢婦人紡績織紝之事。』王公大人要作樂，就有這樣的不利。我以爲墨子底實利，範圍太狹，只看見一時的廢耕稼，一女的廢紡織，却不知社會受利益，永久有效果的事情，這也是他的錯了。第二項：奏起樂來，叫君子聽，便廢君子的聽治；叫賤人聽，便廢賤人的從事了，我以爲有時候不免有這個現象，但不是通例，墨子狹義的實利主義，在這裏也可以表現出來了。第三項：因奏樂的緣故，飲食總得精美，衣服總得華麗。因爲飲食不精美，面目顏色就不好看了，衣服不華麗，身體舉動就不美麗了，都全是傷害民財的事情。我以爲墨子以用爲主，很反對奢侈的。不過他把美術品和奢侈品認成一端，想把一切美術廢去，未免因噎廢食了。」（註四十）

陳氏之說，就太平盛世言，極具見地。惟就六國亂世論，則有待商榷。蓋墨子之非樂，必實有所聞，實有所見而倡之，換言之，其論率皆寫實之言也。或沉湎於淫傷之樂，及過分爲樂傷財勞民之事，爲是時之通例，亦未可知。

嚴靈峯云：「非樂固然也原於節用，但與墨者的基本刻苦精神有關。據莊子天下篇說：後世之墨者，多以裘褐爲衣，以跂蹻爲服，以自苦爲微（原作極，嚴氏校改）因此，生不歌。」嚴氏又云：「至於以爲樂，何以不中聖王之事，不中萬民之利呢？事實如下：㈠、王公大人不能蚤朝宴退，聽獄治政；將必厚措斂乎萬民之財，虧其衣食之用。㈡、老與遲（穉）者，耳目不聰明，股肱不畢强，廢丈夫耕稼樹藝之時，廢婦人紡績織絍之事。這樣必令國家憙音湛湎。因此，墨子說：今天下之士君子，請（誠）將欲求興天下之利，除天下之害；當在樂之爲物，將不可不禁而止也！。」又云：「墨子的節用、節葬、非樂，雖然都是從功利出發，但對於爲樂，特別反對，並且要加以禁止；如莊子天下篇所說：毀古之禮樂。這未免是矯枉過正了。」又云：「墨子以爲鐘鼓笙歌，並非不樂，但酖於是者，必勞民傷財，廢弛國事；所以非樂。」（註四十一）

嚴氏論墨子非樂，頗中肯綮。惟謂墨子「毀古之禮樂」，恐待商榷。蓋自周室既衰，治道虧缺，一則音樂遂分爲古樂與新樂。（禮記分古樂、新樂。孟子分先王之樂、世俗之樂）二則「律度衡量不存乎世，咸英、韶、濩不傳乎人」。（司馬光答景仁論養生及樂書）是墨子所非者，乃變質之新樂，非毀「古之禮樂」也。

韋政通云：「他（墨子）之所以非樂，一在其實用原則的堅持。一在其自苦爲極的人格特質。從人類要求豐富的文化生活的立場看，墨子的這種言論，卽是能獲得貧苦大衆的擁護，他也是杜塞了人較高生活內容的要求。」（註四十二）

韋氏所見，就正常社會，太平世界言，自是的然。惟就戰國墨子之生世而言，則嫌迂濶。蓋人必先「生存」而後求「生活」也。

陳拱云：「周文系統，本來以禮樂爲核心的文化系統。所以在一般上，亦卽稱爲爲禮樂型的文化系統。而這一文化系統，一如上章開頭所說，下至春秋，實在已屆罷敝之期。因而，其中作爲核心成份的樂，亦不能不流於鐘鼓、竽笙、干戚等形式的末節。。故在當時，人們——特別如墨子所謂王公大人們——奢侈、浪費和荒廢，就是墨子之所以非斥當時人們爲樂的現實因緣。」陳氏又云：「墨子非斥當時人們之爲樂，依拙作墨學研究（上編第四章第二節）所述，其唯一理由，（此亦可以說爲準則或立場）即是爲樂不中萬民之利。而爲樂之所以不中萬民之利，在墨子，亦外乎以下的兩點：㈠、是指當時王公大人之爲樂，必浪費民財、民力、及民時等；㈡、是指社會上、下之人——亦即所有的人之爲樂，必至荒廢其固有的分事。」又云：「墨子非樂，根本上還是要否定樂本身的，關於這一層，我們可以分下列兩點加以指陳：㈠、從爲樂之所以不合於天下之利往後返溯，墨子在最後，乃是決不可能不否定樂的。……㈡、從樂非治天下之道一意推之，也是要否定樂的。……。」（註四十三）

陳氏於儒墨之爭，頗多闡發，於墨子非樂之論，亦多見地。惟謂「墨子非樂，根本上還是要否定樂本身的」，則實難認同。就其持論之第一點言：墨子以爲樂之所以不合於天下之利之「樂」、乃變質之「樂」，非可一概而論；卽指常樂而言，墨子亦係針對戰國之實情而發，非謂永久而然也。若時移勢變，墨子當不作此論。至引「孰爲廢大人之聽治，廢賤人之從事，曰：樂也。」爲例，亦不足證之，蓋是句若解爲「誰說因樂而廢大人聽治，因樂而廢賤人從事，是歡樂的啊？」則成反證矣。就其持論之第二點言：「樂非治天下之道」之「樂」，爲「繁樂」「淫樂」，亦卽「新樂」「世俗之樂」，此「樂」當非治天下之道明矣。至引公孟子與墨子答問爲例，亦不足證之。蓋公孟子之「國治，則爲禮樂。」之「禮樂」，已非「治道」，否則何須「國治」而後爲之也。而墨子則以爲「從事則富，不從事則貧」、「治則治，不治則亂」。若亂而後治，猶之噎（當作渴）而穿井，死而求醫。故謂「治國，勸之無饜，然後可也。」惟恐後人不察，復擧三代暴王之「繭爲聲樂，不顧其民，是以身爲刑戮，國爲戾虛（當作虛戾）」爲例。是見墨子之意，「不顧其民，繭（華盛也）爲聲樂」之「樂」，使人喪身而亡國，豈可「國治」而後爲之，焉能以爲「治天下之道」哉！

兒島獻吉郎云：「墨子之非禮非樂，乃由其節儉主義及功用主義，欲打破儒者之尊重形式，徒以揖擗之禮爲事，享澶漫之樂之弊風者也。……墨子非樂之心，較非禮之情尤甚，蓋墨子之非禮，非謂禮之爲物不必要也，實不喜禮之過於繁縟流於奢侈者也。」兒島獻吉郎又云：「墨子生於戰亂之世，不知五聲八音，有能原人情和人心之最大功用故也。彼所以由經濟的節儉及功用主義上，主張非樂也。」（註四十四）

兒島獻吉郎所云「墨子之非禮，非謂禮之爲物不必要也，實不喜禮之過於繁縟流於奢侈者也。」之言，允爲卓見。然以爲墨子「生於戰亂之世，不知五聲八音，有能原人情和人心之最大功用故也。」殊難爲人首肯。蓋墨子非不知也，是不爲也。

右列七家爲褒貶墨子非樂思想之代表者，餘不贅引。觀乎前列三者之析評，當大助於吾人於此問題之了解矣。

結論

綜上以觀，墨子生於禍亂頻仍，民生凋敝之戰國，目之所見；哀鴻遍野。耳之所聞：靡樂淫聲。而其心之所感，自以非樂爲務，救人爲急者也。孔子所處之春秋勝於戰國，則其說也可中庸以行之，禮樂以治之；而墨子所處之戰國遜於春秋，則其說也必趨極端爲之而後可矣。雖然，孔子重視禮樂，並贊子游之治武城，然其於春秋之時，已思患慮防而有非樂之言，非樂之行矣。若「禮云禮云，玉帛云乎哉！樂云樂云，鐘鼓云乎哉！」（論語陽貨）「人而不仁，如禮何！人而不仁，如樂何！」（論語八佾）「三家者以雍徹。子曰：相維辟公，天子穆穆。奚取於三家之堂？」（論語八佾）「子謂季氏，八佾舞於庭，是可忍也，孰不可忍也。」（論語八佾）「質勝文則野，文勝質則史，文質彬彬，然後君子。」（論語雍也）而答林放問禮之本曰：「大哉問，禮，與其奢也，寧儉；喪，與其易也，寧戚。」（論語八佾）並教顏子治政應「放鄭聲，遠佞人」因「鄭聲淫，佞人殆」也（見論語衛靈公）咸為其非樂之「言」也。然未若墨子非樂之積極，僅歎禮樂之失其本義（變質），反禮樂之遭僭越，而思有以調和之。若「齊人歸女樂，季桓子受之，三日不朝。孔子行。」（論語微子）是其非樂之「行」矣。

孟子亦有非樂之說。其言曰：「今王鼓樂於此，百姓聞王鐘鼓之聲，管籥之音，舉疾首蹙頞而相告曰：吾王之好鼓樂，夫何使我至於此極也，父子不相見，兄弟妻子離散。」（梁惠王下）而西戎之賢臣由余亦有非樂之「行」。其事云：「秦穆公，乃使史廖以女樂二八，遺戎王，因為由余請期。戎王許諾，見其女樂而說之，設酒張飲，日以聽樂，終歲不遷，牛馬半死。由余歸，因諫戎王，戎王弗聽，由余遂去。」（韓非子十過）

儒家之外，莊子、管子亦非樂。莊子有云：「多於聰者，亂五聲，淫六律，金石絲竹黃鐘大呂之聲，非乎？而師曠是已。……屈折禮樂，呴俞仁義，以慰天下之心者，此失其常然也。」（駢拇篇）又云：「禮樂偏行而天下亂。」（繕性篇）管子亦云：「大明王不美宮室，非喜小也；不聽鐘鼓，非惡樂也，為其傷於本事而妨於教也。」（禁藏篇）管子之以「其傷於本事而妨於教」而非樂，與墨子之以政荒事廢而非樂同其意旨。

先秦諸子非樂之言尚多，僅擧數端，以覘梗概而已。諸子之所以非樂，蓋其所處環境使然。自周室東遷，禮崩樂壞，樂尤微眇，以音律爲節，又爲鄭衞所亂，故無遺法。禮記樂記有子夏答魏文侯云：「鄭音好濫淫志，宋音燕女溺志，衞音趨數煩志，齊音敖辟喬志。此四者，皆淫於色而害於德，是以祭祀弗用也。」溺音、新樂、有四國之多，（西漢志「鄭衞宋趙之聲並作」與此四國稍異）可見其廣；僅祭祀不用，可見其偏。其新樂之害大矣。故先王有制樂（古樂）之美意。樂記云：「先王聽其亂，故制雅頌之音以道之，使其聲足樂而不流，使其文足論而不息，使其曲直、繁瘠、廉肉、節奏足以動人之善心而已矣。不使放心邪氣得接焉，是先王立樂之方也。」

逮乎六國，沈湎淫佚。而「流辟邪散之音作，而民淫斷」（西漢志）之情事，愈演愈烈。以秦爲例，二世淫佚，李斯嘗諫之曰：「放棄詩書，極意聲色，祖伊所以懼也；輕積細過，恣心長夜，紂所以亡也。」

雖然「鄭衞之聲興，則淫辟之化流」，而「宜領屬雅樂，以繼絕表微」，「放鄭近雅」。（註四十六）雖然「雅樂」「古樂」「先王之樂」爲世所推重，奈何人君、諸侯多喜孟子之所「俗樂」，樂記之所謂「新樂」，諸書之所謂「女樂」何！觀孟子書所記齊宣王於孟子謂之言云：「寡人非能好先王之樂也，直好世俗之樂耳。」（梁惠王下）樂記載魏文侯於子夏之言云：「吾端冕而聽古樂，則惟恐臥；聽鄭聲（按即新樂）之音，則不知倦。」及晉獻公以「女樂」（衣文衣而舞康樂）二八，亂虢政；（韓非內儲說下六徵）秦穆公以「女樂」二八，以弱戎王

（韓非十過篇）等可知也。而「夏桀既棄禮義，求倡優侏儒狎徒爲奇偉之戲。」（列女傳）「殷紂斷棄先祖之樂，迺作淫聲，用變亂正聲，以說婦人。」（今文尚書泰誓）固無論矣。

至「雅樂」與「新樂」，二者之區別所在，子夏之言，可爲答案。當魏文侯進而「敢問古樂之如彼，（按指惟恐臥，而言）何也？新樂之如此，（按指不知倦而言）何也？」時，子夏乃對曰：「今夫古樂，進旅退旅，和正以廣，弦匏笙簧，會守拊鼓，始奏以文，復亂以武，治亂以相，訊疾以雅。君子於是語，於是道古，脩身及家，平均天下，此古樂之發也。今夫新樂，進俯退俯，姦聲以濫，溺而不止，及優侏儒，獶雜子女，不知父子，樂終不可以語，不可以道古，此新樂之發也。」蓋此「古樂」，卽「雅樂」、「先王之樂」，而「新樂」，卽「俗樂」、「女樂」。後者亦卽墨子特所非者也。

夫世亂則禮慝而樂淫。戰國之世，亂世也，是故「其聲哀而不莊，樂而不安，慢易以犯節，流湎以忘本，廣則容姦，狹則思欲，感條暢之氣，而滅平和之德。」（禮記樂記）蓋以「亂世之音，怨以怒，其政乖也；亡國之音，悲以哀，其政險也。」（呂氏春秋適音篇）而「鄭衞之音，亂世之音也，比於慢矣；桑間濮上之音，亡國之音也，其政散，其民流，誣上行私而不可止也。」（禮記樂記）

此種「亂世之音」，「亡國之音」，或卽呂氏春秋所云：「爲木華之聲則若雷，爲金石之聲則若霆，爲絲竹之聲則若譟。」者也。（侈樂篇）惜乎「以此駭心氣，動耳目，搖蕩生則可矣，以此爲樂則不樂」也。（同上）蓋「音亦有適，太鉅則志蕩」（呂氏春秋適音篇）矣。

墨子生世，「樂」已變質，「損樂」（註四十七）充斥，而「古樂」亡佚。誠如司馬光所云：「周室既衰，禮缺樂弛。典章亡逸，疇人流散。律度衡量不存乎世，咸英、韶、濩不傳乎人。重以暴秦焚滅六籍，樂之要眇存乎聲音，其失之甚易，求之甚難。」是也。（溫國文正司馬公集答景仁論養生及樂書）而是時亦復「君臣失位，父子失處，夫婦失宜，民人呻吟，其以為樂也，若之何哉！」（呂氏春秋大樂篇）

是以出身賤人之救世墨子、覩此、感此，乃不得不高揭「非樂」之纛，以為治世之重「典」矣。亦不得不「應時耦變，見形而施宜者」矣。（淮南齊俗訓）淮南主術訓有云：「及至亂主，取民財不裁其力，求於下，則不量其積，男女不得事耕織之業，以供上之求，力勤財匱，君臣相疾也。故民至於焦唇沸肝，有今無儲，而乃始撞大鐘，擊鳴鼓，吹竽笙，彈琴瑟。是猶貫甲冑而入宗廟，被羅紈而從軍旅，失樂之所由生矣。」可為本文之結，可作墨子非樂之證。

註釋

註一：孝經，廣要道章。

註二：孟子、公孫丑上篇，引子貢之說。

註三：呂氏春秋、季夏紀、音初篇。

註四：劉師培古政原始論、古樂原始論。

註五：近世治墨如孫詒讓等謂此為墨子之瑣事佚文。

註 六：孫詒讓墨子閒詁引盧文弨云「國之治」下，脫落「治之，故治也」五字。玆據補正。

註 七：胡適中國古代哲學史第三篇第二章頁三九云：「上章所講三個世紀的時勢，政治那樣黑暗，社會那樣紛亂，貧富那樣不均，民生那樣痛苦。」

註 八：郎擎霄墨子哲學第二章頁一八九至一九一。

註 九：按「乘」之說頗多：㈠、車左、車右、車御、鼓手（主將車）、四馬、甲士（騎兵）十人、卒二十人左右。㈡、甲士三人、步卒七十二人、炊家子十人，固守衣裝五人、廄養五人、樵汲五人。（司馬法）㈢、甲士三人、步卒七十二人，共七十五人。（周制）㈣、一乘用士一百五十人。㈤、御一人、射一人、擊刺二人。

註 十：張蔭麟中國史綱上古篇第五章第四節頁一一五至一一六。

註十一：梁啓超墨子學案第一章第二節頁三。

註十二：晏子春秋內篇問上。

註十三：淮南子要略篇。

註十四：中國史綱上古篇第五章第四節頁一一三。

註十五：中國史綱上古篇第五章第二節頁一〇六。

註十六：戰國時代之起始，說法不一：㈠戰國策所謂之戰國時代，起於三家分晉之前。㈡史記六國表，（記戰國時代事）始於周元王元年（西元前四七六年）㈢清林春溥之戰國紀年，亦以周元王爲始，蓋從史記六國年表。㈣資治通鑑敍戰國事，始於周威烈王二十三年。（西元前四〇三年）。

註十七：嚴靈峯墨子簡編第五章二節頁二五云：「據孫詒讓的「墨子年表」，墨子的生存，約在周定王介元年（西元前四六八年）——周安王驕二十六年，（西元前三七六年）之間，幾乎佔了戰國上半期的整個年代。」按墨子之生卒壽年，說者不一，但其爲「戰國」之人，當不誤也。

註十八：書經第二卷王子之歌之其二。

註十九：梁啓超子墨子學說第二章第一節頁二四。

註二十：梁啓超墨子學案第三章頁二十。

註二一：高葆光墨學概論第五章第二節頁三一至三三。

註二二：曹耀湘墨子箋。張純一墨子集解卷八，頁三一三（非樂末）引。

註二三：曹耀湘墨子箋。張純一墨子集解卷一頁六二，（三辯末）引。

註二四：章太炎國學略說：諸子略說頁一七四至一七六。

註二五：張純一墨子閒詁箋附錄頁一四，儒墨之異同。

註二六：張純一墨子集解卷八頁三〇二非樂上題下注。

註二七：方授楚墨學源流第五章第四節頁八九、九一、九二。

註二八：郎擎霄墨子哲學第五章頁二〇六及第三章頁一九八至一九九。

註二九：羅光中國哲學大綱附編頁三二七。

註三十：陸世鴻墨子第四章第二節頁二八。

註三一：蔣維喬中國哲學史綱要第六章第二節頁二〇九至二一〇。

註三二：李石岑人生哲學第三章第三節頁三二三及頁三二六、三二七、三二八。

註三三：王寒生墨學新論第一章。

註三四：徐崑生中國哲學思想要論第二章第二節頁二七。

註三五：王昌祉諸子的我見第九章頁一七九。

註三六：李紹崑墨子研究第十章頁七五。

註三七：張鐵君三民主義與墨子學說，載學宗雜誌八卷二期。

註三八：胡適中國古代哲學史第六篇第三章頁十九及第四章頁二七。

註三九：王桐齡儒墨之異同第三章第三節頁五六及第六章第五節頁一七四。

註四十：陳顧遠墨子政治哲學頁九六至九八。

註四一：嚴靈峯墨子簡編第五章第八節頁四六、四七及頁一四二。

註四二：韋政通中國哲學思想批判墨子非儒思想平議第二節頁一一六至一一七。

註四三：陳拱儒墨平議上編第五章頁六七及頁七五、七六、七八。

註四四：兒島獻吉郎諸子百家考第十章頁二一五至二一七。

註四五：周南文集卷九。兒島獻吉郎諸子百家考四編第十章頁二一七至二一八引。

註四六：三語俱見班固漢書卷二二禮樂志。

註四七：論語季氏篇，孔子曰：「益者三樂，損者三樂，樂禮樂，樂道人之善，樂多賢友，益矣。樂驕樂，樂遊佚，樂宴樂，損矣。」

第五章　墨子政經思想論略

春秋戰國之世，學術發達，思想勃興。爲救時弊，諸子百家，次第興起。其中以孔、墨二家，並稱顯學，幾均分當時思想界。錢穆先生嘗云：「先秦學術，惟儒墨兩派。墨啓於儒，儒原於故史。其他諸家，皆從儒墨生。」(註一)是以秦漢之交，墨家學說與儒家相提，墨子人格與孔子並論。韓非有云：「世之顯學，儒墨也。儒之所至，孔丘也；墨之所至，墨翟也。」(註二)又云：「孔墨之後，儒分爲八，墨離爲三。取舍相反不同，而皆自謂眞孔墨。孔墨不可復生，將誰使定後世之學乎？」(註三)呂氏春秋亦云：「此二士(孔墨)者，無爵位以顯人，無賞祿以利人。舉天下之顯榮者，必稱此二士也，皆死久矣，從屬彌衆，弟子彌豐，充滿天下。」(註四)又云：「孔墨之後學，顯榮於天下者衆矣，不可勝數。」(註五)又云：「孔墨寧越，皆布衣之士也。」(註六)又云：「孔丘墨翟晝日諷誦習業，夜親見周公旦而問焉。用志如此其精也，何事而不達，何爲而不成。」(註七)又云：「孔墨之弟子徒屬滿天下，皆以仁義之術教導於天下。」(註八)又云：「孔墨欲行大道於世而不成。」(註九)淮南子有云：「孔丘墨翟，修先聖之術，通六藝之論。口道其言，身行其志。」(註十) 又云：「孔丘墨翟，無地而爲君，無官而爲長。」(註十一) 又云：「孔子無黔突，墨子無煖席。」(註十二) 王充亦云：「儒家之宗，孔子也；墨家之祖，墨翟也。」(註十三) 桓寬亦云：「山東儒墨皆聚於江淮之間，講議集論，著書數十篇。」(註十四) 而韓愈雖嘗言「其所讀皆聖人之書，楊墨釋老之學，無所入於其心。」(註十五) 亦嘗言「今天下不之楊，則之墨，楊墨交亂，而聖賢之道不明。……夫楊墨行，正道廢。……其禍出於楊墨肆行而莫之禁故也。」(註十六) 但其讀墨子則云：「儒墨同是堯舜，同非桀紂，同修身正心以治天下國家，奚不相悅如是哉！余以爲辯生於末學，各務售其師之說，非二師之道本然也。孔子必用墨子，墨子必用孔子，不相用，不足爲孔墨。」(註十七) 而其送浮屠文暢師序云：「人固有儒名而墨行者，……如有墨名而儒行者……。」(註十八) 儒墨之並論，可說倡之於韓非，而和之於後世。二家之所以見重於世者，於儒，固無論矣，於墨，則以孟子時，其言已盈天下，其勢已凌駕儒上故也。孟子於滕文公篇一則嘗云：「楊朱墨翟之言盈天下，天下之言，不歸楊、則歸墨。」再則又云：「楊墨之道不息，孔子之道不著。」三則更云：「能言距楊墨者，聖人之徒也。」於盡心篇亦云：「逃墨必歸於楊，逃楊必歸於儒。」可見當時墨家聲勢之雄厚。

今試爲析論其政經思想梗概，藉悉其勢大之所以然也。

一、政治思想方面

愛人利民爲墨子終生服膺而致力者。（註十九）渠以有感於古代社會，人與人間因利害衝突，而爾詐我虞，而强取豪奪。生活極其混亂，亦極其艱困。於是亟思有以救之。而救之之道，首在「尚同」爲政。作之君長，「立爲天子，以爲民父母」（尚賢中）；使其公擧賢者以爲天子，用以排難解紛，維持秩序，統理萬事；使其選用賢者以爲各級正長，輔佐天子服務公衆，造福人羣，以改善人民生活及人際關係。墨子嘗云：「古者民始生，未有刑政之時，蓋其語人異義。是以一人則一義，二人則二義，十人則十義。其人茲（滋）衆，其所謂義者亦茲衆。是以人是其義，以非人之義，故交相非也。是以內者父子兄弟作怨惡，離散不能相和合。天下之百姓，皆以水火毒藥相虧害。至有餘力，不能以相勞；腐朽餘財，不能相分；隱匿良道。不以相教。天下之亂，若禽獸然。」（尚同上）繼之又云：「夫明乎天下之所以亂者，生於無政長，（政當爲正，下同）是故選天下之賢可者，立以爲天子。天子立，以其力爲未足，又選擇天下之賢可者，置立之以爲三公。天子三公既以（通已）立，以天下爲博大，遠國異土之民，是非利害之辯，不可一二而明知，故畫分萬國，立諸侯國君。諸侯國君既已立，以其力爲未足，又選擇其國之賢可者，置立之以爲正長。」（尚同上）由是政府於焉誕生矣。

至其選擧之對象，因古之民一切食衣住行之所需，無不賴聖賢爲之發明製作，一切危難邪惡之情事，無不賴聖賢爲之排除解決。是以此類道德佳，能力强，而於社會人羣有極大貢獻者，自必爲人所忠誠愛戴而成爲全民領袖之聖王，自必爲萬民所選立而成爲天子。（註二十）既如是也，人民之服從天子，亦爲當然之事。因而墨子主張提高政府威權，給予君主（聖賢）最大權限。俾能長才大展，使國家政治修明，權力集中，行動統一，思想言論統一，以達上下一心，朝野一體之理想境界。是以墨子有云：「正長旣已具，天子發政於天下之百姓，言曰：聞善而（與）不善，皆以告其上。上之所是，必皆是之；所非，必皆非之。上有過則規諫之，下有善，則傍（訪）薦之。上同而不下比者，此上之所賞，而下之所譽也。意若聞善而（與）不善，不以告其上。上之所是弗能是，上之所非弗能非。上有過，弗規諫，下有善，弗傍（訪）薦。下比不能上同者，此上之所罰，而百姓所毀也。上以此爲賞罰，甚明察以審信。」（尙同上）

吾人特須注意者，上述文字之內容，約可分而爲五：

一曰：「天子發政於天下之百姓」：此則可使上情下達。依類推之，國君發政於一國之百姓，鄉里長發政於鄉里之百姓，層層達之，無遠弗屆，無民不臣。卽「遠鄙郊外之臣、門庭庶子、國中之衆、四鄙之萌人」均聽命於天子及各級正長也。

二曰：「聞善而不善，皆以告其上」：此則可使下情上達。君主得以萬民之耳目，爲其耳目，賴以洞悉擧國之良窳忠奸，藉作賞善罰惡之依據。使賞而不濫不吝，罰而無縱無枉，賞罰得中。蓋墨子至爲尊重民意，認爲爲人君者，須「得下之情」，知「民之善非」。渠云：「上之爲政，得下之情則治，不得下之情則亂。何以知其然也？上之爲政，得下之情，則是明於民之善非也；若苟明於民之善非也，則得善人而賞之，得暴人而罰之也；善人賞而暴人罰，則國必治。上之爲政也，不得下之情，則是不明於民之善非也；若苟不明於民之善非，則是不得善人而賞之，不得暴人而罰之；善人不賞而暴人不罰，爲政若此，國衆必亂。故賞不得下之情，而不可不察者也，然計得下之情，將奈何可？曰：唯能以尙同一義爲政，然後可矣。」（尚同下）墨子之意，爲政不僅要「得下之情」，而且要「上下情情爲通」，如其云：「古者聖王，唯能審以尚同，以爲正長，是故上下情情爲通，上有隱事遺利，下得而利之；下有蓄怨積害，上得而除之。」（尚同中）達此境界，除「謹其言，愼其行，精其思慮，索天下隱事遺利」（尚賢中）外，尤須善用全民之視聽智慮，以匡不逮，而收博採輿情，廣納善言之效。以期凡事順乎情而合乎理。是以墨子又云：「古者聖王，使人之耳目，助己視聽；使人之吻，助己言談；使人之心，助己思慮；使人之股肱，助己動作。助己視聽者衆，則其所聞見者遠矣；助己言談者衆，則其德音之所撫循者博矣；助己思慮者衆，則其謀度速得矣；助之動作者衆，卽其舉事速成矣。故古者聖王之所以濟事成功，垂名於後世者，無他故異物焉，曰：唯能以尚同爲政者也。」（尚同中）又云：「古之聖王之治天下也，千里之外，有賢人焉，其鄉里之人，皆未之均聞見也，聖王得而賞之。千里之內，有暴人焉，其鄉里（當有之人二字）未之均聞見也，聖王得而罰之。故唯毋以聖王爲聰耳明目與？豈能一視而通見千里之外哉？一聽而通聞千里之外哉？聖王不往而視也，不就而聽也，然而使天下之爲寇亂盜賊者，周流天下無所重足者，何也？其以尚同爲政善也。」（尚同下）

三曰：「上之所是，必皆是之；所非，必皆非之」：此言若粗而視之，而不管上下文之意，亦不問墨子書之內容，則似爲「獨裁」之證。然若知其「上」之正長，爲天下之賢可者，則是以「賢可」爲準矣。以「賢」者爲準，向賢者看齊，自無謬誤。於此成愓軒先生之論，極有見地。其言云：「這裏有一點要特別注意，就是統一是非，必以賢者爲標準，猶之我們在軍政時期，宣傳主義以開化人心，在訓政時期，訓練人民以行使四權一樣；與那所謂

統制思想，箝制輿論者，截然不同。」（註二十一）

四曰：「上有過，則規諫之；下有善，則傍（訪）薦之」：此二語可分爲二者言：前者謂在「上」位者，並非永無過失，亦非神聖不可犯，有過，則予規諷諫止之。以今日言，卽透過「民諫」方式，使「上」免入邪途。後者之意謂在下位者，甚至庶民，並非乏善可陳，亦非無善可資借鑑者，有則「上」應主動訪求擧用之。以今語言，可謂發掘好人好事，拔擢人才也。如是上下交互爲善而無過矣。

五曰：「上同而不下比者，此上之所賞，而下之所譽也；下比不能上同者，此上之所罰，而百姓所毀也。」：此言凡與「上同」（與賢者同）而不下比者，一則上而爲正長者，可予賞之。否則，可予罰之；二則下而爲民者，可予譽之，否則，可予毀之。以今語言之，尙同之政，除君權外，亦善用「輿論」予之制裁也。如是上之賞罰加下之毀譽，必可收「明察」「審信」之效矣。

不特此也，墨子爲使各級政府健全，而補偏救失，所以又主張人民應去各級正長之不善言行，學各級正長之善言行，因此繼之又云：「是以擧天下之人，皆欲得上之賞譽，而畏上之毀罰。是故里長順天子政，而一同其里之義。里長既同其里之義，率其里之萬民，以尙同乎鄉長，曰：凡里之萬民，皆尙同乎鄉長，而不敢下比，鄉長之所是，必亦是之；鄉長之所非，必亦非之。去而不善言，學鄉長之善言，去而不善行，學鄉長之善行，鄉長，固鄉之賢者也，擧鄉人以法鄉長，夫鄉何說而不治哉？察鄉長之所以治鄉者，何故之以也？曰：唯以其能一同其鄉之義，是以鄉治。鄉長治其鄉，而鄉既已治矣，有（又）率其鄉萬民，以尙同乎國君，曰：凡鄉之萬民，皆尙同乎國君，而不敢下比，國君之所是，必亦是之；國君之所非，必亦非之。去而不善言，學國君之善言，去而不善行，學國君之善行。國君，固國之賢者也，擧國人以法國君，夫國何說而不治哉？察國君之所以治國，而國治者，何故之以也？曰：唯其以能一同其國之義，是以國治。國君治其國，而國既已治矣，有（又）率其國之萬民，以尙同乎天子，曰：凡國之萬民，上同乎天子，而不敢下比，天子之所是，必亦是之；天子之所非，必亦非之。去而不善言，學天子之善言；去而不善行，學天子之善行。天子者，固天下之仁人也，擧天下之萬民以法天子，夫天下何說而不治哉？」（尙同中。尙同上與此略同）

所以說墨子固以爲君權神聖，但非不可侵犯。其「尙同」之主張，蓋有二義：一則云：尙同卽上同，以上同於天子各級正長也。換言之，卽人民隨天子正長步趨也。天子正長既爲高明之士，隨其言行，自無誤矣。且「上」者既爲「仁人」「賢者」，則與「上」同，是與「仁人」「賢者」同矣。再則云：「尙同」者，崇尙於「同」也，天子爲「得下之情」，一方面要求人民不問其事善與不善，必告知之；一方面要求自己，凡善人善事必訪而用之。如是上告，下訪，上下情情相通，結爲一體，全國可臻於「同」之境，進而步於「大同」之域，亦卽達於墨子「安生生」之地也。（註二十二）

至其理想之國君，頗類今日之共和國總統。其國君既由人民公擧，自係天下國家中之優秀者，故可委以全權，以謀福人羣而促進社會。然墨子除「民諫」之外，又以「天」來限制君權，以免產生流弊。而限制之道有二：

一曰消極之制裁：其言云：「夫既尙同乎天子，而未尙同乎天者，則天菑將猶未止也。……故古者聖王，明天鬼之所欲，而避天鬼之所憎。」（尙同中）又云：「天下既已治，天子又總天下之義，以尙同於天。」（尙同下）又云：「天子未得次（卽也）己而爲政，有天政之。……昔三代聖王，禹湯文武，此順天意而得賞者也；昔三代之暴王，桀紂幽厲，此反天意而得罰者也。」（天志上）又云：「天子爲善，天能賞之；天子爲暴，天能罰之。天子有疾病禍祟，必齋戒沐浴潔爲酒醴粢盛，以祭天鬼，則天能除去之。」（天志中）

二曰積極之效法：其言云：「天下從事者，不可以無法儀，無法儀而其事能成者無有也。雖至士之爲將相者皆有法，雖至百工從事者，亦皆有法。百工爲方以矩，爲圓以規，直以繩，正以縣。無巧工不巧工，皆以此五（當爲四）者爲法，巧者能中之，不巧者雖不能中，放依以從事，猶逾己。故百工從事，皆有法所度。今大者治天下，其次治大國，而無法所度，此不若百工辯也。」（法儀）然則治天下國家需何法度？於是乃繼之而言云：「然則奚爲治法而可？故曰：莫若法天。天之行廣而無私，其施厚而不德，其明久而不衰，故聖王法之。既以天爲法，動作有爲，必度於天，天之所欲則爲之，天所不欲則止。」（法儀）而天所欲者，乃人之相愛、相利；不欲人之相惡、相賊。亦卽欲人有義，而惡不義，天志上言之甚詳，不贅。吾人可謂墨子之立天志，卽其所以治國平天下之「法儀」或工具也。

墨子除以神道設教，假「天」以爲其推行學說之手段，以「天」爲其統一天下之工具外，（註二十三）並輔之以「明鬼」之論，以爲天下亂源，亦在人之不信鬼神。其言云：「昔三代聖王既沒，天下失義，諸侯力正（征）。是以存夫爲人君臣上下者之不惠忠也，父子兄弟之不慈孝弟長貞良也。正長之不强於聽治，賤人之不强於從事也。民之爲淫暴寇亂盜賊，以兵刃毒藥水火，退無罪人乎道路率徑，奪人車馬衣裘以自利者，並由此作，是以天下亂。此其故何以然也？則皆以疑惑鬼神之有與無之別，不明乎鬼神之能賞賢而罰暴也。」（明鬼下）今欲天下由亂而治，則必信「鬼神之爲德，其盛矣乎」（中庸），因而墨子云：「今若使天下之人，偕信鬼神之能賞賢而罰暴也，則夫天下豈亂哉？」（明鬼下）並列擧周、燕、宋、齊諸國之「春秋」以爲之證。

總之，墨子以爲各級正長之推選，上而天子三公，爲天下之賢可者。鄉里正長，爲一鄉里之賢可者。換言之，即是天子爲天下之仁人，鄉里長爲一鄉里之仁人。是所選之各級正長均爲賢能之仁者；下而一般人民，又須去而不善言行，學鄉里長之善言行，或是去而不善言行，學天子國君之善言行。是天下之庶民，亦皆具善之言行而爲善良之民。如是，則上而爲君王，下而爲臣民，均屬仁人善者，則所構成之國家社會，又安能不健全康樂，物阜民安？況乎於正長設立之後，人民須「聞善與不善，必以告其上。」否則必爲上所罰而亦爲民所毀。使在上者（包括各級正長）瞭解下情，體察民隱，無下情不能上達之情事。而在上者（包括各級正長）亦得據以有所興革各項事宜，有所修正各項措施。再加之輔以積極之「法天」與消極之「天懲」、「鬼罰」、「民諫」，必可使成和諧安定之社會，亦可成富强安樂之國家矣。

可惜戰國時代，仍然世官世祿，政體專制。選擧之言，有而未用；民約之論，說而未行。若墨經上亦云：「君，臣萌（通氓）通約也。」經說上云：「君，以若（順）名（通民）者也。」張其鍠解之謂「若，順也，順民之意，民亦順之，則爲君；逆民之意，民亦逆之，則為獨夫。」（註二十四）梁啓超則云：「言國家之起原，由於人民相約置君，君乃命臣，與西方近世民約說頗相類。」（註二十五）其他，如其於「忠」之對象，雖未若今日之適於任何人事地物。但主張臣對君固應盡「忠」，如兼愛中云：「君臣相愛則惠忠。」而君對臣亦可盡「忠」也，如節用中云：「古者明王聖人，所以王天下正諸侯者，彼以其愛民謹忠。」至墨經對「忠」之闡發尤詳。經上云：「忠，以為利而強低也。」經說上云「忠，不利弱子亥，足將入正容。」（容古通頌）經文之義，謂「忠」，乃是為人臣者，以利國利民之事，而力爭強諫於其君者也。（註二十六）經說之義，謂君若不能愛利其民，則臣當劾其過失，若君足以入乎正道，則當頌其盛德。（註二十七）此外，墨子又主為人君者，對內應「說忠行義」「愛利百姓」，對外應「徧禮諸侯」「爭取與國」，如此以求自保，進而以取天下。其答魯君救魯之道有云：「昔者三代之聖王禹湯文武，百里之諸侯也，說忠行義，取天下；三代之暴王，桀紂幽厲，讎忠行暴，失天下。吾願主君之上者尊天事鬼，下者愛利百姓，厚為皮幣，卑辭令，亟徧禮四鄰諸侯，歐國而以事齊，患可救也，非此顧（通固）無可為者。」（魯問篇）凡此，均可見墨子之理想政治，與今日之民主無何差異。

重尚同之外，墨子又倡尚賢。並謂「尚（倘）欲祖述堯舜禹湯之道，將不可以不尚賢，夫尚賢者，政之本也。」（尚賢上）蓋與上者而同，（尚同）是其政治組織。與賢者為政，（尚賢）是其政治方術也。是以其言有云：「國有賢良之士衆，則國家之治厚。賢良之士寡，則國家之治薄。故大人之務，將在於衆賢而已。……故古者聖王之為政，列德而尚賢，雖在農與工肆之人，有能則舉之，高予之爵，重予之祿，任之以事，斷予之令。曰：爵位不高，則民不敬。蓄祿不厚，則民不信。政令不斷，則民不畏。舉三者授之賢者，非爲賢賜也，欲其事之成。故當是時，以德就列，以官服事，以勞殿賞，量功而分祿。故官無常貴，而民無終賤。有能則舉之，無能則下之。」（尚賢上）此類尚賢使能之語，墨子書中屢見不鮮，文繁不具引。僅再舉錄一則文字以覘一斑。其言云：「故古者聖王，甚尊尚賢，而任使能。不黨父兄不偏富貴，不嬖顏色。賢者舉而上之，富而貴之，以爲官長；不肖者抑而廢之，貧而賤之，以爲徒役。是以民皆勸其賞，畏其罰，相率而爲賢者。以賢者衆，而不肖者寡，此謂進賢。然後聖人聽其言，迹其行，察其所能而愼予官，此謂事能。」（尚賢中）

尚賢之外，若不得已，亦主以刑治之。其言有云：「古者聖王爲五刑，請以治其民。譬若絲縷之有紀，罔罟之有綱，所以連收天下之百姓不尚同其上者也。」（尚同上）又云：「下比而非其上者，上得則誅罰之，萬民聞則非毀之。故古者聖王之爲刑政賞譽（應作罰）也，甚明察以審信。」（尚同中）

墨子認爲治國之要道，莫大乎先求國內之平治，人民之安樂。是以主張強化各級政府組織，建立官吏正確觀念，使能安危治亂，富貧衆寡。其言云：「夫建國設都，乃作后王君公，否用泰也。（否，非也，泰，奢也），輕大夫師長（輕當爲卿），否用佚也。維辯使治天鈞，（辯，分也，謂分授官職以治國事）則此語古者上帝鬼神之建設國都，立正長也，非高其爵，厚其祿，富貴佚而錯之也。將以爲萬民興利除害，富貴貧寡，（當作富貧衆寡）安危治亂也。」（尚同中）國家內部既安，則進而謀求國際之和平。否則難臻郅治，進於「大同」（安生生）。因此墨子主兼愛以治之，其言云：「仁人之所以爲事者，必興天下之利，除去天下之害，以此爲事者也。天下之害何也？子墨子言曰：今若國之與國之相攻，家之與家之相篡，人之與人之相賊。君臣不惠忠，父子不慈孝，兄弟不和調，此則天下之害也。然則崇此害亦何用生哉？（崇疑爲察字之誤）以不相愛生邪。」（兼愛中）繼之其復强調云：「聖人以治天下爲事者也，必知亂之所自起，焉（乃也，下同）能治之。不知亂之所自起，則不能治。譬之如醫之攻人之疾者然，必知疾之所自起，焉能攻之。不知疾之所自起，則弗能攻。治亂者何獨不然，必知亂之所自起，焉能治之。不知亂之所自起，則弗能治。聖人以治天下爲事者也，不可不察亂之所自起，當（嘗）察亂何自起，起不相愛。」（兼愛上）

國與國間之紛爭攘奪，既因於彼此不相愛，而虧人利己之故。則欲使各國達於相愛而不相惡之境，勢必先使人視人之家國若己之家國，而禁惡勸愛方可。於此墨子嘗云：「若使天下兼相愛……而猶有大夫相亂家，諸侯之相攻國者乎？視人家若其家，誰亂？視人國若其國，誰攻？故大夫之相亂家，諸侯之相攻國者亡有。若使天下兼相愛，國與國不相攻，家與家不相亂，盜賊亡有，君臣父子皆能孝慈，若此則天下治。故聖人以治天下爲事者，惡得不禁惡而勸愛，故天下兼相愛則治，交相惡則亂。」（兼愛上）

爲保障國際之和平，墨子主張兼愛而外，並主非攻（而非非戰）。特別反對軍國主義，是以墨子有云：「今有一人，入人園圃，竊其桃李，衆聞則非之，上爲政者得則罰之，此何也？以虧人自利也。至攘人犬豕鷄豚者，其不義，又甚入人園圃竊桃李，是何故也？以虧人愈多，其不仁茲（茲、滋古今字，下同）甚，罪益厚。至入人欄廐，取人馬牛者，其不仁義，又甚攘人犬豕鷄豚，此何故也？以其虧人愈多。苟虧人愈多，其不仁茲甚，罪益厚。至殺不辜人也，拕（拖）其衣裘，取戈劍者，其不義，又甚入人欄廐取人馬牛。此何故也？以其虧人愈多。苟虧人愈多，其不仁茲甚矣，罪益厚。當此天下之君子，皆知而非之，謂之不義。今至大爲不義而攻國，則弗知非，從而譽之謂之義。此可謂知義與不義之別乎？殺一人謂之不義，必有一死罪矣。若以此說，往殺十人，十重不義，必有十死罪矣。殺百人，百重不義，必有百死罪矣。當此天下之君子，皆知而非之，謂之不義。今至大爲不義攻國，則弗知非，從而譽之謂之義。情（通誠）不知其不義也，故書其言以遺後世。若知其爲不義也，夫奚說書其不義以遺後世哉！今有人於此，少見黑曰黑，多見黑曰白，則以此人不知白黑之辯矣。少嘗苦曰苦，多嘗苦曰甘，則必以此人爲不知甘苦之辯矣。今小爲非，則知而非之。大爲非攻國，則不知非，從而譽之謂之義。此可謂知義與不義之辯乎？是以知天下之君子也，辦義與不義之亂也。」（非攻上）

此段文字持論頗正，發議至當。巧譬妙喻，透闢之至其闡。明「非攻」眞理處，尤其淋漓盡致。設墨子生於今日，或爲諸貝爾和平獎之得主矣。（原載省立高雄師範學院學報第三期）

二、經濟思想方面

墨子深知經濟爲國家命脈。凡經濟豐裕者，其國必强；而經濟貧乏者，其國必弱。然而欲國之經濟豐裕，必先使人民富足，蓋「百姓足，君孰與不足；百姓不足，君孰與足」（論語顏淵）也。況乎經濟學之創造者史密斯氏（A. Smith, 1723—1790）在其「國富論」中，以爲經濟學是「財富的研究」，其目的在使人民與君主雙方富裕。換言之，非但富國，亦且裕民也。否則單具其一，仍非達成經濟之目的。（註二十八）是故墨子力主凡屬仁者，應以利人，富貧、衆寡、治亂爲尙。而爲之之心境，一若「孝子之爲親度也」。其言有云：「今孝子之爲親度也，將奈何哉？曰：親貧則從事身富之，人民寡則從事乎衆之，衆亂則從事乎治之，……雖仁者之爲天下度，亦猶此也。」（節葬下）亦嘗云：「仁之事者，必務求興天下之利，除天下之害。將以爲法乎天下，利人乎即爲，不利人乎即止。」（非樂上）而古代農業社會，經濟之裕乏，端視食穀之豐歉以爲斷，因而墨子又主人民應務「食」、力「地」、節「用」以求豐足，進而以達家國皆有三年之食之目標。其言曰：「凡五穀者，民之所仰也。君之所以爲養也。故民無仰，則君無養。民無食，則不可事。故食不可不務也，地不可不力也，用不可不節也。」（七患）又云：「食者，國之寶也。」（七患）又云：「故周書曰：國無三年之食者，國非其國也。家無三年之食者，子非其子也。」（七患篇）

興利除害爲墨子政治之目標，亦爲經濟之鵠的。因興利可使人民富足，免於饑寒之苦；除害可使社會安定，避乎顚危之難。是以墨子極重視人民之生計，而確信「倉廩實而知禮節，衣食足而知榮辱。」（管子牧民）蓋講道德，須先解決民生也。經濟學家馬夏爾氏（A. Marshall）在其「經濟學原理」中，指出貧窮造成了墮落。他曾云：「貧民身心道德的不健全，在貧窮之外，固然另有很多原因，而貧窮實爲主要原因。」又云：「大概說起來，貧民的毀滅，是在他們的貧窮。」馬夏爾氏之言，與墨子「時年歲善，則民仁且良；時年歲凶，則民吝且惡，夫民何常此之有。」（七患）之說，實同其論調。

經濟學鼻祖史密斯之後繼者賽依氏（J.B.Say）在其所著「經濟學論」之緒論中，曾云：「經濟學所研究的，是財富的生產，消費與分配。……」而法國人道主義派之經濟學者薛蒙狄氏（Simonde, 1773－1842）在其「經濟學新原理」中，反對以財富爲經濟學之研究對象。認爲經濟學是「人的研究」，至少也是「人類幸福的研究」。按二氏之說各有所見，亦各有所偏，實則不論是生產、消費，或是分配，它是財富的，亦是人類的。二者相關，不可分割。茲就生產、消費、分配三者之財富、人類方面，以論墨子之經濟思想如后：

墨子於生產方面，主張開源以裕民財。而開源之道，乃在勞力。是以渠云：「賴其力者生，不賴其力者不生。」（非樂上）各種行業人員，均應忠於其本身崗位工作，務必「各因其力所能至而從事」之。（公孟）如農者應從事耕稼，工者應從事製作等。於此墨子嘗詳言之，其於非樂上言農者曰：「農夫蚤出暮入，耕稼樹藝，多聚菽粟，此其分事也。婦人夙興夜寐，紡績織紝，多治麻絲葛緒綑布縿，此其分事也。」其於節用中言工者曰：「凡天下羣百工，輪車韗匏，陶冶梓匠，使各從事其所能。」總之，不管勞心或勞力，必如是而後方可言生產，亦必如是而後方可受人敬重。否則若「貪於飲食，惰於從事」，便爲「罷（疲）而不肖」（非命上）之徒矣。且生產之加減，亦須視乎人口之多寡而定，況是時地有餘而民不足乎？所以於養生方面，墨子又主張增加人口，而增加之道有四：

一曰人君不可蓄私：其言曰：「當今之君，其蓄私也，大國拘女累千，小國累百。是以天下之男多寡無妻，女多拘無夫，男女失時，故民少。君實欲民之衆而惡其寡，當蓄私不可不節。」（辭過）

二曰提倡早婚：（註二九）其言曰：「昔者聖王爲法曰：丈夫年二十，毋敢不處家，女子年十五，毋敢不事人。……此不惟使民蚤處家，而可以倍與。……」（節用上）

三曰減少死亡：其言曰：「且不惟此爲然已。今天下爲政者，其所以寡人之道多，其使民勞，其籍斂厚，民財不足，凍餓死者，不可勝數也。且大人惟毋（語詞）興師以攻伐鄰國，久者經年，速者數月，男女久不相見，此所以寡人之道也。」（節用上）

四曰反對敗男女之交：其言曰：「今惟毋（語詞）以厚葬久喪者爲政，君死喪之三年，父母死喪之三年，妻與後子死者五，皆喪之三年。然後伯父、叔父，兄弟孽子其（期），族人五月，姑姊甥舅皆有數月，則毀瘠必有制矣。……此其爲敗男女之交多矣。以此求衆，譬猶使人負劍而求其壽也。」（節葬下）

墨子於消費方面，主張節流以足民用。認爲戒除奢靡之方，彌補浪費之法，惟在節用。並以「節用」爲惟一不二之理財方法。蓋經濟就是節省，收入多而支出少之意。如不浪費時間，謂之時間經濟。不浪費金錢，謂之用錢經濟等。（經濟學Economy本來訓詁，即是節用之意），故凡徒費貲財而無利者，墨子皆所反對之。其言云：「諸加費不加於民利者，聖王弗爲。」（節用中）。又云：「去無用之費，聖王之道，天下之大利也。」（節用上）其他篇章，尚有進一層之細述云：「古之民未知爲宮室時，就陵阜而居，穴而處，下潤濕傷民，故聖王作宮室。爲宮室之法，曰：室高足以辟潤濕，邊足以圉風寒，上足以待雪霜露，宮牆之高，足以別男女之禮。謹此則止，凡費財勞力不加利者不爲也。」（辭過）此種主張，於墨書辭過篇所論衣服、飲食、舟車，男女各節。節用上所論衣裳、宮室、甲盾、五兵、舟車各節。以及節用中所論飲食、衣服、兵甲、舟車、喪葬，宮室各節中。均充分顯現之，文繁暫略。至其「節葬」、「非樂」之主張，亦與此一觀念同。

墨子欲使全國人多事生產，主張增加人口之外，復講求衞生，減少消費，反對曠日廢財，期使人力發揮至極。節用上所云：「聖人爲政一國，一國可倍也。大之爲政天下，天下可倍也。其倍之非外取地也，因其國家，去其無用之費，足以倍之。聖王爲政，其發令興事使民用財也，無不加用而爲者。是故用財不費，民德不勞，其興利多矣。」卽此之謂也。因而於厚葬久喪深惡痛絕之。墨子言厚葬之害云：「此存乎王公大人有喪者，曰棺椁必重，葬埋必厚，衣衾必多，文繡必繁，丘隴必巨。存乎匹夫賤人死者，殆竭家室。存乎諸侯死者，虛府庫，然後金玉珠璣比乎身，綸組節約，車馬藏乎壙，又必多爲屋幕……寢而埋之，而後滿意。送死者若徙。曰：天子諸侯殺殉，衆者數百，寡者數十。將軍大夫殺殉，衆者數十，寡者數人。」（節葬下）繼之而言久喪之害云：「處喪之法將奈何哉？曰：哭泣不秩聲，翁（嗌）縗絰垂涕，處倚廬，寢苫、枕凷（塊）。又相率强不食而爲飢，薄衣而爲寒。使面目陷陬，顏色黧黑，耳目不聰明，手足不勁强，不可用也。……又曰：上士之操喪也，必扶而能起，杖而能行，以此共三年，若法，若言，行若道，苟其飢約又若此矣。是故百姓冬不仞（忍字假音）寒，夏不仞暑，作疾病死者，不可勝計也。……使爲上者行此，則不能聽治。使爲下者行此，則不能從事。上不聽治，刑政必亂。下不從事，衣食之財必不足。」（節葬下）

是以爲減少「作疾病死者」，爲求民力「可用」，爲使民衣食之財充足。於送死方面，墨子又極力呼籲大家薄葬短喪以節約消費，並以爲君主亦應儉省，尤不可使用民力太過。其言云：「先盡民力無用之功，賞賜無能之人，民力盡於無用，財寶虛於待客，三患也。」(七患)又言奢侈之害云：「當今之主，其爲宮室則與此異矣，必厚作歛於百姓，暴奪民衣食之財，以爲宮室台榭曲直之望，青黃刻鏤之飾。爲宮室若此，故左右皆法象之。是以其財不足以待凶饑，賑孤寡，故國貧而民難治也。君實欲天下之治而惡其亂也，當爲宮室不可不節。」(辭過)該篇所述衣服，飲食，舟車，男女各節意與此同，不具引。

此外於分配方面，墨子認爲「至有餘力，不能以相勞；腐㱙餘財，不以相分；隱匿良道，不以相教」則會「天下之亂，若禽獸然。」(尙同上)因而提出「有餘力以相勞」，「有餘財以相分」(尙同上)之主張。並謂「據財不能以分人者，不足與友」。(修身)「餘力相勞」卽禮運大同篇所謂「力惡其不出於身也，不必爲己。」之意也。「餘財相分」(交相利)卽該篇所謂「貨惡其棄於地也，不必藏諸己。」之意也。儒墨兩家於經濟之此一觀點所見同然。均望有一互助樂利之社會出現也。

其他如平抑物價，墨子亦嘗注意及之，墨經下有云：「買無貴，說在仮(反)其賈(價)」。經說下云：「買：刀糴相爲賈，刀輕則糴(糶)不貴，刀重則糴不易。王刀(政府制定通行之錢)無變，糴有變，歲變糴，則歲變刀，若鬻子。」按經之義謂「物價本有一定，如一時騰踊，則平抑之，使復其原來之價值也。」說之義，謂「前代農業社會，一切物價，恒視穀價以爲轉移。刀糴相爲賈者，卽錢穀價格互爲升降也。刀輕刀重二語，蓋言錢輕，易於流通，則農家多糴穀以取錢，錢重難用，則閉糶不出也。且王刀(法錢)有定值，穀物則以歲之豐歉而升降其價格。故曰：王刀無變，糴有變。穀價遞年有變，則亦隨宜權衡王刀(法錢)之輕重以御之。故曰：歲變羅，則歲變刀。古以子母喻錢，周語下單穆公諫鑄大錢有云：「民患輕(指子)，則爲作重(指母)幣以行之，於是乎有母權子而行，民皆得焉。若不堪重(指母)，則多作輕(指子)幣而行之，亦不廢重(指母)，於是乎有子權母而行，小大利之。」若羈子者，正子權母而行之義，喻若留母羈子，仍指調劑輕重言也。」(注三十)

至貿易之正道，與夫貨價高低之變動均曾論列。墨經下云：「賈宜則讎，(售)說在盡。」經說下云：「賈，盡也者，盡去其所以不售也。其所以不售者去，則售，缶(正)賈也。宜不宜，缶(正)欲不欲。若敗邦，羈室，嫁子。」按經與說之義，謂「價錢巧(便宜)則售，然貨物之脫售，並不全繫於價目便宜，而在能盡去其所以不售之物，如品質低劣及過時滯銷等類皆是，如此乃合乎貿易之正道，故云正賈。又貨物本身價格高低，全視對方需要而定，故宜不宜與欲不欲成正比也。敗邦羈室嫁子之語，比喻貨物之傾售，最合盡字本義。」(注卅一)

總之，墨子之經濟思想，針對時弊，主凡有利，有用者，均有其價值。反之，則予否定。是以於「樂」，於一切文學藝術，墨子多忽視或暫予否定之，(注卅二)而其所以非攻，不僅是因「民，生爲甚欲，死爲甚憎，所欲不得而所憎屢至」。(尚賢中)亦是因愛惜民力，節用民財，而且攻戰雙方無利之故。不過，墨子非樂，節用，節葬等之主張，乃「先質後文」。(註卅三)，並非使人終生困苦。若其生於盛世，必亦與民同樂共享也。且墨子主張奢侈生活平民化以外，同時亦主張一般生活水準之提高，此亦頗合乎現代經濟目標者也。德國經濟學家新歷史學派之領袖許穆拉氏（G.Schmoller, 1838—1917）就以爲國民經濟生活之構成，一爲物質要素，一爲文化要素。故主財富的分配，應以公平爲目標。水平線以下貧民之生活，應予提高。此亦墨子之意也。墨子嘗多次言之曰：「凡爲衣裳之道，冬加溫，夏加淸者芊（止之誤）鉏，（借爲諸）不加者去之。（註卅四）」（節用上）「冬服紺緅之輕且煖，夏服絺綌之衣輕且淸。」（節用中）「冬則練帛之中足以爲輕且煖，夏則絺綌之中足以爲輕且淸。」（辭過）

爲促進人類社會之物質文明，墨子主張衣服加溫淸之外，宮室要加固，舟車要加輕利，甲盾五兵加輕利與堅靭。凡此，於今觀之，仍然合乎時代精神。是以墨子之經濟思想，固有其脆弱幼稚者在，然絕大部分極具價値，仍爲今之經濟學家所重視也。要之，於二千三、四百年前能有此思想，亦可見其偉大而爲後世所欽敬者矣。

（原載省立高雄師範學院學報第三期經增訂後發表於生力雜誌九卷一百期）

註　釋

註一：錢穆先秦諸子繫年自序頁二三。錢氏並云：「要而言之，法原於儒，而道啓於墨。農家爲墨道作介，陰陽爲儒道通囿。名家乃墨之支裔，小說又名之別派。而諸家之學，交互融洽，又莫不有其旁通，有其曲達。」

註二：韓非子卷十九顯學篇第五十。

註三：同註一。

註四：呂氏春秋卷二當染篇。

註五：同註三。

註六：呂氏春秋卷二十四博志篇。

註 七：同注五。

註 八：呂氏春秋卷二十五有度篇

註 九：呂氏春秋卷二十六務大篇。

註 十：淮南子卷九主術訓。

註十一：淮南子卷十二道應訓。

註十二：淮南子卷十九修務訓。又文子自然篇文與此同。

註十三：王充論衡卷二十九案書篇。

註十四：桓寬鹽鐵論晁錯第八。

註十五：韓昌黎全集卷十六上宰相書。

註十六：韓昌黎全集卷十八與孟（簡）尚書書。

註十七：韓昌黎全集卷十一讀墨子。

註十八：韓昌黎全集卷二十送浮屠文暢師序。

註十九：見第六章第四節「墨家愛人利民之精神」。

註二十：民選之說有信其有者，亦有信其無者，余信其有。詳見第六章第五節墨家平等互助之精神注二。

註二一：成惕軒先生「大同與尙同」。載中華文化復興月刊三卷十二期。

註二二：見第六章「墨家精神探原」第十節。

註二三：見第一章「墨子天論」。

註二四：張其鍠墨經通解，見墨辯新注卷一頁七六引。

註二五：梁啓超墨經校釋頁一七。

註二六：說見王樹枏墨子斠註補證。范耕研墨辯疏證卷四，頁四八引。

註二七：楊寬墨經哲學德行論第二，頁五六。

註二八：趙蘭坪經濟學第一篇經濟學概觀頁八至十七。

註二九：早婚之主張，前修多言之。如韓非子外儲說「齊桓公下令於民曰：丈夫二十而室，婦人十五而嫁。」（劉向說苑貴德篇同）國語越語：「女子十七不嫁，其父母有罪，丈夫二十不娶，其父母有罪。」王肅聖證論：「前賢有言，丈夫二十不敢不有室，女子十五不敢不有其家。」

註三十：李漁叔墨辯新注卷三，頁一六七至一六九。

註三一：墨辯新注卷三，頁一六九至一七〇。

註三二：詳第四章墨子非樂思想平議。

註三三：「先質後文」爲劉向說苑反質篇語，畢沅疑其爲墨子節用篇文。近世治墨之士，亦多援引爲證。玆據之以發揚墨家思想。

註三四：「羊鉏」之解及斷句，悉依王叔岷先生「墨子斠證」，見中央研究院歷史語言研究所三十周年紀念專號上册。

第六章　墨家精神探原

墨子之學，博贍精微。雖與儒道鼎峙而有所同，然其異者，獨鳴於世。若其爲人重而自爲輕之救世精神，絕非他家所能及；而其名哲科學之論，與夫政經教育之說，適用於近世社會者，亦不一而足；至兼愛、節用、非攻、非命、尚賢、尚同諸義，及墨經揭示諸德，尤可杜人心之惡源，開萬世太平之基焉。是故自古迄今，中雖絲聯綴續，幾乎湮滅。然自有明以降，治墨專著之書，論說之文，知見者咸二百餘家。而英德日越諸國之譯著，亦無慮數十種之多也。

茲篇之作，專就墨家精神探發之。蓋大如一國之興衰存亡，小如一人之貴賤壽夭，莫不以其精神之消長以爲斷也。爰以墨家精神類而爲十：曰剛健不苟、曰求知不倦、曰刻苦節儉、曰愛人利民、曰平等互助、曰知其不可爲而爲、曰犧牲奮鬬、曰革新創造、曰力行實踐、曰和平濟世。藉探其原委，析其奧旨，明其志業。冀使墨子道術重現於今日，墨家精神復活於人心。俾人而行之，於世風之丕變，文化之復興，有助益焉。

一、墨家剛健不苟之精神

墨家剛健不苟之精神，處處見之於墨子師徒之表爲。墨子絕不屈服於暴者，亦不苟合於諸侯。道之所在，必全力赴之，雖歷險而不畏，處困亦不怨，卽爲之犧牲性命亦所不惜。然其道若未見採行，其言未爲接納，徒受其俸祿，徒享其名位，則墨子不爲也。此種特立獨行之作爲，亦孟子：「得志與民由之，不得志獨行其道。」之謂也。若渚宮舊事二（文選注引同）云：「楚惠王五十年，墨子至郢，獻書惠王，王受而讀之，曰：良書也，寡人雖不得天下，而樂養賢人。墨子辭曰：翟聞賢人進，道不行不受其賞，義不聽不處其朝，今書未用，請遂行矣。將辭王而歸，王使穆賀以老辭。」（註一）

「道不行不受其賞，義不聽不處其朝。」正是墨家剛健不苟之可貴精神。一切以「道」爲據，以「義」爲歸，舍「道」與「義」，則絕不處其朝，亦不受其賞也。其貴義篇繼而言此故事云：「穆賀見墨子，墨子說穆賀，穆賀大說，謂墨子曰：子之言則成善矣，而君王，天下之大王也。毋乃曰：賤人之所爲，而不用乎？墨子曰：惟其可行，譬若藥然，一草之本，天子食之，以順其疾。豈曰：一草之本而不食哉？今農夫入其稅於大人，大人爲酒醴粢盛，以祭上帝鬼神。豈曰：賤人之所爲，而不享哉？故雖賤人也，上比之農，下比之藥，曾不若一草之本乎？」

墨子不屑於「尸位素餐」，不爲於「無功而受祿」。然有機可得解說者，必詳爲說明之。其與穆賀之對言，卽其例證之一。爲使穆賀了然事實之眞相，使非其王之所是，而是墨子之所是。墨子不惜巧設譬喩以明之。此事終令魯陽文君不安而諫楚王曰：「墨子北方賢聖人，君王不見，又不爲禮，毋乃失士。」於是惠王「乃使文君追墨子，以書社五里（疑當作五百里）封之，不受，而去。」（渚宮舊事二）

五百里封邑，其地不謂不多，其禮不謂不厚。然墨子以楚王不行其道，不聽其義，所以亦就視之若草芥，棄之如敝履而不爲所重了。孟子所云：「萬鍾不辨禮義而受之；萬鍾於我何加焉。」（告子篇）。正是墨子此種氣節之寫照。就因其大義所在，能爵祿不入於心，故發而乃有剛健不苟之精神。魯問篇及呂氏春秋高義篇亦有一段，以越王（勾踐）不聽其言，不用其道，而辭却重封之記載。其言曰：「墨子游弟子公尙過於越，公尙過說越王，越王大悅。謂公尙過曰：先生苟能使墨子至於越而教寡人，請裂故吳之地方五百里，以封墨子。公尙過許諾，遂爲公尙過束車五十乘，以迎墨子於魯，曰：吾以夫子之道說越王，越王大悅，謂過曰：苟能使墨子至於越而教寡人，請裂故吳之地方五百里，以封子。」（魯問篇）然墨子絕不爲「利祿」所動心，而有所變志。乃先問之曰：「子之觀越王也，能聽吾言，用吾道乎？公尙過曰：殆未能也。墨子曰：不唯越王不知翟之意，雖子亦不知翟之意。」（呂氏春秋高義篇）蓋墨子之意謂「越王將聽吾言，用吾道，則翟將往。量腹而食，度身而衣，自比於羣臣，奚能以封爲哉？抑越王不聽吾言，不用吾道，而吾往焉，則是我以義糶也，鈞之糶，亦於中國耳，何必於越哉。」（墨子魯問篇）

墨子之所以被譽爲「北方聖人」，就是因其不「枉道事人」。只要其道得行於天下，雖

「量腹而食，度身而衣」，生活極其儉陋，亦無不可。淮南子精神訓有云：「至人（聖人）量腹而食，度形而衣，容身而游，適情而行，餘天下而不貪，委萬物而不利。」俶眞訓亦云：「聖人量腹而食，度形而衣，節於己而已。貪汚之心，奚由生哉！」正是墨子有「聖人」之行之證。亦被譽爲「北方聖人」之所以然之一也。

人生於世，能「節己」而不「縱己」，自能進而不爲物役。能不爲物所役使，惡衣惡食當不以爲恥，其人自可與之議道，其人亦必無貪枉之念。終至「餘天下而不貪，委萬物而不利」。至此境界，則人之剛健不苟精神於焉而生矣。

墨子剛健不苟，不惟自身處擾攘之世，不爲物誘，不以力屈，貧賤亦難易之。而其化育所及，弟子亦多同然具有此種精神。如其弟子高石子，就因其言未爲衞君採行，則毅然不以祿厚職尊而去位。墨子對之贊譽不已，謂「去之苟道，受狂何傷？」並召禽滑釐而言曰：「倍祿鄉義者，於高石子焉見之也。」墨子耕柱篇記其事云：「游高石子於衞，衞君致祿甚厚，設之於卿。高石子三朝必盡言，而言無行者，去而之齊，見子墨子曰：衞君以夫子之故，致祿甚厚，設我於卿，石三朝必盡言，而言無行，是以去之也。衞君無乃以石爲狂乎？子墨子曰：去之苟道，受狂何傷！古者周公旦非關（管）叔，辭三公東處於商蓋（商奄），人皆謂之狂，後世稱其德，揚其名，至今不息。且翟聞之，爲義非避毀就譽，去之苟道，受狂何傷！高石子曰：石去之，焉敢不道也，昔者夫子有言曰：天下無道，仁士不處厚焉，今衞君無道，而貪其祿爵，則是我爲苟陷人長也。子墨子說，而召子禽子曰：姑聽此乎，夫倍義而鄉祿者，我常聞之矣。倍祿而鄉義者，高石子焉見之也。」

如其弟子有以祿勝義而助「紂」爲「虐」者，則必使人退之，絕不寬容。勝綽之從項子牛三侵魯地，墨子使高孫子請而退之，卽其例也。墨子魯問篇載其事云：「子墨子使勝綽事項子牛，項子牛三侵魯地，而勝綽三從。子墨子聞之，使高孫子請而退之，曰：我使綽也，將以濟驕而正嬖也，今綽也祿厚而譎夫子，夫子三侵魯而綽三從，是鼓鞭於馬靳也。翟聞之，言義而弗行，是犯明也，綽非弗之知也，祿勝義也。」

墨子一生不惟其「治世」不苟，而其「修己」亦不苟也，修身篇有云：「是故置本不安者，無務豐末。近者不親，無務來遠。親戚不附，無務外交。事無終始，無務多業。舉物而闇，無務博聞。是故先王之治天下也，必察邇來遠。君子察邇修身，修身見毀，而反之身者也。」影響所及，劉向亦有似此之論，其言曰：「置本不固，無務豐末。比近不悅，無務修遠。親戚不悅，無務外交。」又曰：「反本修邇，君子之道也。」(說苑建本篇)

墨家洞然本末之道，親疏之理，終始之事，寡博之聞。是以先務事之本，親之附，事之始，聞之寡，而後始及於末、疏、終、博也。而治之本爲「身」，大學所謂「壹是皆以修身爲本」是也。設其「身」不修而見毀，則須「反之身也」。(檢討自己)此卽論語里仁篇之所謂「見不賢而內自省也」。孟子離婁上篇之所謂「愛人不親，反其仁。治人不治，反其智。禮人不答，反其敬。行有不得者，皆反求諸已」。離婁下篇之所謂「有人於此，其待我以橫逆，則君子必自反也，我必不仁也，必無禮也，此物奚宜至哉？其自反而仁矣，自反而有禮矣，其橫逆由是也。君子必自反也，我必不忠。自反而忠矣，其橫逆由是也。君子曰：此亦妄人也已矣。」之意也。是墨儒二家所見者「同」之一證也。

修身篇又言：「志不彊者，智不達。言不信者，行不果。據財不能以分人者，不足與友。守道不篤，偏物不博，辨是非不察者，不足與遊。本不固者，末必幾（危）。雄而不脩者，其後必惰。原濁者，流不清。行不信者，名必耗。名不徒生，而譽不自長，功成名遂，名譽不可虛假，反之身也。」

名譽爲人之第二生命，然而「名不徒生，而譽不自長」，「名不可簡而成，譽不可巧而立也」，必有所本，亦必有所源。而其本源者何？卽上述之志彊，流清，本固，雄脩，言行信，守道篤，而偏物博，與夫分人以財，辨察是非之謂也。古今中外之看重名譽者，豈有不剛健不苟者乎！能如是，則可臻於「譖慝之言，無入之耳。批扞之聲，無出之口。殺傷人之孩（同核），無存之心。」之境。至是「雖有詆訐之民」，亦「無所依矣」。「故君子力事日彊，願欲日逾，設壯日盛。」也。（本段引文俱見墨子修身篇）

從事。則日夜不休，自强不息。心志，則日益超越。德業則日益盛大。此亦具剛健不苟精神之所以然也。

墨家矢志不渝，堅守其「興利除害」之道。信心極强，貴義篇之語可證，其言曰：「吾言足用矣，舍吾言革思者，是猶舍穫而攈粟也。以其言非吾言者，是猶以卵投石也。盡天下之卵，其石猶是也，不可毀也。」

墨徒有「以其言非吾言者，是猶以卵投石也」之信仰，其所產生之力量必龐大而無比。是以，卽是墨學曲高和寡，墨徒到處碰壁，但因其有剛健不苟之精神，仍無損於墨家之信心與決心。如耕柱篇云：「巫馬子謂子墨子曰：子之爲義也，人不見而耶（助），鬼有不見而富（福），而子爲之，有狂疾。子墨子曰：今使子有二臣於此，其一人者，見子從事，不見子則不從事；其一人者，見子亦從事，不見子亦從事。子誰貴於此二人？巫馬子曰：我貴於其見我亦從事，不見我亦從事者。子墨子曰：然則是子亦貴有狂疾也。」

墨子之剛健不苟，特表現於此種持異者之解說上。每遇質疑問難者，定予以駁正說服之，絕不因旁人譏諷而氣餒。孔子於不得志時，猶有「道不行，乘桴浮於海」之歎，而墨子絕無此種情事。其立意之堅，爲義之勇，眞窮絕千古也。另則故事可謂之證。其耕柱篇云：「巫馬子謂子墨子曰：子兼愛天下，未云利也，我不愛天下，未云賊也，功皆未至，子何獨自是而非我哉！子墨子曰：今有燎者於此，一人奉水，將灌之，一人摻火，將益之，功皆未至，子何貴於二人？巫馬子曰：我是彼奉水者之意，而非夫摻火者之意。子墨子曰：吾亦是吾意，而非子之意也。」

邇來臺灣船山學會之成立，（註二）民國四年湖南船山學社之成立，其旨均在發揚此一先賢刻苦貞誨，剛健不苟之精神。其與墨子同然爲「一生流連顚沛而不違其仁，險阻艱難而不失其正」之一位可敬歷史人物。

註釋

註一：近世治墨者多以渚宮舊事二所云，及文選註所引，爲墨子之佚文。見孫詒讓墨子閒詁卷十二頁二六五至二六六，孫氏墨子後語上頁六。及張純一墨子集解卷十二，頁五六八至五六九。貴義篇文僅作「子墨子南游於楚，見楚獻（書）惠王、獻惠王以老辭」。

註二：六十一年七月三十日成立。由張知本、李石曾、陳立夫、陶希聖、張維翰、梁寒操、楊亮功、張其昀、秦孝儀、胡秋原、張宗良、程滄波、羅光等二百餘人發起。自中副刊出陶希聖先生「中國船山學會」後，一時稱述其生平事蹟者有之，考辨其鄉里籍貫者有之，闡發其思想精神者亦有之。

（原載學園雜誌第八卷第十期）

二、墨家求知不倦之精神

墨子之所以「達於天人之理，熟於事物之情，又深察春秋戰國百餘年間時勢之變」，（俞樾墨子序）而「用心篤厚，勇於振世救弊」。（孫詒讓墨子閒詁序）乃因其業精德純，富有求知不倦之精神故也。觀其於「讀書」所作之界說，亦足見其求知觀念之一斑。其小取篇云：「夫且讀書，非讀書也；好讀書，讀書也。」是知墨子之意，「好讀書」乃可謂「讀書」，否則，若不「好」讀書，而以驅迫力爲之，則非謂之眞讀書者也。此亦同乎孔子「知之者、不若好之者」之旨意也。

墨子深好讀書，師法周公。以爲周公佐國，政績昭著，乃得之於「朝讀書百篇，夕見七十士。」而致其學養富，見聞廣，思慮周之故。所以其往來於諸侯之間，奔波於公卿之門，栖栖皇皇以救世，席不暇煖以濟人，然而於「書」勤讀不輟，未嘗一日釋卷也。其貴義篇有云：「子墨子南游使衞，關中（肩中）載書甚多，弦唐子見而怪之曰：吾夫子教公尚過曰：揣曲直而已。今夫子載書甚多，何有也？子墨子曰：昔者周公旦，朝讀書百篇，夕見漆（七）十士（註一）。故周公旦佐相天子，其脩至於今。翟上無君上之事，下無耕農之難，吾安敢廢此？翟聞之，同歸之物，信有誤者；然而民聽不鈞（均），是以書多也。今若過之心者，數逆於精微，同歸之物，既知要矣，是以不教以書也，而子何怪焉？」

是墨子求知不倦之精神，不惟見諸其南遊「載書甚多」，且於弟子之疑，必詳為說解之，因而為弦唐子剖析「因材施教」之義，與夫載書甚多之故，及必多讀書始知其「要」之理也。是以抱朴子勗學篇，於周公、墨子二聖賢好學讀書之事，極為稱揚贊賞之。其言有云：「周公上聖，日讀百篇；墨翟大賢，載文盈車。」洵為知人之見。

呂氏春秋亦云其勤於記誦習業，師友聖王以為之則。其言曰：「孔丘、墨翟，晝日諷誦習業，夜親見文王周公旦而問焉。」（博志篇）據是亦可見其兀兀窮年治學之切也。

試觀墨子一書，每多稱引詩、書、春秋，孫詒讓有云：「（墨子）亦喜稱道詩書，及孔子所不修百國春秋。」（墨子閒詁序）。章太炎亦云：「墨子時引詩書，（引書多於孟子）而反對禮樂。」（國學略說頁一四三）。詩如三百篇，不僅於公孟篇有「誦詩三百，弦詩三百，歌詩三百，舞詩三百」之言，且多徵引其文。至徵引之數，近人羅根澤雖歸而言之云「（墨子）其中引詩者十一則，以較除重複一則，實十則。」（註二）實則，分而論之並不止此。如所染篇引詩云：「必擇所堪，（王念孫之堪當讀為湛，湛與漸漬之漸同。）必謹所堪。」（按閒詁引蘇時學云：此蓋逸詩。羅根澤亦云：不見今本詩經。）尚賢中引詩云：「告女憂卹，誨女予爵，孰能執熱，鮮不用濯？」

（按見今大雅桑柔篇，惟「女」作「爾」，「郵」作「恤」，「予」作「序」，「孰」作「誰」，「鮮」作「逝」，「用」作「以」。）同篇又引詩云：「聖人之德，若天之高，若地之普。其有昭于天下也，若地之固，若山之承，不坼不崩，若日之光，若月之明，與天地同常。」（按今本詩經周頌無此文）（註三）尙同中引詩云：「載來見辟王，聿求厥章。」（按今周頌載見篇作「載見辟王，曰求厥章。」與此稍異。）同篇又引詩云：「我馬維駱，六轡沃若。載馳載驅，周爰咨度。」（按與今小雅皇皇者華第四章文同。）同篇又引詩云：「我馬維騏，六轡若絲。載馳載驅，周爰咨謀。」（按爲今小雅皇皇者華篇第三章文，惟「若」作「如」。）兼愛下亦引詩云：「王道蕩蕩，不偏不黨；王道平平，不黨不偏。其直若矢、其易若厎。君子所履，小人之所視。」（註四）同篇又引詩云：「無言而不讎，無德而不報。」（按今大雅抑篇第六章無兩「而」字。）同篇又引詩云：「投我以桃，報之以李。」（按今大雅抑篇第八章文與此同。）非攻中亦引詩云：「魚水不務，陸將何及。」（按閒詁引蘇時學云：此蓋逸詩。羅根澤亦云不見今本詩經。）天志中亦引詩云：「帝謂文王：予懷明德，不大聲以色，不長夏以革。不識不知，順帝之則。」（按同今大雅皇矣第七章文，天志下亦引此文，惟二「不」字作「毋」。）明鬼下亦引詩云：「文王在上，於昭于天。周雖舊邦，其命維新。有周不顯，帝命不時。文王陟降，在帝左右。穆穆文王，令問不已。」（按今大雅文王篇「穆穆」作「亹亹」，「問」作「聞」，且自「文王在上」，至「在帝左右」爲第一章；「穆穆文王」二句，爲第二章之首二句。）

至其引書之例，更屢見不鮮。如尙賢中引書云：「聿求元聖，與之戮力同心，以治天下。」（按今古文尙書，皆有湯誓，奈古文已亡，今文無此數語。而商書湯誥篇雖有，但無「同心」以下六字。）兼愛中引書云：「昔者文王之治西土，若日若月，乍光於四方，于西土。」（註五）（按今周書泰誓下云：「惟我文考，若日月之照臨，光于四方，顯于西土。」與引文稍異。）兼愛下引書云：「雖有周親，不若仁人。萬方有罪，維于一人。」（按今周書泰誓下「若」作「如」，「萬方有罪」作「百姓有過」，「維」作「在」。然湯誥有「其爾萬方有罪，在予一人」之句。）同篇又引書云：「濟濟有衆，咸聽朕言：非惟小子，敢行稱亂。蠢茲有苗，用天之罰。若予既率爾羣封（惠棟云：封與邦古音近通用）諸君以征有苗。」（按今虞書大禹謨「言」作「命」，無「用天之罰」四字，末句作「肆予爾衆士，奉辭罰罪」。而「非惟小子，敢行稱亂」見湯誓，然「惟」作「台」。）同篇又引書云：「惟予小子履，敢用玄牡告于上天后曰：今天大旱，卽當朕身履，未知得罪于上下；有善不敢蔽，有罪不敢赦，簡在帝心。萬方有罪，卽當朕身；朕身有罪，無爲萬方。」（今商書湯誥篇文與此引文頗多增省異同之處。）至引太誓，總總之言，則書皆無之。（註六）凡此類引文之增省異同情事，方授楚以爲墨子引古書多改爲當時語。（註七）宋王楙則以爲「古人引用經子語，不純用其言，往往隨意增減。」（註八）而近人羅根澤則以爲「儒墨所傳不同」（註九）之故也。

其他引書，尙有甘誓，仲虺之誥，說命，洪範，呂刑諸篇之言，文繁不具引。讀者欲詳，參撿原書可也。於此，羅根澤雖嘗云：「（墨子）引書者三十四則，以校除重複五則，實二十九則。」但若兼愛下所引「雖有周親、不若仁人。萬方有罪，維于一人。」四句，羅氏則未予撿出併入統計，可見羅氏之說未確。（註十）

關于引「春秋」之例，亦復不少。墨子嘗自云：「吾嘗見百國春秋。」（史通六家篇及隋書李德傳並引）可知其於「春秋」之了解與重視。惟所云「春秋」，非卽孔子作春秋之「春秋」也。墨子之「春秋」，蓋指諸國之「史實」而言。（註十一）如明鬼下引周之春秋云：「

昔者周宣王，殺其臣杜伯而不辜（不以罪也），杜伯曰：吾君殺我而不辜，若以死者爲無知，則止矣。若死而有知，不出三年，必使吾君知之。其（期）三年，周宣王合諸侯而田（通畋）於圃，田車數百乘，從數千人滿野。日中，杜伯乘白馬素車，朱衣冠、執朱弓、挾朱矢，追周宣王，射之車上，中心折脊，殪車中，伏弢而死。當是之時，周人從者莫不見，遠者莫不聞，著在周之春秋。」

「同篇又引燕之春秋云：「昔者燕簡公，殺其臣莊子儀而不辜。莊子儀曰：吾君王殺我而不辜，死人毋知亦已，死人有知，不出三年，必使吾君知之。期年，燕將馳祖，燕之有祖，當齊之社稷，宋之有桑林，楚之有雲夢也，此男女之所屬而觀也。日中，燕簡公方將馳於祖塗，莊子儀荷朱杖而擊之，殪之車上。當是時，燕人從者莫不見，遠者莫不聞，著在燕之春秋。」

同篇又引宋之春秋云：「昔者宋文君鮑之時，有臣曰祏觀辜，固嘗從事於厲，祩子（巫）杖揖出與言曰：觀辜，是何珪璧之不滿度量，酒醴粢盛之不淨潔也？犧牲之不全肥，春秋冬夏選失時，豈女爲之與？意鮑爲之與？辜曰：鮑幼弱，在荷繦之中，鮑何與識焉？官臣觀辜特爲之。祩子舉揖而槀之，殪之壇上。當是時，宋人從者莫不見，遠者莫不聞，著在宋之春秋。」

同篇又引齊之春秋云：「昔者齊莊君之臣，有所謂王里國，中里徼者。此二子者，訟三年而獄不斷。齊君由謙殺之，恐不辜，猶謙釋之，恐失有罪。乃使之共一羊，盟齊之神社。二子許諾，於是泏洫，搲羊而漉其血，讀王里國之辭，既已終矣。讀中里徼之辭，未半也，羊起而觸之，殪之盟所。當是時，齊人從者莫不見，遠者莫不聞，著在齊之春秋。」其他類例尚多，不具引。

其引百國春秋之事，缺乏理論，僅爲一種經驗論而已，其壘不堅，其說亦不固。惟墨子有鬼之論，天帝之說，亦非全然迷信。蓋旨在藉「鬼」言教，託「天」改制，以達遂行其學說，改良其社會之目的耳。（見拙著墨子天論，載中華文化復興月刊五卷七期）章太炎以爲墨子明鬼之說有深意存焉。（諸子略說頁一七六）是也。

墨子尚仁義，說詩書，稱堯舜，非桀紂。不惟徵引詩、書、百國春秋，以爲其立言之根據，而於經、史、子、集之文，古聖先王之語，亦多採爲證例。設非其富有求知不倦之精神，徧讀羣籍，涉獵極廣，何能徵引如是之博贍，立言若斯之精當也。

查墨子終生，自身固孜孜以求進知修德，而對其弟子亦勸其力學不怠，甚之不惜以「仕」爲餌誘導之。其公孟篇云：「有游於子墨子之門者，身體强良，思慮徇通，欲使隨而學。子墨子曰：姑學乎？吾將仕子，勸於善言，而學其（期）年，而責仕於子墨子。子墨子曰：不仕子。子亦聞夫魯語乎？魯有昆弟五人者，其父死，其長子嗜酒而不葬。其四弟曰：子與我葬，當爲子沽酒。勸於善言而葬，已葬，而責酒於其四弟。四弟曰：吾末（一作未）予子酒矣，子葬子父，我葬吾父，豈獨吾父哉！子不葬，則人將笑子，故勸子葬也。今子爲義，我亦爲義，豈獨我義也哉！子不學，則人將笑子，故勸子於學。」（按意林卷一亦收此文，二者稍異，末句有「遂不復求仕」五字，疑脫。）

墨子極盡苦心，多方使其門人弟子學之，誘之外，亦勸其强力爲之。如公孟篇又云：「

有游於子墨子之門者，子墨子曰：盍學乎？對曰：吾族人無學者。子墨子曰：不然，未（夫）好美者，豈曰：吾族人莫之好，故不好哉！夫欲富貴者，豈曰：我族人莫之欲，故不欲哉！好美欲富貴者，不視人，猶强爲之。」（註十二）

據上以論，墨子好學求知之心切，雖其門人弟子亦不容忽之。至其答魯君救魯之道，與夫立儲之方所表現之遠見，以及於楚說服公輸，獻書楚王所表現之智慧，何一而非求知不倦所使然也。因而近人張純一氏謂「墨氏頗道詩書，使人誦習。」（墨子集解卷十四頁十三）而莊子亦云其「好學而博不異也。」（天下篇）古今偉人，人同此心，心同此理，未有不學而能下達人，上達天者也。亦未有無「知」，而能成其事，竟其功者也。然「學」「知」之來，則有賴於求知不倦精神爲之矣。是以墨子嘗言「翟以爲不若誦先王之道，而求其說，通聖人之言，而察其辭。」而後可用以「上說王公大人，次匹夫徒步之士。」終而乃有「王公大人用吾言，國必治；匹夫徒步之士用吾言，行必修。」之信心與事實矣。

註釋

註一：「漆」借爲「七」字。張參五經文字，凡「七」字皆作「漆」。藝文類聚引作「七」。書抄九十八藝文部四引「漆十士」作「七十士」。楊愼云：「桼卽七字……夫元七政亦作桼，褚遂良書枯樹賦七亦作桼。」（丹鉛雜錄卷五頁三九）

註二：羅根澤諸子考索頁一四五及古史辨第四冊頁二七九。羅氏並云：「在此寥寥十則中，不見今本詩經者，至有四則之多，其餘與今本次序不同者三則，字句不同者二則，大致從同者只一則而已。」

註三：俞樾云：「此文疑有錯誤，當云：『聖人之德，昭于天下，若天之高，若地之普；若山之承，不坼不崩；若日之光，若月之明，與天地同常。』蓋首四句下普隔句爲韻，中二句承崩爲韻，末三句光明常爲韻，皆每句協韻。『昭於天下』句傳寫脫去，而誤補於『若地之普』下，則首二句無韻矣。又增『其有也』三虛字，則非頌體矣。既云『若地之普』，又云：『若地之固』，重複無義，故知其錯誤也。」見諸子平議卷九墨子一頁一〇〇至一〇一。

註四：按今小雅大東詩無前四句，後四句作「周道如砥，其直如矢。君子所履，小人所視。」前四句周書洪範篇作「無偏無黨，王道蕩蕩；無黨無偏，王道平平。」均與引文稍異。羅根澤於此僅云不見今本詩經。而范家相三家詩拾遺有云：「墨子兼愛引此八句稱周詩，下四句見大東篇，而稱周詩，古或有考也。」

註五：按兼愛下亦引此文作「文王若日若月，乍照光于四方，于西土。」與兼愛中引文有異。

註六：焦竑焦氏筆乘卷一頁十一云：「墨子引太誓之言曰：小人見姦巧乃聞，不言也發罪鈞。此言見淫僻不以告者，其罪猶淫僻者也。又引禹之總總有之曰：允不著，惟天民而不葆，既防凶心，天加之咎。不愼厥德，天命焉葆。此語書皆無之，書序中亦無總總之名。」

註七：方授楚墨學源流上卷第三章頁四七。

註八：王楙野客叢書卷十二古人引用經子語一則。

註九：羅根澤由墨子引經推測儒墨兩家與經書之關係。見古史辨第四冊頁二七八至三〇〇。又見氏著諸子考索頁一四五—頁一六三。

註十：羅根澤諸子考索頁一四五至一六三及古史辨第四冊頁二七九至三〇〇。羅氏並云：「在此二十九則中，篇名文字俱不見今古文尙書者，至有十四則之多，其餘篇名文字與今文尙書不同者一則；文字不見今文尙書者六則；引泰誓而不見今本者二則，與今本有出入者二則，泰誓雖在今文，但傳出於河內女子，不得與伏生所傳並論；引詩書不明而可附於書者一則，亦不見於今古文尙書。統上二十六則，非不見於今古文尙書，卽與今古文尙書大異。與今文尚書雖字句有異同，而大體無殊者止有三則，而此三則又止在呂刑一篇。故概括言之，即謂墨子所引書，與今古文尚書全殊，亦無不可也。」

註十一：國語晉語：「羊舌肸習於春秋」韋注云：「春秋紀人事之善惡，而目以天時，謂之春秋，周史之法也。」楚語：「教之春秋以感勸其心。」公羊莊七年傳：「不脩春秋。……」何注云：「謂史記也。」是古者謂史記爲春秋。公羊傳疏云：「昔孔子受端門之命，制春秋之義，使子夏等求周史記，得百二十國寶書，則墨子言百國春秋，當即是書也。」所言甚是。

註十二：孫詒讓墨子閒詁附錄一卷頁二、三收墨子勸弟子學文二則，與公孟篇義同而文異。

（原載高雄師範學院學報第二期，經略予增訂而成此文）

三、墨家刻苦節儉之精神

墨家難能可貴的另一超人之處，是其具備了刻苦節儉之精神。墨子書備梯篇有云：「禽滑釐子事子墨子三年，手足胼胝，面目黧黑，役身給使，不敢問欲。子墨子其（當作甚）哀之，乃管（當作澄）酒，塊（當作摶）脯，寄於大山，昧葇坐之，以樵（醮）禽子。禽子再拜而嘆。子墨子曰：亦何欲乎？禽子再拜，曰：敢問守道？子墨子曰：姑亡！姑亡！（暫不要講）。」由此文觀之，墨家是何等刻苦節儉？其師生之情誼是何等深摯！而禽子之篤實性情，又是多麼令人起敬。莊子天下篇亦云：「不侈於後世，不靡於萬物，不暉於數度，以繩墨自矯，而備世之急。古之道術有在於是者。墨翟，禽滑釐聞其風而悅之。爲之大過，已之大循，作爲非樂，命之曰節用。生不歌，死無服……。」墨家此種不示奢侈，不事靡費，不務光華之精神，正是吾人所必具之切要修養。而「生不歌，死無服」更是墨家之特色。惟其「生不歌」，故主非樂，亦惟其「死無服」，乃倡節用。人而能「生不歌」，自當不貪生之享受；能「死無服」，自必不畏死之苦寂。吾人果能不貪生亦不畏死，則非惟能吃苦耐勞，卽犧牲性命亦所不惜矣。莊子天下篇又云：「墨子稱道曰：昔者禹之湮洪水，決江河而通四夷九州也，名山三百，支川三千，小者無數。禹親操橐耜，而九（本作鳩，聚也）雜天下之川。腓無胈，脛無毛，沐甚雨，櫛疾風，置萬國。禹，大聖也，而形勞天下也若此！使後世之墨者，多以裘褐爲衣，以跂蹻爲服，日夜不休，以自苦爲極。曰：不能如此，非禹之道也，不足謂墨。」

墨家取法大禹這種「腓無胈，脛無毛，沐甚雨，櫛疾風」「形勞天下」之精神，以「自苦爲極」。並因之而謂「不如此，非禹之道也，不足謂墨」。也正因如此，所以墨家提出「非樂」主張，反對一切人間享受。因爲「逸豫亡身，憂勞興國」。若人耽於逸樂，則無以產生救世之宏志。是以非樂上篇有云：「仁之事者，必務求興天下之利，除天下之害，將以爲法乎天下。利人乎，卽爲；不利人乎卽止。」又云：「且夫仁者之爲天下度也，非爲其目之所美，耳之所樂，口之所甘，身體之所安。以此虧奪民衣食之財，仁者弗爲也。是故墨子之所以非樂者，非以大鍾鳴琴瑟竽笙之聲以爲不樂也，非以刻鏤華文章之色以爲不美也，非以犓豢煎炙之味以爲不甘也，非以高台厚榭邃野之居以爲不安也。雖身知其安也，口知其味也，目知其美也，耳知其樂也；然上考之，不中聖王之事，下度之，不中萬民之利。是故子

墨子曰：爲樂非也。」（非樂下）

由是而知，墨子非「樂」，之主因，是以其爲「樂」已達虧奪民「衣食」之財之程度。且既「不中聖王之事」又「不中萬民之利」。換言之，墨子並非非樂之本身，而非王公大人厚斂民財，以造作樂器。渠云：「今王公大人，雖唯造爲樂器，將必厚斂乎萬民，以爲大鍾鳴鼓琴瑟竽笙之聲。」亦卽非王公大人之荒淫成習，致政廢財匱，無濟民生，去先王制禮樂之意遠矣之樂也。（詳見拙作墨子非樂思想平議）爲使王公大人，士大夫，庶民之不爲樂所害，乃再力陳其「爲樂非也」之故。其言曰：「今惟毋（語詞，下同）在乎王公大人說樂而聽之，卽必不能蚤朝晏退，聽獄治政，是故國家亂而社稷危矣。今惟毋在乎士君子說樂而聽之，卽必不能竭股肱之力，亶其思慮之智，內治官府，外收斂關市山林澤粱之利，以實倉廩府庫，是故倉廩府庫不實。今惟毋在乎農夫說樂而聽之，卽必不能蚤出暮入，耕稼樹藝，多聚菽粟，是故菽粟不足。今惟毋在乎婦人說樂而聽之，卽必不能夙興夜寐，紡績織紝，多治麻絲葛緒綑布縿，是故布縿不興。曰，孰爲（謂）而廢大人之聽治，賤人之從事？曰，樂（ㄌㄜˋ）也。是故子墨子曰：爲樂非也。」

況乎當時民有三患而未解，何暇及樂哉？其非樂上篇又云：「民有三患，飢者不得食，寒者不得衣，勞者不得息。三者，民之巨患也。然卽當爲之撞巨鍾，擊鳴鼓，彈琴瑟，吹竽笙，而揚干戚，民衣食之財，將安可得乎？」

除此之外，墨子更從古聖先王之政績，證知「樂愈繁者，其治愈寡」，以爲「非樂」之必要。請看與程繁之談論：「程繁問於子墨子曰：夫子曰聖王不爲樂。昔諸侯倦於聽治，息於鍾鼓之樂；士大夫倦於聽治，息於竽瑟之樂；農夫春耕夏耘，秋斂冬藏，息於瓴缶之樂。今夫子曰聖王不爲樂，此譬之猶馬駕而不稅（同脫），弓張而不弛，無乃有血氣者之所不能至耶？子墨子曰：昔者堯舜有茅茨者，且以爲禮，且以爲樂。湯放桀於大水，環天下自立以爲王，事成功立，無大後患，因先王之樂又自作樂，命曰護，又修九招。武王勝殷殺紂，環天下自立以爲王，事成功立，無大後患，因先王之樂又自作樂，命曰象。周成王因先王之樂又自作樂，命曰騶虞。周成王之治天下也，不若武王；武王之治天下也不若成湯；成湯之治天下也，不若堯舜。故其樂愈繁者，其治愈寡。自此觀之，樂非所以治天下也。」（墨子三辯篇）

程繁以爲墨子非樂之說，有若「馬駕不稅，弓張不弛」。粗視之，似可言之成理，的然有據。然而細察之，則又未必。蓋人事之成，在於「鍥而不舍」「堅持到底」者多，而「馬駕不稅，弓張不弛」，正是這種精神。莊子評墨子謂「其生也勤，其死也薄，其道大觳，使人憂，使人悲，其行難爲也。」（天下篇）吾人須知必也生勤、死薄，加上馬不稅，弓不弛之精神，始可以實現其大觳之「道」，難爲之「行」也。

墨家之刻苦節儉程度，已至極致。如穿則「夏日葛衣，冬日鹿裘」；食則「食土簋，啜土刑，糲粱之食，藜藿之羹」；住則「堂高三尺，土階三等，茅茨不剪，采椽不刮」（註一）。衣食生活之需，幾未足之，此亦「憂道不憂貧」之謂也。顏子簞食瓢飲，在陋巷居之，亦安貧而樂道之故。非爲力之不贍，蓋不暇計之然也。否則，亦是節儉美德有以致之。孔子有言：「士志於道，而恥惡衣惡食者。未足與議也。」墨家之所以刻苦節儉如是者，亦此之故也。其魯問篇有云：「子墨子出曹公子而於宋，三年而反，睹子墨子曰：始吾游於子之門，短褐之衣，藜藿之羹，朝得之則夕弗得，弗得，祭祀鬼神。」

游於墨子之門，雖「藜藿之羹」，亦三餐無以爲繼，其刻苦可知也，其節儉亦可知也。有其師，必有其徒，墨子因爲救世而席不暇煖，突不得黔，不及注意飲食，而其弟子耕柱子亦然。耕柱篇云：「耕柱子處楚無益矣，二三子過之，食之三升，客之不厚。子墨子曰，未可智（知）也。毋幾何，而遺十金於子墨子，曰：「後生不敢死，有十金於此，願夫子用之。子墨子曰：果，不可智（知）也。」

由之可知，弟子之「客不厚」，蓋以節之以奉其師，供師以成其業也。而師之待弟子以「短褐之衣，藜藿之羹」，蓋養弟子以儉德與夫吃苦之精神，進而俾行其道，以救天下也。明乎此，而後可言墨學矣。

況乎若其人不能「各從事其所能」（節用中），「各因其力所能至而從事」（公孟）。只是「貪於飲食，惰於從事」。則墨子以爲其人必爲「罷（同疲）而不肖之徒」矣。

墨子針對當時之弊，力矯奢靡之習，反對王公大人「暴奪民衣食之財」。是以於生活所需，食、衣、住、行等，均提出節儉之主張，期使人君有所改之。其於飲食，辭過篇有云：「今則不然，厚作斂於百姓，以爲美食芻豢蒸炙魚鱉，大國累百器，小國累十器，前方丈，目不能徧視，手不能徧操，口不能徧味。冬則凍冰，夏則餲饐，人君爲飲食如此，故左右象之。是以富貴奢侈，孤寡者凍餒，雖欲無亂，不可得也。」

食前方丈，不能徧味，是徒費資財。且上行下效，左右人臣皆仿行之。其結果耗費愈大，而作斂百姓亦必愈厚。終至窮苦孤寡者，難免凍餒之虞矣。

其於衣服，以爲「錦繡文采靡曼之衣」，徒耗力費財，而「畢歸之於無用」。終至「君奢侈而難諫」，而「民淫僻而難治」。其辭過篇有云：「暴奪民衣食之財，以爲錦繡文采靡曼之衣，鑄金以爲鉤，珠玉以爲佩，女工作文采，男工作刻鏤，以爲衣服，此非云益煖之情（情猶實也）也，單（殫）財勞力，畢歸之於無用也。以此觀之，其爲衣服，非爲身體，皆爲觀好。是以民淫僻而難治，其君奢侈而難諫也。夫以奢侈之君，御好淫僻之民，欲國無亂，不可得也。」

墨子之意，於亂時民困之際，於衣，先取煖體可也，其「作爲衣服帶履便於身」，而「不以爲辟怪也」。春秋繁露調均篇所云：「凡衣裳之生也，爲蓋形煖身也。」意與墨子同然。

至於「住」之問題，他以爲「聖王作爲宮室，便於生，不以爲觀樂也」。主張足以辟濕、圉寒，足以「待雪霜雨露，別男女之禮」可也。反對以奢華之居而浪費民財，俾有財「以待凶饑，振孤寡」。辭過篇有言：「當今之王，其爲宮室，則與此異矣。必厚作斂於百姓，暴奪民衣食之財，以爲宮室台榭曲直之望，青黃刻鏤之飾。爲宮室若此，故左右皆法象之，是以其財不足以待凶饑，振孤寡，故國貧而難治也。」

「行」之方面，主張「其爲舟車也，完固輕利」，能「任重致遠」可也。若男女廢工作，以修文飾，而至「其民飢寒」，乃墨子深所反對者。其辭過篇有云：「當今之王，其爲舟車與此異矣。完固輕利皆已具，必厚作斂於百姓，以飾舟車，飾車以文采，飾舟以刻鏤，女子廢其紡織，而修文采，故民寒；男子離其耕稼，而修刻鏤，故民飢。人君爲舟車若此，故左右象之，是以其民飢寒並至，故爲姦衺多。姦衺多，則刑罰深。刑罰深，則國亂。」

此類主張，於其節用上中兩篇中，均有著錄，文繁不具引。墨子於此嘗總論之曰：「凡此五者（宮室、衣服、飲食、舟車、婚姻）聖人之所儉節也，小人之所淫佚也。儉節則昌，淫佚則亡，此五者不可不節。夫婦節而天地和，風雨節而五穀熟，衣服節而肌膚和」。（辭過篇）

墨子之主刻苦節儉，不惟見諸生人，亦且見諸死者。人於生前固必力求節其用，省其費，非其樂爲宜。而於人之死後，亦不可過份舖張以厚葬。久喪亦所反對之。蓋當時厚葬情形，已至必改之地步，是時「存乎匹夫賤人死者，殆竭家室。存乎諸侯死者，虛府庫」。不僅如此，而且尚有殺殉情事，以數計之，寡者數人，衆者已達數百之夥。其節葬下有云：「此存乎王公大人有喪者，曰，棺槨必重，葬埋必厚，衣衾必多，文繡必繁，丘隴必巨。存乎匹夫賤人死者，殆竭家室。存乎諸侯死者，虛府庫，然後金玉珠璣比乎身，綸組節約（義同節束）車馬藏乎壙；又必多爲屋幕……寢而埋之，而後滿意，送死者若徙。曰：天子諸侯殺殉，衆者數百，寡者數十；將軍大夫殺殉，衆者數十，寡者數人。」

久喪之害，亦極嚴重，墨子形容其情況云：「哭泣不秩聲，翁縗絰（應作衰絰）垂涕，處倚廬，寢苦，枕凷（古塊字），又相率强不食而爲飢，薄衣而爲寒，使面目陷陬，顏色黧黑，耳目不聰明，手足不勁强，不可用也。」（節葬下）

一般庶人，因久喪之故，以至於到「面目陷陬，顏色黧黑，耳目不聰明，手足不勁强，不可用」之程度。終至「百姓冬不仞（忍）寒，夏不仞暑」，以致「作疾病死者，不可勝計也」。而王公大人，則因久喪而「必扶而能起，杖而能行」，終至政亂，財匱。其節葬下有云：「上士之操喪也，必扶而能起，杖而能行。以此共三年，若法若言，行若道（若猶此也），苟其飢約又若此矣。……使爲上者行此，則不能聽治；使爲下者行此，則不能從事。上不聽治，刑政必亂。下不從事，衣食之財必不足。」

上述爲「久喪」之不可行也，的然有理。下再言厚葬之爲害大也，尤爲痛切，其言曰：「今王公大人爲葬埋，則異於此，必大棺中棺，革闠三操（言革棺之文采繁雜），璧玉卽具，戈劍鼎鼓壺濫，文繡素練，大鞅萬領，輿馬女樂皆具，曰必捶垛差道（猶言築修羨道也），壟雖（當作確）兄（況）山陵，此爲輟民之事，靡民之財，不可勝計也。其爲無用若此矣。」（節葬下）

墨子之意，若「厚葬久葬」，可以富貧，衆寡，安危，治亂，則爲仁義之行，可以謀之，否則自當沮之。其言曰：「使法其言，用其謀，若人厚葬久喪，請（通誠）可以富貧衆寡安危治亂乎！則仁也，義也，孝子之事也，爲人謀者，不可不勸也。意使法其言，用其謀，若人厚葬久喪，實不可以富貧衆寡安危治亂乎！則非仁也，非義也，非孝子之事也，爲人謀者，不可不沮也。」（節葬下）

蓋若不如此，不特不合仁義之標準，且會欲富則貧，欲衆則寡，欲安得危，欲治得亂，求禁大國之攻小國而不可得，欲干上帝鬼神之福而得禍。其言曰：「是故求以富國家，甚得貧焉。欲以衆人民，甚得寡焉。欲以治刑政，甚得亂焉。求以禁止大國之攻小國也，而旣已不可矣。欲以干上帝鬼神之福，又得禍焉。」（節葬下）

因而墨家於喪葬之事，極盡節儉之能事。並擧例以證「厚葬久喪」，非聖王之道。力主「節葬短喪」，且參酌古聖王之葬埋之法：「棺三寸足以朽體，衣衾三領，足以覆惡，以及其葬也，下毋及泉，上毋通臭，壟若參耕（壙三）之畝，則止矣」。而自制爲葬埋之法曰：「棺三寸，足以朽骨；衣三領，足以朽肉；掘地之深，下無菹漏，氣無發洩於上，壟足以期其所，則止矣。」（節葬下。節用中與此小異）

此外，並謂「無槨」，（莊子天下篇）「死無服」，（莊子天下篇）爲三日之喪（墨子公孟篇）。韓非子顯學篇作「冬日冬服，夏日夏服，桐棺三寸，服喪三月。」胡適之云疑墨家各派不同，或謂三日，或謂三月。淮南齊俗訓云：「三月之服，是絕哀而迫切之性也。」高誘注云：「三月之服，夏后氏之禮。」墨家尊奉大禹，當行夏禮。據此，則服喪應爲三月可知矣。

墨子之倡非樂，主節用，言薄葬，是有其積極用意的。蓋以「非樂」挽救奢侈之風，用「節用」杜絕浪費之習，由「薄葬」以免因送死而無以養生，藉斯三者以成「節儉」之德。墨子目睹王公大人「厚作斂於百姓」「暴奪民衣食之財」（辭過）而且又「以其極賞，以賜無功；虛其府庫，以備車馬衣裘奇怪；苦其役徒，以治宮室觀樂。死又厚爲棺椁，多爲衣裘。生時治台榭，死又修坟墓。民苦於外，府庫單於內。上不厭其樂，下不堪其苦」。（七患）乃有刻苦節儉之呼籲。

不過，墨家之刻苦節儉，並非不問環境若何？時代怎樣？均然如此，而是有其必然之條件。設人民之窮苦狀況消失，或王公大人之奢靡習性革除。則墨家也絕非如一般人之所誤解，以爲永久無條件「自苦爲極」也。

所以在其「辭過」「節用」諸篇中，同樣也有其一般生活水準提高之主張。他曾不止一次就食、衣、住、行方面，說明爲促進社會之物質文明，主食必强股肱，使耳聰目明外，衣服要加溫凊，宮室要加固，舟車要加輕利等。其於食，言曰：「故聖人作誨男耕稼樹藝，以爲民食。其爲食也，足以增氣充虛，彊體適腹而已矣。」(辭過)，又云：「古者聖王制爲飲食之法曰：足以充虛繼氣，强股肱，使耳目聰明則止。不極五味之調，芬香之和，不致遠國珍怪異物。」(節用中)

可見其於「食」之要求，雖是「不極五味之調，芬香之和，不致遠國珍怪異物」。但也不止「充虛繼氣」或「適腹」，而是更要「彊體」，或「强股肱，使耳目聰明」。是知墨子之所以「藜藿之羹」，並非其目的。其於衣服，言曰：「故作誨婦人以治絲麻，捆布絹，以爲民衣。爲衣服之法，冬則練帛之中，足以爲輕且煖。夏則絺綌之中，足以輕且凊。」(辭過。節用中同)又云：「凡爲衣裳之道，冬加溫，夏加凊者芊(止之誤)䱉(借爲諸)，不加者去之。」(註二)

衣裳之道，若冬日是以「輕」「煖」爲原則，夏日以「輕」「凊」爲原則，可謂甚高矣。蓋「煖」尚易爲，而「煖」又「輕」之，則非高級冬衣不爲功也。「凊」不難成，而「凊」又「輕」之，則非高級夏衣不爲功也。其於住，言曰：「宮室之法曰：高足以避潤濕，邊足以圉風寒，上足以待雪霜雨露，宮牆之高足以別男女之禮。」(辭過)又云：「其爲宮室何以爲？冬以圉風寒，夏以圉暑雨，凡爲宮室加固者芊䱉。不加者去之」。(節用上)

墨子對「住」之問題，重在「實用」，所言「辟潤濕」，「圉風寒」，「待(禦也)雪霜雨露」，「別男女之禮」，均就此點發揮。然此原則，若外加「固」之條件，則其居亦可達相當水準矣。其於行，言曰：「其爲舟車也，完固輕利，可以任重致遠。其爲用財少，而爲利多，是以民樂而利之。故法令不急而行，民不勞而上足用，故民歸之。」（辭過）又云：「其爲舟車何以爲？車以行陵陸、舟以行川谷，以通四方之利。凡爲舟車之道，加輕以利者芊䱉，不加者去之。」（節用上）

行之方面，使水陸兩路交通工具「完固輕利」，且能任「重」致「遠」，確爲一極高標準。無論其爲「舟」爲「車」，均在「完固」之前提下，求其輕快便利，在「任重」的要求下，能以「致遠」，是何其不易之事。吳子治兵篇，有吳子答武侯問用兵之道曰：「先明四輕……使地輕馬，馬輕車，車輕人，人輕戰……。」用兵作戰，其於舟車之需求亦不過「輕利」而已。

因之，墨家之所以刻苦，墨家之所以節儉，是全然爲針時弊而起，此並非其目的，乃是不得不採行之手段。絕非說墨家不問國家如何富有，社會如何繁榮，人民如何裕足，必然一定「自苦爲極」。果爾，不止身爲北方聖人之墨子不肯如此爲之，卽常人亦不肯爲之也。且卽「爲」之，亦不可能「從屬彌衆，弟子彌豐，充滿天下。」（註三）亦不可能「天下之言，不歸楊則歸墨」而成一顯學矣。何況人本好逸惡勞。設天下富足，人民安樂，墨家又何必自苦？如是仍然爲之，豈不成了傻人？

所以說，對其非樂，節用，節葬諸主張之非議者，是未能了解墨家之用心良苦之所以然，亦卽未解墨家苦心救世之精神故也。於此，漢儒劉向，不失爲一墨子之知己。他評墨子「先質後文」之言，實擧世公認平允之論，渠云：「禽滑釐問於墨子曰：錦繡絺紵，將安用之？墨子曰：惡！是非吾用務也。……今當凶年，有欲予子隋侯珠者，不得賣也，珠寶而以爲飾；又將予子一鍾粟者，得粟者不得珠，子將何擇？禽滑釐曰：吾取粟耳！可以救窮。墨子曰：誠然，則惡在事夫奢也？長無用，好末淫，非聖人之所急也。故食必常飽，然後求美；衣必常煖，然後求麗；居必常安，然後求樂。爲可長，行可久，先質而後文，此聖人之務。」（註四）

淮南齊俗訓云：「禹之時，天下大雨，禹令民聚土積薪，擇邱陵而處之。武王伐紂，載尸而行，海內未定，故不爲三年之喪始。禹遭洪水之患，陂塘之事，故朝死而暮葬，此皆聖人之所以應時耦變，見形而施宜者也。」我們可以據之而說，墨子之薄葬短喪，乃至非樂，亦卽其「應時耦變，見形而施宜者也」。必知此，而後方可言墨子。

是以，陳柱嘗贊賞之曰「墨子以奢侈爲致亂之源，節用爲救亂之本，可謂切中之極。蓋儉則有餘，有餘則能相讓。奢則不足，不足則必出於爭。此大夫所以相亂家，諸侯所以相攻國也。」（註五）

蓋其刻苦節儉者，卽所以遂其「兼相愛」，「交相利」之和樂社會之目的也。換言之，墨子之所以如是刻苦節儉者，以其爲謀「天下之大利」而然也。其所謂「天下之大利」者，卽全天下之人安生遂生之謂也。爲達其使天下人安生生之目的，乃有：「人之享受若超過遂生傳種之最低限度需求，便是掠奪。而『先天下之樂而樂』乃是罪惡。」（註六）之强調主張；乃有率其門徒踐行刻苦節儉，師法大禹之實際行動。而周世輔先生主張重建新哲學，謂「可自孔孟墨荀的節儉主義及理學家的『去人欲』說，建立一種節慾主義的人生觀。」（註七）李紹崑謂：「綜觀墨子的一生，他簡直是中國的洗者約翰。猶太的洗者約翰『身披駝毛，腰束革帶，食則蛹蝗野蜜』」，中國的聖人墨子及其弟子，則是『裘褐爲衣，以跂蹻爲服，日夜不休，以自苦爲極。』」（註八）據是而言，周李二氏均爲深於墨家精神者也。

註釋

註一：司馬遷史記卷一三〇，太史公自序。

註二：「芉쇤」之解及斷句，悉依王叔岷先生墨子斠證。載中央研究院歷史語文研究所三十周年紀念專號上册。

註三：呂氏春秋當染篇。該篇又云：「孔墨之後學，顯榮於天下者衆矣，不可勝數。」有度篇亦云：「孔墨之弟子徒屬滿天下。」

註四：見說苑反質篇，畢沅疑其即爲墨子節用篇之文。其究竟難詳。然與墨子思想一致，故用以爲證。

註五：陳柱墨子十論頁一〇五。

註六：張蔭麟中國史綱第六章第二節頁一二九。

註七：周世輔先生「由中國哲學之起源演進與重建談到中華文化復興」一文，載中華文化復興月刊第四卷第六期。

註八：李紹崑墨子研究墨子的宗教教育思想，頁一三九。

（原載美國紐約今日人生月刊第一、二兩期）

四、墨家愛人利民之精神

墨家爲人重而自爲輕，其愛人利民之精神，前修多稱之：若法苑珠林破邪篇云：「湯恤烝民，尙焚軀以祈澤；墨敎兼愛，欲摩足而至頂。」若隋釋彥琮通極論云：「夏禹疏川，則有勞手足；墨翟利物，則不恪頂踵。」連嘗以情急而斥墨子「無父」之孟子，亦有「墨子兼愛，摩頂放踵利天下爲之」之贊論。而近賢言墨，亦多揄揚之詞：國父孫中山先生云：「古時最講愛字的，莫過於墨子。墨子所講的兼愛，與耶穌所講的博愛是一樣的。」（註一）李漁叔先生更云：「大哉墨氏之愛，誠可謂充塞宇宙，無有或遺者矣。」（註二）吾人試爲翻檢墨子之書，其愛人利民之精神，幾乎隨處可見。若「愛利家」「愛利國」「愛利萬民」（尙賢中），若「愛利其親」「愛利人之親」「愛利吾親」（兼愛下），若「愛利百姓」（魯問）等比比皆是。梁任公亦嘗云：「書中總是愛利二字並擧，如「兼相愛，交相利」（兼愛中下）「愛利萬民」（尙賢中）「兼而愛之，從而利之」（同上）「衆利之所在何自生，從愛人利人生」（兼愛下）「愛人者，人亦從而愛之；利人者，人亦從而利之」（兼愛中）「天必欲之相愛相利」（法儀）「若見愛利國者必以告，亦猶愛利國者也。」（尙同下）諸如此類，不可枚擧。」（註三）蓋其大前提，卽是「凡言凡動，利於天鬼百姓者爲之，凡言凡動，害於天鬼百姓者舍之。」（貴義）務必達成「興天下之利」而「除天下之害」之旨也。

墨子以爲家簒、國亂，均起於不相愛。是以倡兼愛交利以救世。其所言愛，不問人之盈否，數之衆寡，亦不管地域之廣狹，絕不有所改變。經下云：「無窮不害兼，說在盈否」。經說下云：「無，南者有窮則可盡，無窮則不可盡，有窮無窮未可智，則可盡不可盡（不可盡）未可智。人之盈否未可智，而（必）人之可盡不可盡，亦未可智，而必人之可盡愛也，誖。人若不盈无窮，則人有窮也，盡有窮，無難。盈無窮，則無窮盡也，盡有窮，無難。」

李漁叔先生謂經說自南者有窮則可盡至誖字止，爲論者。謂人不可盡愛，蓋引辯者言南方無窮而有窮，以爲無窮有窮未可知，可盡不可盡亦未可知，人之之盈滿與否亦未可知，而愛人之可盡不可盡亦未可知。乃必謂人之可盡愛，不亦誖於事理乎？用以推論人之不可盡愛，而兼愛爲非。墨家特據此言揭出無窮不害兼之旨，而以盈否二義答之：㈠人若不盈無窮，則人有窮也。卽人若不能盈滿於無窮之界，則人自屬有窮，於是而愛此有窮之人。何難之有？㈡盈無窮，是人盈滿於無窮之界，則無窮之界盡，固無所謂無窮矣，無窮旣盡，是爲有窮，則盡愛此有窮之人，亦何難之有？（墨辯發微與墨子校注與此略同）經下又云：「不知其數而知其盡也，說在明者。」經說下云：「不，二（不）智其數，惡智愛民之盡文（之）也，或者遺乎其問也。盡問人，則盡愛其所問。若不智其數而智愛之盡之也，無難。」

上條經及經說，係承「無窮不害兼」條推論之，謂雖不知人民之數，而知其盡，故不害兼愛之。蓋墨家愛人，人之所在，卽愛之所在。如是盡問有窮無窮界之人，則盡愛其所問之人，亦盡愛全天下所有人類矣。故雖不知其數，而盡愛之亦無難也。經下又繼之云：「不知其所處，不害愛之，說在喪子者。」是條無說，蓋其理至明故也。

曹耀湘釋此條云：「喪，出亡在外也。子，人所至愛也。亡子不知其所處，而其愛之也相若。」（註四）按曹說甚是。墨家藉此以喩愛人，謂雖不知人民所處爲何地，亦不害於兼愛之義也。

李漁叔先生對此特爲讚賞。渠云：「漁叔校讀至此，爲之低徊無盡。前代聖哲之用心若此，良堪歎慕。超儒擬佛，莫窺其際。吾華仁誠之教，悲憫之心，所以涵濡孕育者深矣。」

大取篇亦云：「凡學愛人，愛衆世，與愛寡世相若，兼愛之，有相若。愛尚（上）世與愛後世，一若今世之人也。」

張純一解之謂：「凡學愛人之道，當知十方世界，三世古今，惟一兼耳。」（註五）吳毓江以爲「古今大聖哲人，愛域之博，願力之大，釋迦佛外，墨子而已。」（墨子校註）張吳二氏之言，可謂深知墨子者矣。大取篇又云：「聖人有愛而無利，俔曰（藉曰）之言也，乃客之言也。天下無人，子墨子之言也。」

聖人唯恐世人有利而無愛，因盛稱愛，而罕言利。乃淺識者遂謂「聖人有愛而無利」，不知此爲「藉曰」之詞，非主言，乃客言耳。（譚戒甫語）無人，卽兼愛之義。言人己兩忘，則視人如己矣。（孫詒讓語）天下無人，使視天下之人，祇是一我，無人相，無我相，無天下相，惟冥會一兼而已。（張純一語）此子墨子之言也。孔子之「毋我」，關尹之「無我」，老子之「無身」，莊子之「無己」，列子之「視吾如人」，與墨子之「無人」，同其意旨也。

墨家此種「人我兩忘，視人如己」之愛人利民精神，爲其至高之境界。大取篇有云：「愛人之親，若愛其親」，孟子書據之斥墨子爲「無父」，實則墨家雖「愛無差等」，但必「施由親始」。況愛人之親，「若」愛其親，「若」與「同」差距大矣，何言無別？觀其「愛利吾親」「愛利人之親」（兼愛下）之言，以及「愛利家」「愛利國」「愛利萬民」（尚賢中）之語，亦可以知愛「其親」與「人之親」，判然有別矣。而兼愛下亦有愛利自親始之說，其言曰：「姑嘗本原孝子之爲親度者，吾不識孝子之爲親度者，亦欲人之愛利其親與，意欲人之惡賊其親與？以其說觀之，卽欲人之愛利其親也。」於此，王鳳洲之說，極有見地，其言曰：「兼愛是墨子一生本領，自君臣父子兄弟，以及于民。卽孟子親親而仁民，仁民而愛物也。諦觀立意，自有條理，非若後世之相駁者比也。」（歸有光，文震孟著墨子評點兼愛篇後引）（孟子斥墨氏無父之辨，容另文詳之）。

墨家兼愛之義，並非爲己，亦非爲譽，是純然發自內心而無條件。經上有云：「仁，體愛也。」經說上云：「仁，愛己者非爲用己也，不若愛馬。」墨家借「愛己非爲用己」意，以喻其「愛民非爲用民」，其動機可說至爲純白。大取篇有云：「愛人，非爲譽也。」又云：「知不爲己之利於親也。」又云：「不爲己之可學也，其類在獵走。」

墨子之所以無煖席，無黔突，竭力奔走以利天下者，蓋欲人皆兼愛天下人之親若（若而非同）其親，兼愛天下之家若其家，兼愛天下之國若其國。乃至無盜竊異室，無戕賊人身，以止天下禍篡怨恨之亂也。此不爲己之可學者也，雖則如是，但愛人不外己也。其大取篇云：「欲人之利也，非惡人之愛也。」又云：「愛人不外己，己在所愛之中。己在所愛，愛加於己，倫列之愛己，愛人也。」

墨子之意盡性愛人，卽所以愛己。愛己卽所以愛人。然恐世人不察，誤執「愛己卽愛人」一端，則其害於兼愛之道甚大。故其大取篇又云：「臧之愛己，非爲愛己之人也。厚，不外己，愛，無厚薄。」以謂愛己若卽爲愛人，則不獨不爲愛人，亦且不得謂之愛己也。如此，則可補偏執之弊矣。兼愛中云：「夫愛人者，人亦從而愛之。利人者，人亦從而利之。」卽「愛人不外己」之意也。孟子亦云：「愛人者，人恒愛之。敬人者，人恒敬之。」（離婁篇）意與此同。又兼愛下有云：「大雅之所道曰：『無言而不讎，無德而不報，投我以桃，報之以李』卽此言愛人者，必見愛也。而惡人者，必見惡也。」此旨在說明若眞愛己，則須急於愛人。若人而知行及此，天下禍篡怨恨當無由產生矣。

明乎此，則信乎墨家「愛」之學說極周延，「愛」之境界極高，「愛」之領域極廣，而「愛」之願力極大也。其大取篇又云：「智（知）是世之有盜也，盡愛是世。智是室之有盜也，不盡是室也。智其一人之盜也，不盡是二人。雖其一人之盜，苟不智其所在，盡惡，其弱也。」

明知世之有盜，而盡愛是世之人者，以世盜僅爲人類中甚少部分也。擴而充之，其在一家一室，或一人一身，亦莫不皆然。重在須知盜在人心，應從根本革除之，方爲弭盜止貪之途。至於愛人，其小取篇亦云：「愛人，待周愛人，而後爲愛人。不愛人，不待周不愛人，有失周愛，因爲不愛人矣。」

愛人，必待周愛人者，以不周愛人，不得謂之愛人也。然而不愛人，則不待周不愛人矣。亦卽是不愛一人，亦謂不愛人也。蓋墨家之愛，以全人類爲對象，無地域，無古今，亦無賢愚別也。

墨家之愛人利民精神，不僅有其理論基礎，亦且有其事實根據，嘗徧擧古聖先王以爲之則。其節用中云：「古者明王聖人，所在王天下正諸侯者。彼其愛民謹忠，利民謹厚，忠信相連，又示之以利。是以終身不饜（吳本作厭），歿世不卷（同倦。）。」

愛人利民，固爲明王聖人之所以王天下正諸侯者。然吾人亦須取以爲法，起而行之也。墨子並進而列擧先聖四王，以爲其須行兼愛交利之證。兼愛下有云：「若夫兼相愛，交相利，此自先聖六（四）王者親行之。何知先聖六王之親行之也？子墨子曰：吾非與之並世同時，親聞其聲，見其色也。以其所書於竹帛，鏤於金石，琢於盤盂，傳遺後世，子孫皆知之。」

以下根據禹誓、湯誓、泰誓、周詩之記載。分別就夏禹、商湯、周文、武王四者言之。以爲四王之行，皆同乎墨家之兼愛而爲墨家所取法者也。夏禹之兼，見諸禹誓（大禹謨）：「禹曰：濟濟有衆，咸聽朕言。非惟小子，敢行稱亂。蠢茲有苗，用天之罰。若予既率爾封諸君以征有苗。」（按文見大禹謨及湯誓而字稍異）

墨子於此言曰：「禹之征有苗也，非以求重富貴，干福祿，樂耳目也。以求興天下之利，除天下之害，卽此禹之兼也。」（兼愛下）

商湯之兼，見諸湯誓（書經湯誥）：「湯曰：惟予小子履，敢用玄牡，告于上天后。曰：今天大旱，卽當朕身履，未知得罪于上下。有善不敢蔽，有罪不敢赦，簡在帝心；萬方有罪，卽當朕身。朕身有罪，無及萬方。」

墨子於此言曰：「卽此言湯貴爲天子，富有天下，然且不憚以身爲犧牲，以祠說于上帝鬼神，卽此湯兼也。」（兼愛下）

周文、武王之兼，見諸泰誓及周詩。泰誓：「文王若日若月乍照，光于四方于西土。」（按文見泰誓下而字稍異）

墨子於此言曰：「卽此言文王之兼愛天下之博大也，譬之日月兼照天下之無有私也，卽此文王兼也。」（兼愛下）

周詩：「王道蕩蕩，不偏不黨；王道平平，不黨不偏；其直若夫，其易若底；君子所履，小人所視。」

墨子於此言曰：「若吾言非語道之謂也？古者文武爲正（政），均分，賞賢罰暴，勿有親戚兄弟之所阿，卽此文武兼也。」（兼愛下）

墨家愛人之道，利之亦爲其踐行之方法。如利親爲孝，利人爲義，利君爲忠，利民爲功等皆其例。經上云：「孝，利親也。」經說上云：「孝，以親爲芬，而能能利親，不必得。」言行孝，以利親爲職分（芬），而本身才能能够利親，則盡利之，不必以利有所得而孝也。賈子道術篇云：「子愛利親，謂之孝。」義同墨子。此言「利親」爲孝，是「施由親始」之義也。經上云：「義，利也。」經說上云：「義，志以天下爲芬，而能能利之，不必用。」言行義，以利天下爲職分，而才能能够利天下，則盡利之，不必以有所用而利也。是以「義」爲「利」之本。李漁叔先生云：「吾國前代强盛時，對藩屬諸邦，但期修職責，奉正朔，（有時亦不加督責）絕少有徵收其租稅，干涉其內政者。而於其國內一旦發生變故，則常予支援，極合以義爲利，不加損害於他人之本旨。」（註六）的然有得之言也。經上云：「忠，以爲利而强低（氐）也。」經說上云：「忠，不利弱子，亥（孩），足將入止（正），容（古通頌）。」强氐者，强之使至也。利之所在，犧牲性命亦所不惜，謂之忠。國父嘗曰：「我們做一件事總要始終不渝，做到成功，如果做不成功，就是把性命去犧牲，亦有所不惜，這便是忠。所以古人講忠字，推到極點便是死。」（民族主義第六講）卽是墨子「忠」字本旨之最佳說明。經上云：「功，利民也。」經說上云：「功，不待時，若衣裘。」言凡行利民之事，均得謂之立功。然立功之擧，必如越大夫文種所言「賈人夏則資皮，冬則資絺」（國語越語）之買衣裘然，須不待時而爲之也。蓋墨家師事大禹，以治國救世爲任者也。經上又云：「利，所得而喜也。」經說上云：「利，得是而喜，則是利也；其害也（他），非是也。」其言害，經上有云：「害，所得而惡也。」經說上云：「害，得是而惡，則是害也；其利也（他），非是也。」

人之常情，得利而喜，然利於己而害於人，則非利也。而得害而惡，亦爲人之常情，然損己而有利於人，則君子所當爲而不以爲惡也（曹箋）。是墨家謂利之所在，損己以利人則可，以利己以害人則不可也。

墨家言利，又主張由利親、利人、而利民、利國，不分貴賤貧富，終至世界人類而後止。如言孝親，雖主「施由親始」，但若單利其親，則不得謂孝之至者，必及於孝人之親乃可。其大取篇云：「智（知）親之一利，未爲孝也。亓不至，於智不爲己之利於親也。」卽此之謂也。大取篇又云：「以臧爲親也而利之，非利其親也……以樂爲利其子而爲其子求之，非利其子。」

單爲父母而利之，不得謂眞利其親；單爲其子而求之，亦不得謂眞利其子。定必擴而充之，及於社會人類，始爲利其親而亦利其子也。換言之，卽善利其親與其子者，不獨親其親，亦不獨子其子也。大取篇又云：「聖人不得爲子之事，聖人之法死亡（忘）親，爲天下也。厚親，分也。以死亡（忘）之，體渴興利。」

聖人要上體天心，愛利天下，不得獨爲子之事而但厚其親，親死而薄葬者，所以利天下也。蓋厚其親，固爲人子之本分，然若曠時妄費，則「無補死者，而深害生者」（晏子春秋外下二章），是以節之以汲汲爲天下利也。如言賞譽，亦必及於多數之人。大取篇有云：「爲賞譽利一人，非爲賞譽利人也。不至，無貴於人。」

蓋言賞譽利於一人，不能周徧他人，似非兼利之道也。大取篇又云：「利人也，爲其人也。利富人，非爲其人也，有爲也，以富人……。」

利之目標爲人而非富人。若利之對象爲富人，則非謂利人。蓋「人」則包有富貧貴賤諸別，而「富人」則僅爲「人」之一類也。單利其一類，則利不周延，爲墨家所不許也。是以其「利」之謀求，必以大多數人爲依歸。非攻中有云：「雖四五國則得利焉，猶謂之非行道也，譬若醫之藥人之有病者然。今有醫於此，和合其祝藥之於天下之有病者而藥之，萬人食此。若醫四五人得利焉，猶謂之非行藥也。」

墨家言利，凡合於「義」者謂之。是以其經上有云：「義、利也。」大取篇云：「義、利；不義，害，志功爲辯。」儒家嚴義利之辨，而墨家云「義，利也。」似頗抵牾，實則儒家所謂「君子喻於義，小人喻於利」「放於利而行多怨」「仁義而已矣，何必曰利」「去利懷仁義」之「利」爲私利，而墨家贊同公利，所見正同，況如左傳所云：「義以生利。」「義、利之本也。」「信戴義而行之之謂利。」易文言亦云：「利者義之和也。」「利物足以合義。」「以義利利天下」與墨子之言，若合符節。

義字，墨經從羊弗，不從羊我。其以「墨者以利釋羛，與儒者視義利對立者不同。夫所謂利者，羣之利也，亦己之也；故義字從羣者從我。但羣己之間，常有利害衝突之可能，欲利羣而利己，非立心舍己以利羣不可，故墨子義字常用從羣弗我，作羛者。」（雷雨墨書）。

墨家言利，凡利多於害者謂之。如言攻戰，可謂害大於利，是以非之。並云：「大國之攻小國，譬猶童子之爲馬也，童子之爲馬，足用而勞。」（耕柱篇）非攻下謂攻戰之事，爲不利於人而厚害天下，言之極爲痛切。茲錄之以覘一斑，其言曰：「今不嘗觀其說好攻伐之國？若使中興師，君子庶人也，必且數千，徒倍十萬，然後足以師而動矣。久者數歲，速者數月。是上不暇聽治，士不暇治官府，農夫不暇稼穡，婦人不暇紡績織紝，則是國家失卒而百姓易務也。然而又與其車馬之罷弊也，幔幕帷蓋，三軍之用，甲兵之備，五分而得其一，則猶爲序疏矣。然而又與其散亡道路，道路遼遠，糧食不繼傺，食飲之時，廁役以此，飢寒凍餒疾病，而轉死溝壑中者，不可勝計也。此其爲不利於人也，天下之害厚矣。而王公大人，樂而行之，則此樂賊滅天下之萬民也，豈不悖哉？」（非攻下）

墨子又常云：「仁之事者，以務興天下之利，除天下之害，將以法乎天下，利乎人卽爲，不利於人卽止。」按其一生，確然以此爲立身行事之則，凡利於人者，莫不赴湯蹈火，竭盡心力爲之，卽爲之犧牲一切，亦所不顧也。

墨子一生高擧「興利除害」之纛，奔走各地，瘁力而爲。觀墨子書各篇之記載，「興利除害」之言，迭加用之可知也。今試爲翻檢統計，幾無篇無之：兼愛中云：「仁人之所以爲事者，必興天下之利，除天下之害，以此爲事者也。」兼愛下云：「仁人之事者，必務求興天下之利，除天下之害。」又云：「仁人之事者，必務求興天下之利，除天下之害。」又云：「禹之征有苗也，非以求重富貴，干福祿，樂耳目也，以求興天下之利，除天下之害，卽此禹之兼也。」非攻下云：「是故子墨子曰：今且天下之王公大人士君子，中情將欲求興天下之利，除天下之害……」節葬下云：「且（是）故興天下之利，除天下之害。」明鬼下云：「是故子墨子曰：今天下之王公大人士君子，實將欲求興天下之利，除天下之害。」又云：「是故子墨子曰：今天下之王公大人士君子，中實將欲求興天下之利，除天下之害。」非樂上云：「仁之事者，必務求興天下之利，除天下之害，將以爲法乎天下，利人乎卽爲，不利人乎卽止。」又云：「………以求興天下之利，除天下之害，而無補也。」又云：「子墨子曰：今天下士君子，請將欲求興天下之利，除天下之害，當在樂之爲物，將不可不將禁而止也。」非命下云：「是故子墨子言曰：今天下之士君子，中實將欲求興天下之利，除天下之害，當若有命者之言，不可不强非也。」

綜上觀之，或言「今天下之王公大人士君子」「今天下之士君子」，或言「仁人之事」，而其下繼之有用「必務求」或「必」者，有用「以求」者，亦有用「中情將欲求」或「實將欲求」「中實將欲求」者，更有用「請將欲求」者。各篇著錄之文句雖小有差異，然「興天下之利，除天下之害」之言，則無二致。茲爲醒目計，另以表粗略統計於后：

篇名	兼愛中	兼愛上	非攻下	節葬下	明鬼下	非樂下	非命下	合計
興天下之利除天下之害	1	3	1	1	2	3	1	12

除上述之外，類此之言尚多。如大取篇云：「凡興利除害也，其類在漏雍（甕）。」非儒篇更指出「興天下之利」爲君子之道，其言曰：「夫一道術學業仁義也，大以治人，小以任官。遠施周徧，近以脩身。不義不處，非理不行，務興天下之利。曲直周旋，不利則止，

此君子之道也。」又云：「言聽於君必利人。」

二千三百年後之今日，施政者，仍以『興利除害』為鵠的，可見墨子之遠見。「陳主席為省民興利除害」(註七)為省議會第七次大會對陳大慶之總評。其言曰：「凡是大多數人民利益所在，他一定興辦，凡是行政弊端所在，不管陳陳相因了多少年，他一定革除」。並列舉其要項，為「徹底改進農地重劃」「林政革新歲入驟增」「針砭稅風責成改進」「大力減用戶口謄本」「接見民衆探求民隱」。

復次，「遵循利民」，見於天志中者三次。「興利多矣」見於節用上者二次。「諸加費不加民利者，聖王弗為」，見於節用中者三次。「便利萬民」見尚同中。「萬民被其大利」見非命上。「萬民之大利也」為兼愛下之結言。「天下之大利也」乃節用上之尾詞。而「上利天，中利鬼，下利民」之語，見諸各篇約十餘次之多。是知墨子對「利民」之舉，特加重視之。耕柱篇有云：「而和氏之璧……不可以利人，非天下之良寶也。……所為貴良寶者，可以利民也。」可以「利民」方可謂「良寶」，可概見其「利民」之要矣。

「夫聖人之心，日夜不忘於欲利人」，(淮南修務訓)正是墨家存心之寫照。墨家為利天下，不惜摩頂放踵。而大取篇之「斷指與斷腕，利於天下，相若無擇也，死生利若，一無擇也。」尤足表露墨家之利人精神。

墨子多「愛」「利」兼言，務使人達乎「兼相愛」「交相利」之境。如尸子所言「夫愛民且利也，愛而不利，則非慈母之德也。」義與此相彷彿。

墨子非但主張積極的愛利人民，而且消極的制裁不愛利人者。呂覽去私篇載有一則故事云：「腹䵍，爲墨者鉅子，居秦，其子殺人。秦惠王曰：先生之年長矣，非有他子也，寡人已令吏勿誅，先生之以此聽寡人也。腹䵍對曰：墨者之法，殺人者死，傷人者刑，此所以禁殺傷人也。禁殺傷人，天下之大義也。王雖爲之賜，命令勿誅，腹䵍不可不行墨者之法。不許惠王，而遂殺之。」

復因其「愛利人民」，所以極重賞罰。經上有云：「賞，上報下之功也」。（經說上同）「罰，上報下之罪也。」（經說同上）：又云：「功，利民也。」經說上云：「功，不待時若衣裘。」「罪，犯禁也。」經說上云：「罪不在禁，惟害無罪，殆姑（辜）。」並其證。

墨家愛利之精神，確已至乎極者也。然則猶恐不及目的，乃再叚「天」以助之，若天志上云：「順天意者，兼相愛，交相利，必得賞；反天意者，別相惡，交相賊，必得罰。」法儀篇亦云：「愛人利人者，天必福之；惡人賊人者，天必禍之。」天志上又云：「我有天志，譬如輪人之有規，匠人之有矩，輪匠執其規矩，以度天下之方圜，曰：中者是也，不中者非也。」例不勝舉。觀乎此，吾人能不有所感發而興起者乎？

註釋

註一：並見民族主義第六講及吳毓江墨子校註附錄四引。

註二：李漁叔墨辯新註卷四頁二二一。

註三：梁啓超墨子學案第三章頁一三。

註四：曹耀湘墨子箋。譚戒甫墨辯發微下經校釋第四頁二〇四引。

註五：張純一墨子集解卷十一頁五一七。

註六：墨辯新註卷一頁五四。

註七：民國六十年七月二十四日中央日報第三版。

（原載學園雜誌第八卷第七、八兩期）

五、墨家平等互助之精神

墨子生於封建意識仍濃，階級觀念殊深之春秋戰國，而有「平等」之主張，富「平等」之精神，可見其超人之識見與夫深遠之目光矣。吾人試先爲探究前修於墨子之評述，以見一斑。再爲管窺墨子之書，以明全豹。則墨家平等互助之精神，當可昭然見於世也。

今則請先觀前修之詳述：荀子天論有云：「墨子有見於齊，無見於畸。」荀子之「齊」，卽「平等」之意。墨子兼愛，尚同之說，是其「見齊」之例也。荀子非十二子篇又云：「不知壹天下，建國家之權稱。上功用，大節約，而僈差等，曾不足以容辨異，縣君臣。然而其持之有故，其言之成理，足以欺惑愚衆，是墨翟宋鈃也。」荀子之「僈差等」與墨經上言「禮」條經說上「僈焉等異」，二「僈」義同。兩者均訓「無」義，廣雅云：「曼無也。」僈與曼通。是以王念孫釋之曰：「曼差等，卽無差等，作僈者，借字耳。」揚倞訓「僈」爲「輕」。

謂「僈，輕也，輕僈差等，謂欲使君臣上下同勞苦也。」揚氏注「曾不足以容辨異，縣君臣」句又云：「上下同等，則其中不容分別，而懸隔君臣也。」其訓釋稍異於高郵王氏，而其義之無主「差等」，應無二致。荀子富國篇又云：「墨子大有天下，小有一國，將蹙然衣麤食惡，憂戚而非樂，若是則瘠，瘠則不足欲，不足欲則賞不行。墨子大有天下，小有一國，將少人徒，省官職，上功勞苦，與百姓均事業，齊功勞，若是則不威，不威則罰不行。賞不行，則賢者不可得而進也；罰不行，則不肖者不可得而退也。賢者不可得而進也，不肖者不可得而退也，則能不能不可得而官也，若是則萬物失宜，事變失應。」荀子之「與百姓均事業，齊功勞」正是前述「僈差等」之意，其具何等之平等精神，於此可見矣。沈剛伯先生謂「荀子中駁斥墨家學說之處甚多，而他自己重要的政治主張，反受其影響而不自覺。」（註一）此或可用以解釋荀子斥駁墨子，而反足據之以爲有力闡發墨學之論證也。

次再考察墨子之書，其平等之精神，見諸其天志，兼愛、法儀各篇。墨子以爲國無大小，人無貴賤，皆爲天所有，天對待之，亦平等無差。其法儀篇有云：今天下無大小國，皆天之邑也，人無幼長、貴賤，皆天之臣也。」而一國之中，君臣之間，必上惠下忠；家族之內，父子之間，亦必上慈下孝。其天志中云：「君臣上下惠忠，父子兄弟慈孝。」設若不然，則天下禍亂作矣。兼愛上有云：「臣子之不孝君父，所謂亂也。雖父之不慈子，兄之不慈弟，君之不慈臣，此亦天下之所謂亂也。」

墨家主張法天，因天對人兼而愛之，兼而利之，於於墨子亦無條件同乎天而主兼愛。因主兼愛，所以視人類爲一體並犧牲自己，爲利天下。是以於政治方面，處處充滿着平等自由之精神，處處重視民治。墨經上云：「君，臣萌（同氓）通約也。」此種民約論，與法國盧梭之民約論，如出一轍。墨子於二千三百年前竟有此論，的然卓識。而尚同上言君與臣民通約之事甚詳。曰：「古者民始生，未有刑政之時……天下之亂，若禽獸然。夫明乎天下之所以亂者，生於無政（當爲正）長，是故選擇天下之賢可者立，以爲天子。天子旣已立，以其力爲未足，又選擇天下之賢可者，置立之以爲三公。天下三公旣以（通已）立，以天下爲博大，遠國異土之民，是非利害之辯，不可一一而明知，故晝分萬國，立諸國君。諸侯旣已立，以其力爲未足，又選擇其國之賢可者，置立之以爲正長。」

可知各級正長，皆由民選，（註二）而設天子，立諸侯，亦全然爲天下人民謀福，不爲私利打算。尙賢下亦有此類言辭。曰：「故古者聖王之爲政，列德而尚賢，雖在農與工肆之人，有能則擧之，高予之爵，重予之祿，任之以事，斷予之令。曰：爵位不高，則民不敬，蓄祿不厚，則民不信，政令不斷，則民不畏。擧三者授之賢者，非爲賢賜也，欲其事之成。」

在用人惟賢之原則下，雖在農或工肆之人，有能便擧用之。而所以高其爵，重其祿，斷其令，亦非爲賢賜，乃欲其事之成。此隱然有「官爲人民公僕」之意，亦「官爲人民服務」之意也。繼之墨子於同篇又云：「故當是時，以德就列，以官服事，以勞殿賞，量功而分祿。故官無常貴，民無終賤，有能則擧之，無能則下之。」

「官無常貴，民無終賤」二語，不僅有文辭之形式美，音節美，而其意義內涵，更是何等深遠，何等偉大？又是含有多大之鼓勵作用？而「平等」之精神，亦躍然紙上矣。尚賢中亦有同其義之文字載述，其言曰：「故古者聖王，甚尊尚賢而任使能，不黨父兄，不偏富貴，不變顏色，賢者擧而上之，富而貴之，以爲官長；不肖者抑而廢之，貧而賤之，以爲徒役。」全係民主平等口吻之言也。

不特此也，尚同中亦謂天之爲人作之王公大人，作之卿大夫師長，非爲使其生活佚泰，而是使其治理國事，爲萬民興利除害也。其言曰：「夫建國設都，乃作后王君公，否（非也）用泰（奢也）也。輕（當爲卿）大夫師長，否用佚也。維辯使治天均（辯，分也，謂分授以職，使治天均）。」則此語古者上帝鬼神之建國設都立正長也，非高其爵，厚其祿，富貴游佚而錯之也，將以爲萬民興利除害，富貧衆寡，安危治亂也。」

其影響所及，愼子亦作如是言。其威德篇云：「古者立天子而貴者，非以利一人也。曰天下無以貴，則理無由通，理通以爲天下也。故立天子以爲天下，非立天下以爲天子也。立國君以爲國，非立國以爲君也。立官長以爲官，非立官以爲官長也。」其義與墨子之言略同。至南北朝之魏代，李蕭遠作運命論亦言「古之王者，蓋以一人治天下，不以天下奉一人也。」此論以今日觀之，仍可爲治人者之借鑑。

從「忠」之一字，亦可見墨家之平等精神。古人言「忠」，除左桓六年傳「上思利民忠也。」論語學而「爲人謀而不忠乎？」少數情形特殊外，率多指人臣之對君主言，似「忠」亦爲用於君主之專有名詞。不若今日之「忠」，可移之於任何對象。人可言「忠」，事亦可言「忠」，人之中或爲領袖，或爲百姓均無不可也。而墨子講「忠」一則謂臣於君應盡「忠」，如「君臣相愛則惠忠」（兼愛中）是也；再則謂君於臣亦可盡「忠」，如「古者明王聖人，所以王天下諸侯者，彼以其愛民謹忠」（節用中）是也。

墨子主人而「平等」之外，為求實現其理想之樂利社會，亦極欲人與人之間相互助之。主張「有餘力以相勞，有餘財以相分」（尚同上）。實在，「餘力相勞」卽是禮運篇所謂「力惡其不出於身也，不必為己」；「餘財相分」卽是該篇所謂「貨惡其棄於地也，不必藏於己」之意。

是以於魯問篇，墨子嘗謂吳慮曰：「子之所謂義者，亦有力以勞人，有財以分人乎？」於同篇中，甚且再藉鬼神之助，以成其說。於其弟子曹公子出宋而反後，謂之曰：「天鬼神之所欲於人者，多欲人之處高爵祿，則以讓賢也，多財則以分貧也。」於天志中又曾藉天之助云：「天之意……欲人之有力相勞，有道相敎，有財相分也。」甚而强調之曰：「據財不能以分人者，不足為友」（修身篇）而墨家對墨者，亦須相為招待之，其耕柱篇有云：「子墨子游耕柱子於楚，二三子過之，食之三升，客之不厚。二三子復於子墨子曰：耕柱子處楚無益矣。」

墨家此種互助精神，實為吾人今日建立一種互助進化論之一大助力。（註三）墨子尙賢下亦嘗言互助之道云：「有力者疾以助人，有財者勉以分人，有道者勸以敎人。若此則飢者得食，寒者得衣，亂者得治，此安生生。」

不僅互助可飢者食，寒者衣，亂者治。亦且使老而無妻子者得養終其壽，幼而無父母者放依長其身。兼愛下有云：「今吾將正求與天下之利而取之，以兼為正，是以聰耳明目，相與視聽乎？是以股肱畢强，相為動宰（擧）乎？而有道肆相敎誨。是以老而無妻子者，有所持養以終其壽，幼弱孤童之無父母者，有所放依以長其身。」

互助之用大矣。人而相助，乃可以使其見聞遠，而德音博撫，而謀度速得，進而可舉事速成。尚同中有云：「夫唯使人之耳目，助己視聽；使人之吻，助己言談；使人之心，助己思慮；使人之股肱，助己動作。助之視聽者衆，則其所聞見者遠矣。助之言談者衆，則其德音之所撫循者博矣。助之思慮者衆，則其謀度速得矣。助之動作者衆，卽其舉事速成矣。」

墨子主人而平等，故倡人而相助，二者相輔相成。因而此一平等互助之精神，貫乎人羣之間。所以墨子非但以爲人與人之間，相與互助，以達交利兼愛之社會。而國與國之際，渠亦冀其和平互助而共存。其非攻下云：「今若有能信効，先利天下諸侯者。大國之不義也，則同憂之。大國之攻小國也，則同救之。小國城郭之不全也，必使修之。布粟乏絕則委之。幣帛不足則共之。以此効大國，則大國之君說。以此効小國，（以上十一字校增）則小國之君說。」

羣書治要引尸子貴言篇云：「益天下以財爲仁，勞天下以力則義。」據此，則「財相益」「力相勞」之事，卽「仁義」之行。換言之，卽互助之舉，乃「仁義」之事也。人而言行居仁由義，則墨家精神之正大可知矣。

註釋

註一：見沈剛伯先生「儒墨之爭的平議」一文。載食貨月刊復刊第二卷，第十期。

註二：梁啓超、王桐齡、陳顧遠、嚴靈峯、張鐵君五氏均主天子係由人民選立。說見梁著子墨子學說頁三八。墨子學案頁二八，先秦政治思想史頁一二七。王著儒墨之異同第四章第一節頁五八至六一。及陳著墨子政治哲學第四章頁四二。嚴著墨子簡編第五章第六節頁三九至四十。張著三民主義與墨子學說第三節頁三。而陳啓天、李紹崑、蕭公權、高葆光四氏則以爲民選之說不可信。說見陳著中國政治哲學概論第五章頁一四六。李著墨子研究頁五六。及蕭著中國政治思想史第四章頁一三五—一三六。高著墨學概論頁三五至三六。余則以爲民選之解爲是，蓋版本之異，訓釋之別，固不論矣。即以「天」言，則墨子以「天」爲統一天下之工具，以「天」爲推行其學說之手段者也。詳見墨子天論。

註三：周世輔「由中國哲學之起源演進與重建談到中華文化復興」一文有云：「我們中國哲學可自管子孟子墨子等的互助主義，中山先生的社會互助論（人類互助論）建立一種互助的進化論。」載中華文化復興月刊第四卷第六期。

（原載建設雜誌第二十四卷第四期）

六、墨家知其不可爲而爲之精神

孔墨同抱救世之忱，同懷治人之念（註一），栖栖皇皇，席不暇煖，教授生徒，輔導諸侯，以達其「安人」之目的。二千年來，此種流風善韻，影響所及，實難數計矣。

墨子之學說雖未若孔子之宏博精一，其影響雖未若孔子之深遠廣大，然其知其不可爲而爲之精神，則與孔氏同然具之。墨家之所以嘗擁有太多之信仰羣衆，墨家之所以聲望嘗有陵駕儒上之勢，其思想學說固因屬針時弊以立言者，然其精神之促現，亦爲其主因也。

孔子之知其不可爲之精神，原見諸魯之賢而隱於抱關者之稱言。論語記其事云：「子路

宿石門，晨門曰：奚自？子路曰：自孔氏。曰：是知其不可爲而爲之者與。」（憲問第十四）

孔子此種精神之證例多矣。擇要言之，如論語憲問篇有因微生畝之問，而言其所以棲棲遑遑不安居者，蓋以疾事固陋，而欲行道以化之。其言曰：「微生畝謂孔子曰：丘，何爲是栖栖者與？無乃爲佞乎？孔子曰：非敢爲佞也，疾固也。」又如於論語微子篇因長沮桀溺避世之論，而謂天下無道，欲以道易之。其言曰：「鳥獸不可與同羣，吾非斯人之徒與而誰與？天下有道，丘不與易也。」他如孔子於論語陽貨篇所云：「如有用我者，吾其爲東周乎？」以及「吾豈匏瓜也哉，焉能繫而不食？」之語，均意欲不擇地而治，不擇地而興周室也。由是觀之，孔子治人之心之切，行道之心之重，昭然大白。而孔子知其不可爲而爲之精神於焉見之矣。

墨子亦如孔子之知其不可爲而爲之，雖則「滔滔者天下皆是也。」（論語微子篇）雖則公孟子亦嘗譏其「偏從人而說之，何其勞也。」（墨子公孟篇）然而墨子仍然到處宣揚其學說，倡導其主張，以使社會復歸於正，世人免於陷溺也。不止墨子本人如是，其墨者亦莫不如是。莊子天下篇嘗評墨者宋鈃（註二）云：「周行天下，上下說教，雖天下不取，强聒不舍也。」此語實與同篇稱道墨子之言，同其內涵，亦同其不朽。天下篇又云：「墨子眞天下之好也，將求之不得也，雖枯槁不舍」也。「强聒不舍」「枯槁不舍」，是何等感人之知其不可爲而爲之精神。無怪孫夏峯謂「知其不可爲而爲之，聖人也」（註三）

戰國之時，乃擾攘之秋。當此時也，爲義者少而求善者亦寡。墨子有鑒於此，乃有「强說」「强爲」之擧，務期使人而行善爲義。公孟篇有云：「今求善者寡，不强說人，人莫之知也。」並取譬以云：「且有二生，於此善筮，一行爲人筮者，一處而不出者，行爲人筮者，與處而不出者，其糈孰多？公孟子曰：行為人筮者，其糈多。子墨子曰：仁義鈞，行說人者，其功善亦多，何故不行說人也。」又云：「夫義天下之大器也，何以視人，必強爲之。」

當公孟子以「君子恭己以待」，應「問焉則言，不問焉則止。譬如鍾然，扣則鳴，不扣則不鳴」詰問時，墨子乃有「不扣必鳴」之辯。並反斥之云：「言有三物焉」，而公孟子僅「知其一耳」。且進而以云「不扣必鳴」之道。其言曰：「若大人擧不義之異行，雖得大巧之經，可行於軍旅之事，欲攻伐無罪之國，有之也，君得之，則必用之矣。以廣辟土地，著（當作藉）稅僞（當爲賂）材，出必見辱，所攻者不利，而攻者亦不利，是兩不利也。若此者，雖不扣必鳴者也。」

爲挽救世運，爲移風易俗，墨子明知於事無大補益，亦必孜孜矻矻，竭力赴之。其於巫馬子之對言，尤昭然若揭。耕柱篇有云：「巫馬子謂子墨子曰：子兼愛天下，未云利也；我不愛天下，未云賊也，功皆未至，子何獨自是而非我哉？子墨子曰：今有燎者於此，一人奉水將灌之，一人摻火將益之，功皆未至，子何貴於二人？巫馬之曰：我是彼奉水者之意，而非夫摻火者之意。子墨子曰：吾亦是吾意，而非子之意也。」

有失火者，一人將灌之以水，一人將益之以火，二者卽或均於火之滅也無助，然以水灌之，終爲人所當行，亦爲人所贊許者，墨子之言，正此意也。貴義篇又有反駁其故人勸止其爲義之論，其言曰：「子墨子自魯卽齊，過故人，謂子墨子曰：今天下莫爲義，子獨自苦而為義，子不若已。子墨子曰：今有人於此，有子十人，一人耕九人處，見耕者不可以不益急矣。何故？則食者衆而耕者寡也。今天下莫為義，則子如勸我者也，何故止我？」

此種行義雖受阻難勸止，亦不舍棄之事實，正是墨家知其不可為而為之精神有以致之。另則故事，亦同乎前例。如耕柱篇云：「巫馬子謂子墨子曰：子之為義也，人不見而助（舊作耶按寶曆本作助），鬼不見而富（福），而子為之，有狂疾！子墨子曰：今使子有二臣於此，其一人者，見子從事，不見子則不從事；其一人者見子亦從事，不見子亦從事，子誰貴於此二人？巫馬子曰：我貴其見我亦從事，不見我亦從事者。子墨子曰：然則是子亦貴有狂疾也。」凡此，俱見墨子知其不可為而為之精神也。

注釋

註一：韓昌黎全集卷十一頁二〇九有云：儒墨同是堯舜，同非桀紂，同修身正心，以治天下國家，奚不相悅如是哉？余以為辯生於末學，各務售其師之說，非二師之道本然也。孔子必用墨子，墨子必用孔子，不相用，不足為孔墨。」章太炎先生亦云：「孔子所言，與墨子相同者五」（國學略說頁一七六）。

註二：宋鈃即宋牼或亦即宋榮子。莊子逍遙遊云：「宋榮子舉世而譽之而不加勸，舉世而非之而不加沮。」亦見其知其不可為而為之精神。按韓非子顯學篇有云：「宋榮子之議，設不鬭爭，取不隨仇，不羞囹圄，見侮不辱。」意與宋鈃說同。（莊子天下篇）且荀子韓非子之注亦疑之。錢穆先生又疑料子或即宋子。見先秦諸子繫年卷三頁三七四至三七八。

註三：孫夏峰四書近指云：「不知不可為而為之，愚人也；知其不可為而不為，賢人也；知其不可為而為之，聖人也。」

（原載建設雜誌第二十一卷第十二期）

七、墨家犧牲奮鬪之精神

犧牲奮鬪之精神，爲墨者所必具。不惟墨子於「止楚攻宋」中，有冒險與公輸般對陣之舉，於楚王面前有「雖殺臣，不能絕也」之陳詞。卽其弟子亦能見危授命，視死如歸。如禽滑釐等三百人持械爲守宋城，亦莫非爲此一精神所驅使。而淮南子泰族訓有：「墨子，服役百八十人，皆可使赴火，蹈刄，死不旋踵。」之言，陸賈新語亦有「墨子之門多勇士」之說。凡此，均足見墨家可敬之犧牲奮鬪精神。

墨家爲保持自己之信譽，爲使求嚴師、賢友、良臣必於墨者，爲行義繼業，乃有孟勝等百八十餘人之犧牲小我而完成大我，確切踐行了「生命的意義在創造宇宙繼起之生命」的人生軌範。其言曰：「墨者鉅子孟勝，善荆之陽城君。陽城君令守於國，毁璜以爲符。約曰：符合聽之。荆王薨，羣臣攻吳起，兵於喪所，陽城君與焉，荆罪之，陽城君走。荆收其國，孟勝曰：受人之國，與之有符。今不見符，而力不能禁，不能死，不可。其弟子徐弱諫孟勝曰：死而有益陽城君，死之可矣。無益也，而絕墨者於世，不可。孟勝曰：不然，吾於陽城君也，非師則友也，非友則臣也。不死，自今以來，求嚴師必不於墨者矣，求賢友必不於墨者矣，求良臣必不於墨者矣。死之，所以行墨者之義，而繼其業者也。我將屬鉅子於宋之田襄子，田襄子賢者也，何患墨者之絕世也。徐弱曰：若夫子之言，弱請先死以除路，還歿頭前於孟勝，因使二人傳鉅子於田襄子。孟勝死，弟子死之者，百八十三人，以致令於田襄子，欲反死孟勝於荆。田襄子止之曰：孟子已傳鉅子於我矣，不聽，遂反死之。」（呂氏春秋上德篇）

孫詒讓有云：「彼勤生薄死，以赴天下之急，而姓名澌滅與草木同盡者，殆不知凡幾，嗚呼，悕矣。」（註一）太虛法師亦云墨子「抱甕傾甃，焦頭爛額，力救生民焚膚之急。」誠哉斯言也。

墨家犧牲奮鬥之精神，隨處可見，隨時亦可見。凡所親聆墨子教誨者，率多有此精神。或以墨子直以犧牲爲教義而然。魯問篇卽有因其子學於墨子而殉道戰死之事，其言曰：「魯人有因子墨子而學其子者，其子戰而死。其父讓子墨子，子墨子曰：子學子之子，今學成矣，戰而死，而子慍；而（當作是）猶欲糶、糴（當作糶）讎（同售）則慍也，豈不費哉？」

人精神之源，在於康健之身體。若體之不壯，則力無以生，神亦無以出，而其事業亦無以成也。是以其大取篇有云：「聖人惡疾病，不惡危難，正體不動。」所謂「正體不動」者，卽管子內業篇「心意定而天下聽，四體既正，血氣既靜，一心摶意，耳目不淫，雖遠若近」之意也。

其實，墨子不僅消極以「惡疾病」，而更積極以保身健體。其節用中有云：「古者聖王制爲飲食之法曰：足以充虛繼氣，强股肱，耳目聰明則止。」蓋以「耳目不聰明，手足不勁强，不可用也」。

體壯神旺之後，進而尚武以自强，犧牲而奮鬥。是以於節用中又云：「古者聖人爲猛禽狡獸暴人害民，於是敎民以兵行，日帶劍，爲刺則入，擊則斷，旁擊而不折。」人民臻於此，而後方可進而以言舍己爲羣，以弭兵禍也。經上有云：「任，士損己而益所爲也。」經說上解此條云：「任，爲身之所惡，以成人之所急。」李漁叔先生謂「損己」卽「身之所惡」，「益所爲」卽「成人之所急」是也。（註二）魯大東謂「此爲墨子實行救世主義之根本精神也。損己者，身之所惡也，益所爲者，成人之所急也。故其事果足以益人，則雖因此損及己身，亦必樂意爲之。」（註三）李魯二氏咸深於此條經義者矣。

能損己利人，自可無畏而犧牲，「勇」於是乎生焉。墨經上有言「勇」一條，申述敢與不敢之道。謂義之所在，雖死不懼，否則不輕言犧牲，徒逞匹夫之勇也。其經上云：「勇，志之所以敢也。」經說上云：「勇，以其敢於是也，命之；不以其不敢於彼也，害之。」雷雨釋此條經義云：「勇者，敢之一部份也；敢者無所而畏，勇者無所不敢。」（註四）李漁叔先生亦爲之解云：「經說就勇敢之義，作二說以申之，其意若曰：凡義之所在，雖赴湯蹈火，亦所不辭，此誠可命之爲勇矣。至暴虎憑河之事，不肯冒然爲之，於勇何害？」並擧例以證之曰：「如藺相如之庭叱秦王而屈之廉頗，韓信之力抗項羽而俛於胯下，卽敢與不敢之註釋，亦勇之本義也。」二氏之註，均得墨子之本義。而論語「勇者不懼」之言，亦同此之一義也。其大取篇亦云：「斷指與斷腕，利於天下，相若無擇也，死生利若，一無擇也」。呂覽淮南亦有似此之言，呂氏春秋知分篇云：「達乎死生之分，則利害存亡弗能惑矣。」「淮南子俶眞訓云：「生不足以使之，利何足以動之，死不足以禁之，害何足以恐之。」蓋人能徹悟死生之道，則性命何由惜也。是以其大取篇又云：「殺一人以存天下，非殺一人以利天下也，殺己以存天下，是殺己以利天下」。

墨家於「己」「人」之分，極爲重視。於己，則損己愛人，摩頂放踵，以利天下爲之。(註六) 於人，則以「殺人之爲利人也薄矣」(非攻下）而主殺一不辜而存天下，不爲也。

他若墨子之「阻齊伐魯」「止楚攻鄭」行動，咸爲「不愛其軀，赴士之厄困。」(史記游俠列傳序）具犧牲奮鬬精神之最佳說明。而此一精神之影響國人者，實至深而且鉅也。革命志士張繼曾云：「先烈赴湯蹈火之行，及捨己救人之志，出於墨子任俠一派者多。」(註七) 梁任公亦云：「墨教之根本義，在肯犧牲自己。墨經曰『任，士損己而益所爲也。』經說釋之曰：『任，爲身之所惡，以成人之所急。』墨子之以言教以身教者，皆是道也。」

梁任公繼之闡釋墨家之犧牲奮鬬精神，並進而申言其影響云：「夫所謂『摩頂至踵利天下』者，質言之，則損己以利他而已。利億萬人固利他，利一二人亦利他，汎愛無擇固利他，專註於其所親亦利他也。已與他之利不可得兼時，當置他於第一位而置己於第二位，是之謂『損已而益所爲』，是之謂墨道。今之匹夫匹婦，曷嘗誦墨子書，曷嘗知有墨子其人者，然而不知不識之中，其精神乃與墨子深相懸契。其在他國，豈曰無之，然在彼則爲畸行，在我則爲庸德。嗚呼！我國民其念之。此庸德者非他，乃墨翟，禽滑釐，孟勝，田襄子諸聖哲，濺百年之心力以蒔其種於我先民之心識中，積久而成爲國民性之一要素焉。我族能繼繼繩繩與天地長久，未始不賴是也。」(註八)

梁啓超以爲「我族之能繼繼繩繩與天地長久」，實賴墨學、墨道、墨家精神之影響世道人心，有以致之。吳錫澤先生亦贊賞墨家精神，直是天地正氣，民族寶光。其言曰：「這種偉大的犧牲精神，直是天地的正氣，民族的寶光。我們中華民國數千年來，忠臣烈士，史不絕書，許多都是深受墨家精神感召所致。此種精神已深入全民族的心坎，滲入每一個人的血液中，而形成我們民族的主要精神；故不獨忠臣烈士，能視死如歸，即一般沒有知識的人民，在日常生活上，無形中也常常有這種精神流露著。」(註九)

王昌祉以為墨子不僅有其犧牲奮鬪之精神，不惜犧牲，向前奮進，而且極具為領袖之資格。其言曰：「墨子之性格，顯然和孔子不同。墨子喜歡活動，積極進取，情感激烈，意志剛强，望準目標向前奮鬪，不怕苦幹，不惜犧牲，甚且喜歡冒險，大膽嘗試，有靈活之雙手，有科學之頭腦，更有雄辯之天才，吸引人之能力，做領袖之資格。」(註十)凡此，俱見墨家一度勢大之所以然也。

註釋

註一：孫詒讓墨子閒詁墨子後語上，頁二二。

註二：李漁叔墨辯新詮卷一頁六六。

註三：魯大東墨辯新註頁六。李紹崑墨子研究頁一一四引。

註四：雷雨墨書頁四四。李紹崑墨子研究頁一一一引。

註五：李漁叔墨辯新註卷一頁六七。

註六：語見孟子告子下。按摩頂放踵之義有二：一為截髮禿頭，穿鞋放脚之意。錢賓四先生云：「孟子盡心篇，墨子兼愛，摩頂放踵利天下爲之，趙岐注：摩頂，摩突其頂。荀子非相篇：孫叔敖突禿。楊倞注：突謂短髮可凌突人者。焦循孟子正義說突禿聲轉，突卽禿，趙氏以突明摩，謂摩迫其頂髮爲之禿。今按摩頂卽今言禿頭。古有髡罪，翦髮服役，墨家爲要便於作苦，不惜摩頂截髮近似髡奴，不暇講究冠髮之禮，故爲孟子所譏斥。放踵也是失禮之事，莊子上說，墨子以跂蹻爲服。史記孟嘗君傳，孟嘗君躡屩而見馮煖，屩蹻同字，是一種輕便無底的鞋子。當時只私下穿著，孟嘗君急於見客，躡蹻而出，這是有失禮貌的。墨家爲便於作事行走，故截髮禿頂，穿鞋放脚，弄得如刑徒奴役一樣，自頂至踵無不失禮。孟子是主張以禮援天下的，故說墨子摩頂放踵利天下爲之，是譏斥墨子的話。」（據吳毓江墨子姓氏地年世考引。詳見錢著先秦諸子繫年考辨卷二頁九六，「孟子墨子摩頂放踵利天下爲之解」）。二爲糜爛而死之謂也。陳澧云：「孟子所謂摩頂放踵，摩，猶糜也，謂糜爛也。劉孝標廣絕交論云：『皆願摩頂至踵，隳膽抽腸。』江文通詣建平王上書云，『剖心摩頂，以報所天。』任彥昇奏彈曹景宗云：『自頂至踵，功歸造化，潤草塗原，豈獲自己。』皆用孟子語也，皆糜爛而死之謂也。」（東塾讀書記卷十二、二〇五頁）。按其二義之解，咸言損于己者重而自爲者輕之謂也。如墨子大取篇所謂「斷指與斷腕，利于天下，相若無擇也」之意與此近同。

註七：張溥泉全集頁一三一。

註八：梁啓超墨子學案頁三至四，第二自序。

註九：吳錫澤中國學術思想論叢頁一六八。

註十：王昌祉諸子的我見第八章頁一四九。

（原載建設雜誌第二十四卷第一期）

八、墨家革新創造之精神

「革新」與「創造」，爲一體之兩面，二者實相須以生，相輔而成。蓋有「革新」之念，而後方可言「創造」，能「創造」而後乃有「革新」之實也。是以墨子倡「革新」，而駁公孟子「君子必古言服，然後仁。」之言，謂「仁或不仁」「不在古服古言」，且其法周而未法夏，是其古亦非古者。其言曰：「公孟子曰：君子必古言服，然後仁。子墨子曰：昔者商王紂，卿士費仲，爲天下之暴人。箕子微子，爲天下之聖人。此同言而或仁或不仁也。周公旦爲天下之聖人。關（管）叔爲天下之暴人，此同服或仁或不仁也。然則不在古服與古言矣。且子法周而未法夏也，子之古非古也。」（公孟篇）

墨子以爲人之進化，乃代有所作，代有所新。絕不同意儒者「君子必古言服然後仁」之論。（註一）蓋「古」字界說難言，所謂「古」「新」，實比較得之耳。而今之所謂「古」，亦即古之所謂「新」也。是以墨家並不唯「古」是尚，而是於述古之原則下惟「新」是求。即「革新」之謂也。其非儒篇有云：「儒者曰：君子必古服言，然後仁。應之曰：所謂古之服言者，皆嘗新矣。而古人服之言之，則非君子也。然則必法非君子之服，言非君子之言，而後仁乎？又曰：君子循（廣雅釋言循述也）而不作。應之曰：古者羿作弓，伃作甲，奚仲作車，巧垂作舟，然則今之鮑函車匠皆君子也；而羿、伃、奚仲、巧垂皆小人邪？且其所循（述），人必或作之，然則其所循（述），皆小人之道也。」據是以觀，墨子對「君子述而不作」之見，深不以爲然。蓋一則古之人，代有所作者夥矣。二則「且其所循，人必或作之」。換言之，即所述之事，其始必有作之之人也。

總之，墨子欲『善之益多』，主張述古以創新，即「創造」之謂也。故雖不欲如孔子之雖大有所作而謙言「述而不作」（註二），亦不主如老子所云「不敢爲天下先」也。耕柱篇有云：「公孟子曰：君子不作，述而已。子墨子曰：不然。人之甚不君子者，古之善者不述，今之善者不作。其次不君子者，古之善者不述，已有善則作之，欲善之自己出也。今述而不作，是無所異於不好述而作者矣。吾以爲古之善者則述之，今之善者則作之，欲善之益多也。」（註三）

於「創造」之事，墨子以爲應當仁不讓，絕不可事事讓之而不求改進。並以釀酒爲例。經下有云：「無不讓也，不可，說在讓。」經說下云：「無讓者，酒未讓，始也不可讓也。」吳毓江謂「未讓之讓借爲釀。說文曰：釀、醞也。作酒曰釀。」並進而詳爲之釋云：「事實有讓，亦有不讓者，如事之創始，卽不必讓之也。就近取譬，如酒若人皆讓，則酒亦無由釀造。蓋發明造酒之人，決不可讓也。知乎此，則無不讓也之不可明矣。」（墨子校註）

是以吾人試爲考查墨子一生，其於創造之論，革新之擧多矣。若見人之不相愛而禍亂由作，乃有「兼愛交利」之創論；見政之世官世祿而乏賢臣良相，乃有「尙賢」使能之主張；覩人之相信宿命而怠於從事，乃有「非命」恃力之建說；感於人之過度奢靡而無以養生，乃有「節用」「節葬」「非樂」之立言；懔於人之「尙文」而社會虛僞，乃有「背周道而用夏政」革新之擧。無怪梁啓超以爲墨學之所以鼎盛，其因有八，就中以「革除舊社會，改造新社會」爲墨子思想總根源之論（註四）今請分別觀之：

一、兼愛交利之創論：墨子察知社會禍亂之源，爲起不相愛。其言曰：「聖人以治天下爲事者也，不可不察亂之所自起。當（嘗）察亂何自起，起不相愛，臣子之不孝君父，所謂亂也；子自愛不愛父，故虧父而自利。弟自愛不愛兄，故虧兄而自利。臣自愛不愛君，故虧君而自利。此所謂亂也。雖父之不慈子，兄之不慈弟，君之不慈臣，此亦天下之所謂亂也；父自愛也不愛子，故虧子而自利。兄自愛也不愛弟，故虧弟而自利。君自愛也不愛臣，故虧臣而自利，是何也？皆起不相愛。雖至天下之爲盜賊者亦然，盜愛其室不愛異室，故竊異室以利其室。賊愛其身不愛人，故賊人以利其身，此何也？皆起不相愛。雖至大夫之相亂家，諸侯之相攻國者亦然，大夫各愛其家不愛異家，故亂異家以利其家。諸侯各愛其國不愛異國，故攻異國以利其國，天下之亂物也，具此而已矣。察此何自起，皆起不相愛。」(兼愛上)

是以救之以「兼相愛，交相利」。其言曰：「凡天下禍簒怨恨，其所以起者，以不相愛生也。是以仁(一本作行)者非之，既已非之，何以易之？子墨子言曰：以兼相愛交相利之法易之。然則兼相愛交相利之法，將奈何哉？子墨子曰：視人之國若視其國，視人之家若視其家，視人之身若視其身。是故諸侯相愛則不野戰，家主相愛則不相簒，人與人相愛則不相賊，君臣相愛則惠忠，父子相愛則慈孝，兄弟相愛則和調，天下之人皆相愛，强不執弱，衆不劫寡，富不侮貧，貴不敖賤，詐不欺愚，凡天下禍簒怨恨，可使勿起者，此相愛生也。是以仁者譽之。」(兼愛中)

二、尚賢使能之主張：墨子鑒於「今王公大人，其所富、其所貴、皆王公大人骨肉之親，無故富貴，面目美好者也。」(尙賢下)此無異使不智慧者治國任事，其國必亂，其事難成也。其言曰：「夫無故富貴，面目佼好，則使之，豈必智且有慧哉！若使之治國家，則此使不智慧者治國家也，國家之亂，既可得而知矣。」(尙賢中)

是以墨子濟之以「尙賢使能」，絕不以貴賤分等級。其言曰：「國有賢良之士衆，則國家之治厚，賢良之士寡，則國家之治薄。故大人之務，將在於衆賢而已。………故古者聖王之爲政，列德而尚賢，雖在農與工肆之人，有能則擧之，高予之爵，重予之祿，任之以事，斷予之令……故當是時，以德就列，以官服事，以勞殿賞，量功而分祿。故官無常貴，而民無終賤，有能則擧之，無能則下之。」（尚賢上）又云：「故古者聖王甚尊尚賢而任使能，不黨父兄，不偏富貴，不嬖顏色，賢者擧而上之，富而貴之，以爲官長。不肖者抑而廢之，貧而賤之，以爲徒役。是以民皆勸其賞，畏其罰，相率而爲賢者，以賢者衆而不肖者寡，此謂進賢。然後聖人聽其言，迹其行，察其所能而愼予官，此所謂事（與使同）能。」（尚賢中）

沈剛伯先生於此嘗極爲推揚之，其言曰：「墨子以「尚賢」爲爲政之本，而絕不言及親親，眞是深明治亂之理，洞悉人物之情，而具有澈底反封建之改革精神了。」（註五）

三、非命恃力之建說：墨子嘗於非儒下篇引述強執有命者以說議曰：「壽夭貧富，安危治亂，固有天命，不可損益。窮達賞罰，幸否有極，人之知（智）力，不能爲焉。」而認爲「羣吏信之，則怠於分職。庶人信之，則怠於從事。吏不治則亂，農事緩則貧，貧且亂，政之本。」（疑政上有背字）又言宿命論之爲害云：「今雖（通唯）無（語詞）在乎王公大人，蕢（藉之誤）信有命而致行之，則必怠乎聽獄治政矣，卿大人必怠乎治官府矣，農夫必怠乎耕稼樹藝矣，婦人必怠乎紡績織紝矣。王公大人怠乎聽獄治政，卿大夫怠乎治官府，我以爲天下必亂矣。農夫怠乎耕稼樹藝，婦人怠乎紡績織紝，則我以爲天下衣食之財用將不足矣。」（非命下）

是以墨子建「非命」恃力之說。以爲安危治亂，不在天命，而在自强。其言曰：「昔桀之所亂，湯治之，紂之所亂，武王治之。當此之時，世不渝而民不易，上變政而民改俗。存乎桀紂，而天下亂，存乎湯武，而天下治。天下之治也，湯武之力也。天下之亂也，桀紂之罪也。若以此觀之，夫安危治亂，存乎上之爲政也。則夫豈可謂有命哉？故昔者禹湯文武，方爲政乎天下之時，曰：必使飢者得食，寒者得衣，勞者得息，亂者得治，遂得光譽令問（聞）於天下，夫豈可以爲命哉？故以爲其力也。當今賢良之人，尊賢而好功道術，故上得其王公大人之賞，下得其萬民之譽，遂得光譽令問（聞）於天下，亦豈以爲其命哉？又以爲其力也。」（非命下）於是墨子結論云：「命者，暴王所作，窮人所術（通述），非仁者之言也。」（非命下）

方授楚於此嘗言墨子倡新非命論之功云：「二千年來，墨學既微。儒家有命說之外，更益以道家之有命說，並輸入印度佛教之有命說，流於中國之社會，遂致中其毒而各安天命，不知進取，以呈暮氣沉沉之現象，而不易振拔；安得如墨子其人者，倡新非命論，以廓清此種病態哉！」（註六）的然有見地之言。

四、節用、節葬、非樂之立言：墨子目覩王公大人「厚作斂於百姓，暴奪民衣食之財」，以爲錦衣玉食，廈屋飾車。（見辭過篇）而又「以其極賞以賜無功；虛其府庫，以備車馬衣裘奇怪；苦其役徒，以治宮室觀樂。死又厚爲棺椁，多爲衣裘，生時治台榭，死又修墳墓。故民苦於外，府庫單（通殫）於內，上不厭其樂，下不堪其苦。」（七患篇）況乎當時「民有三患，飢者不得食，寒者不得衣，勞者不得息，三者民之巨患也。然卽當爲之撞巨鍾，擊鳴鼓，彈琴瑟，吹竽笙而揚干戚，民衣食之財，將安可得乎？」（非樂上）

是以墨子倡節用、節葬、非樂而救之。主「國家去其無用之費」。以爲「去無用之費，聖王之道，天下之大利也。」（節用上）本諸「諸加費不加于民利者，聖王弗爲。」之原則，分別託古制爲節用、飲食、衣服、節葬、爲車、宮室之法。並痛言爲樂之非，以挽救奢風，杜絕侈習。如其託古以言聖王制爲節用之法曰：「凡天下羣百工，輪車韗鞄，陶冶梓匠，使各從事其所能，曰：凡足以奉給民用則止。」（節用中）如其託古以言聖王制爲飲食之法，曰：「足以充虛繼氣，强股肱，耳目聰明則止。」（節用中），如其託古以言聖王制爲衣服之法，曰「冬服紺緅之衣，輕且暖，夏服絺綌之衣，輕且凊則止。」（節用中）如其託古以言聖王制爲節葬之法，曰：「衣三領，足以朽肉。棺三寸，走以朽骸，掘穴深不通於泉，流不發洩則止。」（節用中）如其託古以言聖王制爲車之法，曰：「車爲服重致遠，乘之則安，引之則利。安以不傷人，利以速至，此車之利也。」（節用中）如其託古以言聖王制爲宮室之法，曰：「其旁可以圉風寒，上可以圉雪霜雨露，其中蠲潔，可以祭祀，宮牆足以爲男女之別則止。」（節用中）（註七）及其非樂篇力言「爲樂非也」之理，（詳墨子非樂思想平議）咸爲針時弊以立言，解除民患之道也。

五、背周道而用夏政之舉：淮南王劉安謂「墨子學儒者之業，受孔子之術，以爲其禮煩擾而不說，厚葬靡財而貧民，久服傷生而害事，故背周道而用夏政。」（淮南要略）劉安漢人，雖去墨子之世未遠，究非墨子所自道，且墨子書中亦未嘗言及。故有淸汪中謂「墨子者，蓋學焉而自爲其道者也。故其節葬曰：古聖王制爲葬埋之法。」又謂「子墨子制爲葬埋之法，則謂墨子自制者是也。」而近人亦謂「墨子以前無墨學」，「其學上無師承，由墨翟首創。」(註八)雖然，惟墨子魯人(註九)，卽未嘗直接「學儒者之業，受孔子之術」，亦或私淑之，不然亦必耳濡目見受其感染也。而其不滿於儒者之言，亦見諸墨子非儒下篇，二者辭或不同，義則一也。非儒下評儒者云：「夫繁飾禮樂以淫人，久喪僞哀以謾親，立命緩貧而高佚居，倍本棄事而怠傲。貪於飲食，惰於作物，陷於飢寒，危於凍餒，無以違之……。」墨子所非之「儒」，容或陋儒，然社會有此情況，則應爲事實也。且儒者之「厚葬靡財」史乘斑然可考，人所共知。而春秋之世，孔子已有「先進於禮樂，野人也；後進於禮樂，君子也，如用之，則吾從先進。」(論語先進)之言，以及「喪與其易也，寧戚」(論語八佾)之語。此必孔子有所見而言之。逮乎戰國，自是每下愈況矣。

是以墨子背周之文而行夏之質，針對上述實況而所有革新創造，並非全然背「周道」而用「夏政」也。其中要者，厥爲喪葬之法。墨子援用禹之葬法「死於陵者葬於陵，死於澤者葬於澤，桐棺三寸，制喪三日(或作月。)」(後漢書註引尸子)而言禹死「葬會稽之山，衣衾三領，桐棺三寸，葛以緘之，絞之不合，通之不埳。土地之深，下毋及泉，上毋通臭。既葬收餘壤其上，壟若參耕之畝，則止矣。」(節葬下)並託古以言聖王制爲葬埋之法凡兩見。一見節葬下，其言曰：「棺三寸，足以朽體。衣衾三領，足以覆惡。以及其葬也，下毋及泉，上毋通臭，壟若參耕之畝，則止矣。」一見節用中，其言曰：「衣三領，足以朽肉。棺三寸，足以朽骸。掘穴深不通於泉，流不發洩，則止。」終而墨子自制爲葬埋之法，曰：「棺三寸，足以朽骨。衣三領，足以朽肉。掘地之深，下無菹漏，氣無發洩於上。壟足以期其所，則止矣。」(節葬下)墨子託古之言，與其自制之葬法雖小異而大同，然據此亦見其革新創造之苦心。此較之厚葬者「棺槨必重，葬埋必厚，衣衾必多，文繡必繁，丘隴必巨。存乎匹夫賤人死者，殆竭家室；存乎諸侯死者，虛府庫，然後金玉珠璣比乎身，綸組節約，車馬藏乎壙，又必多爲屋幕，鼎鼓几梴壺濫戈劍羽旄齒革，寢而埋之，而後滿意，送死者若徙。曰天子諸侯殺殉，衆者數百，寡者數十。將軍大夫殺殉，衆者數十，寡者數人。」（節葬下）改革多矣。沈剛伯先生亦以爲此擧「絲毫不違乎孝道，而大可矯陋儒之偏，革世俗之弊。」（註十）茲僅言此節葬一端，其餘槪可想見矣。

墨子之所以極具革新創造之精神，實以其「破」「立」兼具之主張有以致之。絕不可徒「破」而無「立」。彼嘗言「非人者，必有以易之。若非人而無以易之，譬之猶以水救火也（一本作以火救水。按俞樾疑墨子原文，本作猶以水救水，以火救火也甚是。）。其說將必無可焉。」（兼愛下）李紹崑亦嘗云：「墨子的創造精神，在三方面有着很顯著的表現：第一、在神學方面，他寫下了天志明鬼等篇，而草創了中國古代的基本神學。（參見墨子天論）第二、（在哲學方面，他編著了經，經說，以及大小取等六篇，而變成了中國思辯哲學與科學的始祖。（參見墨子科學觀）。第三、在應用科學方面，他又口述了備城門以下諸篇，而一開營造守禦的先河。」（參見墨子科學觀）（註十一）因而綜觀墨子之一生，不惟多創造之說，革新之論，亦多創造之實，革新之果也。

註　釋

註一：太虛大師全書頁四三三於墨子平議有云：「散陋之儒，大都言古服。」（應作古言服）是知墨子所非，當指此類陋儒之言行。

註二：屈萬里先生據甲文金文及詩書易諸書，以證「仁」「忠」之說爲孔子所獨創。是知孔子「述而不作」之言，實其謙詞。屈氏之論，見孔孟月刊第十卷第十二期。

註三：本段文字之「述」舊作「術」或作「訹」亦或作「遂」，分據畢、蘇、孫諸氏校改。「甚」「之」二字亦然。見墨子集解卷十一頁五六三。

註四：梁啓超墨子學案第一章第二節頁三。

註五：沈剛伯先生儒墨之爭的平議。食貨月刊復刊第二卷第十期。

註六：方授楚墨學源流上卷第五章頁一〇一。

註七：所引宮室、衣服、飲食、爲車、節葬之法，皆「節用中」文。至辭過篇所言宮室、衣服、飲食、舟車之法及節葬下所言葬埋之法，均與此大同小異，故從略。

註八：近人多謂之言，見方授楚墨學源流上卷第五章第一節頁七三，及徐文珊先秦諸子導讀第五章第三節頁一一三。

註九：墨子籍貫、葛洪、楊倞、林寶等以爲宋人；畢沅、武億等，以爲楚人；宋成堉以爲齊人；胡懷琛、衞聚賢等，以爲印度人；金祖同、陳盛良等，以爲阿拉伯人。諸說已由孫詒讓、梁啓超、方授楚、蔣伯潛、李紹崑斥爲無稽，而魯人之說，爲近世治墨者之所首肯也。

註十：同註五。

註十一：李紹崑墨子研究頁六八。

（原載建設雜誌第二十二卷第七期）

九、墨家力行實踐之精神

墨子平日戒空言之「蕩口」而貴「實行」。主卽或「言」之，亦須「時然後言」也。貴義篇有云：「言足以遷行者，常之，不足以遷行者，勿常；不足以遷行而常之，是蕩口也。」而耕柱篇亦有類似之語。其言曰：「言足以復行者，常之，不足以舉行者，勿常；不足以舉行而常之，是蕩口也。」蓋謂若不可行而空言之，是徒蔽其口也。而當其徒禽滑釐問以「多言有益乎？」之時，墨子則答曰：「蝦蟆蛙黽日夜而鳴，舌乾擗然而人不聽之。今鶴鷄時夜而鳴，天下振動，多言何益，唯其言之時也。」（太平御覽言語部引墨子佚文，見墨子閒話，墨子後語上。）

至「止楚攻宋」之舉，亦可見其力行實踐之重視。梁任公於此嘗曰：「這一段故事，把墨子深厚的同情，彌深的精力，堅强的意志，活潑的機變，豐富的技能都表現出來，細讀可以見實行家的面目。」（註一）李紹崑亦云：「墨子是個言行合一的實行家，他既這樣講，也必這樣做。你看他所著墨書五十三篇，就是這樣分配的：經上下，經說上下，以及大小取等篇，是他談辯的題材。而兼愛，天志等二十篇，則是他說書的講稿。至於備城門以下，都是他從事的藍本了。談辯是思想的陶冶，說書是主義的宣傳，從事是實力的運用……。」（註二）梁李二氏均謂墨子爲實行家，正是以其具有力行實踐精神之故。

墨子又嘗敎其弟子云：「嘿（同默）則思，言則誨，動則事，使三者代御，必爲聖人。」又云：「手、足、口、鼻耳、從事於義，必爲聖人。」（貴義篇）是不論其爲手、足、爲口、鼻、耳皆從事之，亦不問其默，其言，其動，絕不空泛無鵠的。而從事「義」之業，要在各盡其心力，然後事必有成也。其耕柱篇有云：「子墨子曰：譬若築牆然，能築者築，能實壤者實壤，能欣(同掀)者欣，然後牆事成也。爲義亦猶是也，能談辯者談辯，能說書者說書，能從事者從事，然後義事成也。」

墨家尚義，爲「興天下之利」，爲「急救世人」，栖栖皇皇，自任以天下之重。終日不問收穫，但求耕耘。雖孤危寡與，親故莫助，亦不爲所動，不爲所改，仍鍥而不舍以行之。其貴義篇有云：「子墨子自魯卽齊，遇故人。謂子墨子曰：今天下莫爲義，子獨自苦而爲義，子不若已！子墨子曰：今有人於此，有子十人，一人耕九人處，則耕者不可以不益急矣！何故？則食者衆而耕者寡也。今天下莫爲義，則子如(訓宜)勸我者也！何故止我？」

耕柱篇亦有極生動之刻畫，其言曰：「巫馬子謂子墨子曰：子之爲義也，人不見而助(舊作耶，按寶曆本作助)，鬼不見而富(當作福)，(註三)而子爲之，有狂疾。子墨子曰：今使子有二臣於此，其一人者見子從事，不見子則(同卽)不從事；其一人者見子從事，不見子亦從事。子誰貴於此二人？巫馬子曰：我貴其見我從事，不見我亦從事者。子墨子曰：然則，是子亦貴有狂疾也。」是墨子之力行實踐，並非「見子從事，不見子卽不從事」，而是「見子從事，不見子亦從事」者也。

爲了兼愛天下，墨子苦口婆心，到處說教，雖爲人譏諷勸止，亦不稍懈。並進而予以說服之。公孟篇有云：「公孟子謂子墨子曰：實爲善，人孰不知？譬若良玉(當作巫)，處而不出，有餘糈；譬若美女，處而不出，人爭求之。行而自衒，人莫之取也。今子徧從人而說之，何其勞也？子墨子曰：今夫世亂，求美女者衆，美女雖不出，人多求之。今求善者寡，不強說人，人莫之知也。且有二生，於此善筮，一行爲人筮者，一處而不出者。行爲人筮者，與處而不出者，其糈孰多？公孟子曰：行爲人筮者，其糈多。子墨子曰：仁義鈞，行說人者，其功善亦多。何故不行說人也。」

魯問篇亦有類似之記載，其言曰：「吳慮謂子墨子曰：義耳，義耳，焉用言之哉？子墨子曰：籍設而天下不知耕，教人耕，與不教人耕而獨耕者，其功孰多？吳慮曰，教人耕者，其功多。子墨子曰：籍設而攻不義之國，鼓而使衆進戰，與不鼓而使衆進戰而獨進戰者，其功孰多？吳慮曰：鼓而進衆者，其功多。子墨子曰：天下匹夫徒步之士，少知義，而教天下以爲義者，功亦多。何故弗言也？若得鼓而進於義，則吾義豈不益進哉！」是知墨子力行實踐之精神。乃堅定信仰，專持不二之必然條件矣。

墨家以爲眞知識，不僅言之，尤在行之。經下有云：「知其所以不知，說在以名取。」經說下解之曰：「說智，雜所智與所不智而問之，則必曰：是所智也，是所不智也，取去俱能之，是兩智之也。」蓋名者，謂人於事物能名之，即知也。取者，取捨也，即行也。意謂凡人於事能知之，又能行之，乃謂眞知也。若知而未能行，則是未知。未知者，雜所知與所不知而問之，必不能分別取捨也。墨家非只言「行」重於「知」，且行之必鞠躬盡瘁而後乃止。如經下所云：「且然，不可正，（與止通）而不害用工，說在宜。」經說下爲之解云：「說且，且猶是也，且然必然，且已必已，且用工而後已者，必用工而後已。」謂將然必然，將止必止，然必人努力以從事之。文中充滿自信，亦表露其自強不息之旨意。

不特此也，墨家以爲力行實踐精神之得以普遍影響人類，其首要之途，厥爲在上者，率先倡行之。是以非儒下有云：「敎行下必於上」。此亦孔子「己身不正，雖令不從，己身正，不令而行」之謂也，蓋「上有好者，下必有甚焉」，上行下效，古今同然。墨經上有云：「令，不爲所作也。」經說下解云：「所令非身弗行。」此亦禮記緇衣所云：「下之事上也，不從其所令從其所行」之意。李漁叔先生註云：「一令既出，則必以身爲之倡，否則其令不行。」（註四）是也。

在公孟篇尚有一則告子論爲政應言行合一之對話，謂「政者口言之，身必行之」，始能治國政也。其言曰：「告子謂墨子曰：我（能）治國爲政。子墨子曰：政者口言之，身必行之。今子口言之，而身不行，是子之身亂也。子不能治子之身，惡能治國政。」

若人謂兼愛太難，不易行之之時，墨子則答以「特上弗以爲政，士不以爲行故也。」（兼愛中）任何事只要去「行」，當可理想實現。渠又於兼愛下云：「苟有上說之者，勸之以賞譽，威之以刑罰。我以爲人之於就兼相愛交相利也，譬之猶火之就上，水之就下也。不可防止於天下。故兼者聖王之道也，王公大人之所以安也，萬民衣食之所以足也。故君子莫若審兼而務行之。」其兼愛中亦云：「子墨子言曰：「天下之士君子，特不識其利，辯其害故也。今若夫攻城野戰，殺身爲名，此天下百姓之所皆難也。若君說之，則士衆能爲之。況於兼相愛，交相利，則於此異。夫愛人者，人必從而愛之；利人者，人必從而利之；惡人者，人必從而惡之；害人者，人必從而害之。此何難之有？特上弗以爲政，士不以爲行故也。」「攻城野戰，殺身爲名」，此天下人所難者，然其君主苟能悅而行之，則其民也亦必從而樂爲之矣！細言之，其愛人利人，抑惡人害人，亦如是也。爲此，墨子並以史例爲證。他先以晉文公之好惡衣爲例曰：「昔者，晉文公好士之惡衣。故文公之臣，皆牂羊之裘，韋以帶劍，練帛之冠，入以見於君，出以踐於朝，是其故何也？君說之，故臣能爲之也。」(兼愛中)

次以楚靈王之好細腰爲例曰：「昔者，楚靈王好士細要（腰）。故靈王之臣，皆以一飯爲節，脇息然後帶，扶牆然後起。比期年，朝有黧黑之色，是其何故也？君說之，故臣能爲之也。」(兼愛中)

再者以越王勾踐之好勇爲例曰：「昔越王勾踐好士之勇，教馴其臣。和合之，焚舟失火，試其士曰：越國之寶盡在此。越王親自鼓其士而進之。士聞鼓音，破碎（萃）亂行，蹈火而死者，左右百人有餘。越王擊金而退之。是其何故也？君說之，故臣能爲之也。」(兼愛中)

此皆所以言「君說之，故臣能爲之」，以證兼愛之行，乃在上位者之所當行而無可推委也。

墨家尙力行之事實與理論，墨書中證例屢見。其經上有云：「行，爲也。」經說上云：「行，所爲不善名，行也。所爲善名，巧也。若爲盜。」

蓋見義勇爲，不好名譽，是眞行也。莊子有「爲善勿名」之言，管子有「釣名之人，無賢士焉」之語。凡好名而爲，非謂眞行，乃沽名釣譽之輩，取巧之徒也。修身篇云：「名不徒生，譽不自長，功成名遂，名譽不可虛假，反之身者也。」又云：「名不可簡而成也，譽不可巧而立也，君子以身戴行者也。」耕柱篇云：「爲善非避毀就譽。」是墨家主張「行」以「爲」爲本，故不虛僞巧飾也。

修身篇又言：「君子戰雖有陳，勇爲本焉。喪雖有禮，而哀爲本焉。士雖有學，而行爲本焉。」士之學以「行」爲本，可見墨家對「行」之重視。蓋學所以成「行」，方能弘道濟世也。苟「行」之不立，徒「學」何所益也。

墨子於力行實踐方面，重「行」之外，亦復重「爲」。蓋「行」與「爲」，二者實二而一，一而二者也。經上有云：「爲：存、亡、易、蕩、治、化。」經說上云：「爲：早（孫云早疑爲甲）台、存也。病、亡也。買鬻，易也。霄（畢云霄與消同）盡、蕩也。順長，治也。買（孫云買疑爲鼃）化也。」

墨家主實用，重人爲，以爲天下萬物舉凡存、亡、易、蕩、治、化皆人爲之，非出諸自然也。李漁叔先生釋此條云：「本條言「爲」之義有六：甲台以成爲極，乃以存爲「爲」；治病以愈爲極，乃以亡爲「爲」；買賣以交換爲極，乃以易爲「爲」，消耗以罄盡爲極，乃以蕩爲「爲」，順民而長養之，乃以治爲「爲」；鼃鼠相爲變易，乃以化爲「爲」也。」（註五）是無往而不見有人爲措施於其間也。

墨經中有論「爲」三條，茲分別就其意義，起因，結果三項言之。經上云：「爲：窮知而（畢云同懸）縣於欲也。」經說上云：「爲：欲⿰養隹（孫云疑爲斮）其指，智不知其害，是智之罪也。若智之愼之也，無遺於其害也。而猶欲⿰養隹之而離之，是猶食脯也；騷（同燥）之利害未可知也，欲而（通以）騷，是不以所疑止所欲也。廧（同牆）外之利害未可知也，趨而得刀（王闓運疑爲利）則弗趨也，是以所疑止所欲也。觀「爲，窮知而縣於欲」之理，雖脯而非恕也，雖指而非愚也，所爲與所不爲相疑也，非謀也。」

此言「爲」之義也；縣同懸，遠隔也，窮，盡極也。云「爲」當盡其智力而絕其所欲，必依放「知」之所謀慮而從事，不可任所「欲」爲也。（註六）墨子貴義篇「必去喜，去怒，去樂，去悲，去惡，而用仁義」之意略同。李漁叔先生云：「蓋本條大旨，乃論人之行爲，如爲外物所誘，繫心於欲，則智有時而窮。」（註七）

「說」之言：㈠謂斫指本有害。若不知其害而爲之，是智之罪也。故行爲當盡其智力。若智既周密謀慮，周知其害，而猶欲斫其指，是則「欲」之罪矣！與知無罪也。㈡以正反二喻中其理，脯謂肉之曝燥而成者也。食脯本有利，若不知其利害而燥之，是不以所疑而止其所欲。牆外本有利，若以不知其利害而勿趨，是以所疑而止其所欲。㈢爲總結云：此二者苟繩之以「爲，窮知而縣於欲」之理：雖燥脯而得利，然未周知其利，不得謂之智也；雖斫指而受害，然此情欲使然，與智無涉，不得謂之愚也。至於食脯因燥而得利，牆外弗趨而失利，一則以欲勝疑，一則以疑勝欲，任所欲而得利，去所欲而失利，似若智力之不爲據矣。然細究之，其所以爲而得利，其所以不爲而失利，乃相疑之罪，非謀慮之過也。苟能周密謀慮，詳察其利害，則食脯必燥，牆外亦必趨。」（註八）經上又云：「使：謂故。」經說上云：「使：令謂，謂也，不必成。濕，故也。必待所爲之成也。」

此言「爲」之因也。「使」之涵義有二：一爲「謂」，一爲「故」。經說別以「令」與「濕」二字詮之，蓋令與謂之義相符。廣雅：「謂，指也。指而告之。」濕與故之義相符。

說文：「故，使爲之也。」本經第一條：「故所得而後成也。」墨家最重此「故」字，謂爲構成一切事物之因素，有之則然，無之則必不然，前文見之成見，與本條濕之成濕，理事一揆，皆所謂故也。凡使令之事，僅僅指而告之，未必能成，故曰：令，謂也，不必成。至所謂故者，則衆緣輳會，其趨赴事功，如水之流濕然，一號令之，而成功可必，故曰：必待所爲之成也。」（註九）經上又云：「已：成，亡。」經說上云：「已：爲衣，成也。治病，亡也。」

此言「爲」之果也。「已」，說文：「事後曰已」。通訓定聲云：「已，象子在包中形，引申爲止，猶息也。」是「已」有結果之意也。「已」字蓋有二義：一曰成，一曰亡。經說以二喻明之，言爲衣以工成而止，治病以疾瘳而止。（註十）此外，墨子於「行」之方法，亦講求之，所以其尚賢中有云：「既曰若法未知所以行之術，則事猶若未成。」

墨子因注重身體力行，故極力反對徒託空言。渠以爲若空言仁而不行仁，猶如瞽者知白馬，而不能取白馬也。其貴義篇有云：「子墨子曰：今瞽曰，鉅（兪云當作豈）者白也，黔者黑也，雖明目者無以易之。兼白黑使瞽取焉，不能知也。故我曰：瞽不知白黑者，非以其名也，以其取也。今天下之君子之名仁也，雖禹湯無以易之，兼仁與不仁，而使天下之君子取焉，不能知也。故我曰：天下之君子不知仁者，非以其名也，亦以其取也。」

是以墨子深恐「以文害用」，因而又極輕視語言文字之過度修飾，及無補於實用之言論。韓非子外儲說左上云：「楚王謂田鳩曰：『墨子者，顯學也。其身體則可，其言多而不辯，何也？』曰『昔秦伯嫁其女於晉公子，令晉爲之飾妝，從文衣之媵七十人。至晉，晉人愛其妾，而賤公女。此可謂善嫁妾，而未可謂善嫁女也。楚人有賣其珠於鄭者。爲木蘭之櫃，薰以桂椒，綴以珠玉，飾以玫瑰，輯以羽翠，鄭人買其櫝而還其珠。此可謂善賣櫝矣，未可謂善鬻珠也。今世之談也，皆道辯說文辭之言，人主覽其文而忘其用。墨子之說，傳先王之道，論聖人之言，以宣告人。若辯其辭，則恐人懷其文而忘其用，直以文害用也。此與楚人鬻珠，秦伯嫁女同類，故其言多不辯。』」

方授楚註釋上文云：「所謂『不辯』即『不文』。故曰『若辯其辭，則恐人懷其文，且以文害用也』，蓋文字樸僿，而無修辭之功也。『其言多』者，則字句繁衍而不簡要，是也。」（註十一）

墨子惟力行，以爲個人窮通，禍福，壽夭，國家安危，治亂，不在天命而在人爲。所以否定「宿命」之說，其非命三篇言之甚詳。如云：「昔桀之亂，湯治之，紂之亂，武王治之。當此之時，世不渝而民不易，上變政而民改俗。存乎紂桀，而天下亂，存乎湯武，而天下治。天下之治也，湯武之力也，天下之亂也，桀紂之罪也。若以此觀之，夫安危治亂，存乎上之爲政也，則夫豈可謂有命哉？故昔者禹湯文武，方爲政乎天下之時，曰：必使飢者得食，寒者得衣，勞者得息，亂者得治，遂得光譽令問（聞）於天下。夫豈可以爲命哉？故以爲其力也。今賢良之人，尊賢而好功道術，故上得其王公大人之賞，下得萬民之譽，遂得光譽令問（聞）於天下，亦豈以爲其命哉？又以爲力也。」（非命下）

貴義篇亦有一則墨子重實踐力行之故事。其言曰：「子墨子北之齊，遇日者，日者曰：帝以今日殺黑龍於北方，而先生之色黑，不可以北，子墨子不聽遂北。至淄水不遂，而返焉。日者曰：我謀先生不可以北，子墨子曰：南之人，不得北，北之人，不得南，其色有黑者，有白者，何故皆不遂也？且帝以甲乙殺青龍於東方，以丙丁殺赤龍於南方，以庚辛殺白龍於西方，以壬癸殺黑龍於北方，若因子之言，則是禁天下之行者也，是圍（通違）心而虛天下也，子之言不可用也。」

從上述各節觀之，梁任公稱墨子爲「千古的大實行家」。李紹崑道墨子爲「言行合一的實行家」之言，信不誣也。而曹耀湘所謂：「墨子長於行，儒者見於文，行利於一時，文傳於後世。」實乃中肯之論（註十二）而周世輔先生主重建新哲學所謂「可自禹墨的勤勞苦行……完成一種力行主義的人生觀。」（註十三）亦屬允當之言。至江瑔所謂「墨家之學，重力行，任勞苦，獨任天下之難，枯槁其身而不惜，其言實踐爲諸家之最。」尤獲我心者也。

註釋

註一：梁啓超墨子學案，第六章頁三三。

註二：李紹崑墨子研究頁一〇。

註三：張純一墨子集解卷十一頁五五七云：「疑福古或寫作畐，形近而譌。近年發現南粤王忽墓，內有圭銘，受畐無疆可證。

註四：李漁叔墨辯新註卷一頁六六。

註五：李漁叔墨辯新註卷二頁一一六。

註 六：楊寬墨經哲學從事論第九頁一五九。
註 七：墨辯新註卷二頁一〇六。
註 八：墨經哲學從事論第九頁一六〇至一六一。
註 九：墨辯新註卷二頁一〇八。
註 十：墨辯新註卷二頁一〇七。
註十一：方授楚墨學源流第三章頁四五。
註十二：曹耀湘墨子箋。墨學源流上卷第七章頁一三〇引。
註十三：周世輔先生「由中國哲學之起源演進與重建談到中華文化復興」一文，載中華文化復興月刊四卷六期。
註十四：江瑔讀子卮言卷一第四章頁四十。

（原載建設雜誌第二十二卷第十期）

十、墨家和平濟世之精神

墨家和平濟世之精神，不僅深為國人所樂道，亦且為英理雅格所稱揚者也。（註一）就其內容言之，可謂極其廣泛。然最要者，則為奔走於諸侯間之弭兵活動。渠等到處呼籲，國與國勿相攻伐，家與家勿相凌奪。並以實際力量遏止「列強」侵略之殘酷行徑。而暇時或著立說，獻諸時君，期收「上行」之功；或率徒用衆，宣達主張，俾獲「下行」之效。要之，終其生未嘗一日稍懈於此。可謂理論基礎之建立，及實際止戰之活動，佔有墨子畢生泰半時力也。至理論之基礎，可得而言者有二：一為兼愛，一為非攻。前者為其積極之主張，後者實其消極之卓見，今試詳之於后：

在兼愛方面：墨子以爲世人之所以互相侵凌者，純以「不相愛生也」。是以兼愛中篇有云：「今諸侯獨知愛其國，不愛人之國，是以不憚擧其國，以攻人之國。今家主獨知愛其家，而不愛人之家，是以不憚擧其家，以篡人之家。今人獨知愛其身，不愛人之身，是以不憚擧其身，以賊人之身。是故諸侯不相愛，則必野戰。家主不相愛，則必相篡。人與人不相愛，則必相賊。君臣不相愛，則不惠忠。父子不相愛，則不慈孝。兄弟不相愛，則不調和。天下之人，皆不相愛，强必執弱，富必侮貧，貴必敖賤，詐必欺愚。凡天下禍篡怨恨，其所以起者，以不相愛生也。」

兼愛上，下兩篇亦有類似之記載，雖文辭有異，而意旨則同，不具引。

對此攻國，篡家，賊人之侵凌，及不惠忠，不慈孝，不調和之亂源，與夫執、侮、敖、欺之情事，欲有所救之，則必使人「相愛」而後可。兼愛上、中、下篇，均有小異大同之敍述。今僅錄中、上篇所言，以見一斑。其中篇有云：「是以行（一本作仁）者非之，既以非之，何以易之？子墨子言曰：以兼相愛交相利之法易之，然則兼相愛交利之法將奈何哉？子墨子言曰：視人之國，若視其國。視人之家，若視其家。視人之身，若視其身。是故諸侯相愛，則不野戰。家主相愛，則不相篡。人與人相愛，則不相賊。君臣相愛，則惠忠。父子相愛，則慈孝。兄弟相愛，則和調。天下之人皆相愛，强不執弱，衆不刼寡，富不侮貧，貴不敖賤，詐不欺愚。凡天下禍篡怨恨，可使毋起者，以相愛生也。」

其上篇所云，較之中篇，筆調容或有異，包容或有未周，然其立意則無二致。今請觀之：

「若使天下兼相愛，愛人若愛其身，猶有不孝者乎？視父兄與君若其身，惡施不孝，猶有不孝者乎？視弟子與臣若其身，惡施不慈，故不孝不慈亡有，猶有盜賊乎？故視人之室若其室，誰竊？視人身若其身，誰賊？故盜賊亡有。猶有大夫之相亂家，諸侯之相攻國者乎？視人家若其家，誰亂？視人國若其國，誰攻？故大夫之相亂家，諸侯之相攻國者亡有。若使天下兼相愛，國與國不相攻，家與家不相亂，盜賊無有。君臣父子，皆能孝慈，若此則天下治。故聖人以治天下爲事者，惡得不禁惡而勸愛。故天下兼相愛則治，交相惡則亂。故子墨子曰：不可以不勸愛人者此也。」(兼愛上)

於非攻方面：墨子取譬設喻，反覆推闡，極力評論軍國主義之不當。其非攻上有云：「今有一人，入人園圃，竊其桃李，衆聞則非之，上爲政者得則罰之，此何也？以虧人愈多，且不仁茲甚，罪益厚。至入人欄廐，取人牛馬者，其不仁義，又甚攘人犬豕雞豚，此何故也？以其虧人愈多。苟虧人愈多，且不仁茲甚，罪益厚。至殺不辜人也，拖(奪也)其衣裘，取戈劍者。其不義，又甚入人欄廐，取人牛馬者，此何故也？以其虧人愈多。苟虧人愈多，其不仁茲甚矣，罪益厚。當此天下之君子，皆知而非之，謂之不義。」

然而，殊可怪者，竊人桃李，攘人家畜，殺不辜者，人皆知其爲非。而攻人之國，殺害萬人者，反不以爲罪，而譽之謂義。墨子究查其理，以爲蓋「不知其不義」之故。否則，何以「書其不義以遺後世」也？其言曰：「今至大爲攻國，則弗知非，從而譽之謂之義。此可謂知義與不義之別乎？殺一人謂之不義，必有一死罪矣。若以此說，往殺十人，十重不義，必有十死罪矣。殺百人，百重不義，必有百死罪矣。當此天下之君子，皆知而非之，謂之不義。今至大爲不義攻國，則弗知非，從而譽之謂之義。情不知其不義也，故書其言以遺後世。若知其不義也，夫奚說書其不義以遺後世哉！」（非攻上）

墨子繼之作結，謂「大爲非攻國，則不知而非，從而譽之謂之義」情事，亦如人們「少見黑曰黑，多見黑曰白」，或「少嘗苦曰苦，多嘗苦曰甘」之理。是以其言曰：「今有人於此，少見黑曰黑，多見黑曰白，則以此人不知白黑之辯矣。少嘗苦曰苦，多嘗苦曰甘，則必以此人爲不知甘苦之辯矣。今小爲非，則知而非之，大爲非攻國，則不知非，從而譽之謂之義。此可謂知義與不義之辯乎？是以知天下之君子也，辯義與不義之亂也。」（非攻上）

綜觀上文，論證精當，見地深遠。其發揮「非攻」眞理處，亦入木三分也。

墨子和平濟世之精神，非惟有其如上所云之深厚理論基礎，且亦有其如火如荼之實際行動。綜其一生，此類活動歷程，不乏緊張危險之關頭。其所以能化險爲夷，轉危爲安者，以其有大智大仁大勇之修爲故也。最著名之「止楚攻宋」卽是其明證之一。公輸篇言之甚詳。其文曰：「公輸盤（盤當作般，下同）爲楚造雲梯之械成，將以攻宋。子墨子聞之，起於齊（畢氏：「呂氏春秋愛類篇云：自魯往。」是。」）行十日十夜而至於郢，見公輸盤。公輸盤曰：夫子何命焉？子墨子曰：北方有侮臣者，願藉子殺之！公輸盤不悅。子墨子曰：請獻千金。公輸盤曰：吾義固不殺人。子墨子起，再拜曰：請說之，吾從北方來，聞子爲梯，將以攻宋，宋何罪之有？荆國有餘於地而不足於民，殺所不足而爭所有餘，不可謂智；宋無罪而攻之，不可謂仁；知而不爭，不可謂忠；爭而不得，不可謂強；義不殺少而殺衆，不可謂知類。公輸盤服。子墨子曰：然乎？不已乎？公輸盤曰：不可，吾旣已言之王矣。子墨子曰：胡不見我於王？公輸盤曰；諾！

「子墨子見王，曰：有人於此，舍其文軒，鄰有敝轝而欲竊之；舍其錦繡，鄰有短褐而欲竊之；舍其粱肉，鄰有穅糟而欲竊之，此爲何若人？王曰：必有竊疾矣。子墨子曰：荆之地方五千里，宋之地方五百里，此猶文軒之與敝轝也；荆有雲夢，犀兕、麋、鹿滿之，江漢之魚、鼈、黿、鼉爲天下富。宋所爲，無雉、兎、狐、狸者也，此猶粱肉之與穅糟也；荆有長松、文梓、楩枏、豫章。宋無長木，此猶錦繡之與短褐也。臣以三事之攻宋也，爲與此同類。臣見大王之必傷義而不得。王曰：善哉！雖然，公輸盤爲我造雲梯，必取宋。

「於是，見公輸盤，子墨子解帶爲城，以牒爲械。公輸盤九設攻城之機變，子墨子九距之。公輸盤之攻械盡，子墨子之守圉（圉當作固）有餘。公輸盤詘，而曰：吾知所以距子矣，吾不言。子墨子亦曰：吾知子之所以距我，吾不言。楚王問其故。子墨子曰：公輸盤之意不過欲殺臣。殺臣，宋莫能守，可攻也。然臣之弟子禽滑釐（註二）等三百人已持臣守圉之器，在宋城上而待楚寇矣。雖殺臣不能絕也。楚王曰：善哉！吾請勿攻宋矣。」

按此事，戰國策宋策，載墨子救宋有「百舍重繭」之言。而呂氏春秋愛類及世說新語文學篇註引，並有「裂裳裹足，日夜不休」之語。淮南子修務訓亦有「足重繭而不休息，裂裳裹足至於郢」之說。神仙傳亦有「墨子聞之，往詣楚，脚壞，裂裳裹足」之記載。其他文選註等所錄亦均與此小異大同。由是以知，墨子爲和平而奔走之勤，與夫爲濟世而倡導之力矣。

其次，爲膾炙人口之「止楚攻鄭」（註三）故事。魯問篇有云：「魯陽文君將攻鄭，子墨子聞而止之，謂魯陽文君曰：今使魯四境之內，大都攻其小都，大家伐其小家，奪之貨財，殺其人民，取其牛馬狗豕布帛米粟貨財，則何若？魯陽文君曰：魯四境之內，皆寡人之臣也。今大都攻其小都，大家伐其小家，奪人貨財，則寡人必將厚罰之。子墨子曰：夫天之兼有天下也，亦猶君之有四境之內也。今舉兵將以攻鄭，天誅其不至乎？」

墨子以爲天爲萬物之主。天之有天下，猶君之有國家，君不欲國人相攻伐，則天亦不欲天下之人相攻伐也。以此勸止攻鄭，魯陽文君非惟未嘗聽之，且從而爲之辭曰：「先生何止我攻鄭也？我攻鄭，順於天之志。鄭人三世殺其父，天加誅焉，使三年不全，我將助天誅也。子墨子曰：鄭人三世殺其父，而天加誅焉，使三年不全，天誅足矣。今又舉兵，將以攻鄭，曰：吾攻鄭也，順於天之志。譬有人於此，其子强梁不材，故其父笞之。其鄰家之父擧木而擊之，曰吾擊之也，順於其父之志，則豈不悖乎？」（魯問篇）

若云攻鄭之擧，乃替天行誅，則一因天已加誅，使三年不順成。二因如鄰父之笞子，他人豈可加之？此喩，頗饒趣味，於笑談妙喩中免除兵災，墨子有此能也。在耕柱篇，墨子尤妙語如珠以止攻戰。其言曰：「大國之攻小國，譬猶童子之爲馬也，童子之爲馬，足用而勞。今大國之攻小國也，攻者農夫不得耕，婦人不得織，以守爲事；攻人者農夫不得耕，婦人不得織，以攻爲事。故大國之攻小國也，譬猶童子之馬也。」

童子之騎竹馬，跑愈快，足愈勞，雙方均無益處。然魯陽文君意猶不止，是以墨子又嘗勸之云：「今有人於此，羊牛犓豢，雍人但割而和之，食之不可勝食也。見人之生餅，則還然竊之，曰：舍余食，不知明安不足乎？其有竊疾乎？魯陽文君曰：有竊疾也。墨子曰：楚四竟之田，曠蕪而不可勝辟，呼虛（虛城）數千，不可勝入。見宋鄭之間邑，則還然竊之，此與彼異乎？魯陽文君曰：是猶彼也，實有竊疾也。」（耕柱篇）

墨子謂楚之攻鄭，譬之舍美食而取粗餅，舍已衆多之荒田虛城而不闢入，反取鄭之空邑間田，實無異於有竊疾者之所爲也。

再者，尚有「阻齊伐魯」之事一則，亦爲其反侵略，謀和平之一證例。其魯問篇有云：「齊將伐魯，子墨子謂項子牛曰：伐魯，齊之大過也。昔者吳王東伐越，棲諸會稽；西伐楚，葆昭王於隨；北伐齊，取國子以歸於吳。諸侯報其讎，百姓苦其勞，而弗爲用。是以國爲虛戾，身爲刑戮也。昔者智伯伐范氏與中行氏，兼三晉之地，諸侯報其讎，百姓苦其勞，而弗爲用。是以國爲虛戾，身爲刑戮。用是（由此）也，故大國之攻小國也，是交相賊也，過（讀爲禍）必反（一作及）於國。」

墨子以吳王攻越、楚、齊（詳非攻上），及智伯伎威任力，兼三晉而亡（詳非攻中）之史實，以證暴戾之無常，終至「國爲虛戾，身爲刑戮」也。此外，並嘗曲諫齊太公田和，使其切勿「幷國覆軍，賊殺百姓」，俾免於「受其不祥」。其言曰：「今有刀於此，試之人頭，倅然斷之，可謂利乎？太王曰：利。子墨子曰：多試之人頭，倅然斷之，可謂利乎？太王曰：利。子墨子曰：刀則利矣，孰將受其不祥？大王曰：刀受其利，試者受其不祥。子墨子曰：幷國覆軍，賊殺百姓，孰將受其不祥？大王俯仰而思之，曰：我受其不祥。」蓋殺人者必得惡果，此不移之定律也。

至墨子之書備城門以下十餘篇所言守備之術，亦爲謀和平之途所不可或缺者也。

墨子之和平濟世，不僅有其理論，有其行動，且亦有其目標也。其高遠之目標爲何？曰：「安生生也」。何謂「安生生」？曰：儒家之大同理想之謂也。墨子尚賢下篇有「安生生」之界說云：「爲賢之道將奈何？曰：有力者，疾以助人。有財者，勉以分人。有道者，勸以教人。若此，則飢者得食，寒者得衣，亂者得治。若飢者得食，寒則得衣，亂則得治，此安生生。」「有力助人」「有財分人」，「有道教人」非「大同」之說而何？

墨子書中，有關於大同理想之言論尚多，如非命下云：「必使飢者得食，寒者得衣，勞者得息，亂者得治。」及天志中所云：「欲人之有力相營，有道相教，有財相分也」。其雜守篇亦云：「使人各得其所長，天下事當。鈞(同均)其分職，天下事得。皆其所喜，天下事備。强弱有數，天下事具矣。」又兼愛下云：「今吾將正求與(當作興)天下之利而取之，以兼爲正。是以聰耳明目，相與視聽乎，是以股肱畢强，相爲動宰乎，而有道肆相教誨。是以老而無妻子者有所持養，以終其壽。幼弱孤童之無父母者，有所放依，以長其身。今唯毋以兼爲正，卽若其利也。」「老有所持養」，「幼有所放依」，非「大同」之說而何？

儒家之崇高理想，爲「平天下」。所謂「平天下」，卽是「止于至善」之意。亦卽「大同之治」也。而大同之治之基本精神爲「公」。使各國無私心，有公道。而秉國鈞者，亦不引用私人，或選或任，惟能惟賢。國與國間講「信實」重「和睦」，彼此見之以誠，待之以禮，視人若已，公而忘私。教育上，重修身，先明人倫，始孝慈，終及人。政治上力求人盡其才，各得其所，各遂其生。經濟上，使地盡其利，物盡其用，貨暢其流，一切爲人所享有。禮記禮運篇言之詳矣：「大道之行也，天下爲公，選賢與能，講信修睦。故人不獨親其親，不獨子其子，使老有所終，壯有所用，幼有所長，矜寡孤獨廢疾者，皆有所養。男有分，女有歸。貨惡其棄於地也，不必藏於己。力惡其不出於身也，不必爲己。是故謀閉而不興，盜竊亂賊而不作。故外戶而不閉，是謂大同。」

墨子之「安生生」，不僅與儒家之「大同」理想近似，而與老子之「安平太」，亦極相類。老子三十五章云：「執大象，天下往。往而不害，安平太。」，按「象」係指道而言。若「大象無形」「其中有象」「無物之象」均是。「安平太」之「平」，王引之云：「安，猶乃也」。「平太」卽太平之意。嚴復云：「安，是自由，平是平等，太是合羣。」雖解之不必如此執泥，但其意之與「安生生」「大同」之境，實無多差異也。

至若辨析二家之說之先後影響，則似可謂儒家「大同」之論，乃攝取墨家精華而成者(註四)。蓋禮記之成書後於墨子。是知禮運篇所云，實以墨家之言爲藍本(註五)。沈剛伯先生亦云：「說他們受了墨家的影響，似乎很有可能。」(註六)南宋呂祖謙與朱熹書亦云：「蜡賓之歎，自昔前輩多疑之，以爲非孔子語。蓋不獨親其親，子其子，以堯、禹、舜、湯爲小康，其眞是老聃，墨翟之論。」是大同思想之不出於儒家又一證也。然亦有作反此之論者，如熊十力「墨子生競爭之世，悼人相食之禍，而謀全人類之安寧。因承孔子春秋太平，禮運大同之旨而發揮之。」(十力語要卷一，頁七二)之言是也。要之不必深計，視二家所見同然可也。

註釋

註一：英里雅格 James Legge 一八一五—一八九七。在其成名譯著「中國經典」第三卷「孟子」譯文前，以三十多頁篇幅討論楊墨學說，並譯「兼愛」三章，其結論有云：「我以爲眞正的兼愛和博愛，都會帶給上帝的光榮，而又促進世界和平。」

註二：困學紀聞集證：「墨子耕柱篇作駱滑釐。呂氏當染作禽滑鸝，尊師篇作禽滑黎。列子楊朱篇作禽滑釐。古今人表作禽屈釐。」孫氏閒詁謂正字作屈氂。漢有丞相劉屈氂，氂當作𣯍，謂彊曲毛。（見錢穆先秦諸子繫年卷二，頁一八一。」

註三：「止楚攻鄭」王寒生墨子新論四章九節作「止魯攻鄭」。不知何所據而云然。此事載諸墨書魯問篇：曰：「魯陽文君將攻鄭，子墨子聞而止之」云云。而耕柱篇亦有「子墨子謂魯陽文君曰：大國之攻小國，譬猶童子之爲馬也」云云。關鍵在於「魯陽文君」。按「魯陽文君」畢秋帆云文選賈逵國語註曰，魯陽文子，楚平王之孫，司馬子期之子，魯陽公卽此人。其地在魯山之陽。地理志云，南陽魯陽有魯山。師古曰，卽淮南所云，魯陽公與韓戰日反三舍者也。蘇云，魯陽文君卽魯陽文子也。國語楚語下曰：惠王以梁與魯陽文子，文子辭曰……與之魯陽。是文子當楚惠王時，與墨子時世相值。孫云楚語韋註說與賈同，文君卽左哀十九年傳之公孫寬，又十六年傳云，使寬爲司馬。淮南子覽冥訓高註云，魯陽，楚之縣公，楚平王之孫，司馬子期之子，國語所稱魯陽文子也。據此則止「魯陽文君之攻鄭」卽所以「止楚攻鄭」也。王氏之所以言「止魯攻鄭」者，或誤以「魯陽文君」之「魯」爲國名而然，否則恐係筆誤耳。

註四：方授楚墨學源流頁一〇一至一〇四，墨子餘論：禮運大同之義源於墨家說。

註五：張蔭麟中國史綱上古篇第六章第三節頁一三一。

註六：沈剛伯先生儒墨之爭的平議：食貨月刊復刊第二卷第十期。

（原載省立高雄師範學院學報第二期）

附錄••

墨子傳略

本文係根據孫詒讓墨子傳略，參以諸家之說，按其行事先後予以增訂而成。

墨子，名翟，姓墨氏，魯人或曰宋人，蓋生於周定王時「約公元前四六八年）。

魯惠公使宰讓請郊廟之禮於天子，桓王使史角往。惠公止之，其後在於魯，墨子學焉。其學務不侈於後世，不靡於萬物，不暉於數度，以繩墨自矯，而備世之急。作爲「非樂」，命之曰：「節用」，生不歌，死無服，氾愛兼利而非鬭，好學而博，不異。又曰：「兼愛」「尚賢」「右鬼」「非命」。

以爲儒者禮煩擾而不悅，厚葬靡財而貧民，久服傷生而害事，故背周道而用夏政。其稱道曰：「昔者禹之湮洪水，決江河，而通四夷九州也，名川三百，支川三千，小者無數，禹親自操橐耜而九雜天下之川。腓無胈，脛無毛，沐甚雨，櫛疾風，置萬國。禹，大聖也，而形勞天下如此。」故使學者以裘褐爲衣，以跂蹻爲服，日夜不休，以自苦爲極。曰：「不能如此，非禹之道也，不足謂墨。」亦道堯舜，又善守禦，爲世顯學。徒屬弟子充滿天下。

楚惠王時，楚人常與越人舟戰於江。公輸般自魯南游楚焉，始爲舟戰之器，作爲鉤拒之備，楚人因此若勢，亟敗越人。公輸子，善其巧，以語墨子曰：「我舟戰有鉤拒，不知子之義亦有鉤拒乎？」墨子曰：「我義之鉤拒，賢於子舟戰之鉤拒。我鉤拒，我鉤之以愛，揣之以恭。弗鉤以愛則不親，弗揣以恭則速狎，狎而不親則速離。故交相愛，交相恭，猶若相利也。今子鉤而止人，人亦鉤而止子；子拒而距人，人亦拒而距子。交相鉤，交相拒，猶若相害也。故我義之鉤拒，賢子舟戰之鉤拒。」

公輸般爲楚造雲梯之械，成，將以攻宋。墨子聞之，起於魯，行十日十夜而至於郢，見公輸般。公輸般曰：「夫子何命焉爲？」墨子曰：「北方有侮臣者，願藉子殺之。」公輸般不悅。墨子曰：「請獻千金。」公輸般曰：「吾義固不殺人。」墨子起再拜曰：「請說之：吾從北方聞子爲梯，將以攻宋，宋何罪之有？荆國有餘於地，而不足於民，殺所不足而爭所有餘，不可謂智。宋無罪而攻之，不可謂仁。知而不爭，不可謂忠。爭而不得，不可謂强。義不殺少而殺衆，不可謂知類。」公輸般服。墨子曰：「然胡不已乎？」公輸般曰：「不可，吾既已言之王矣。」墨子曰：「胡不見我於王？」公輸般曰：「諾。」墨子見王曰：「今有人於此，舍其文軒，鄰有敝轝而欲竊之；舍其錦繡，鄰有短褐而欲竊之；舍其粱肉，鄰有糟穅而欲竊之；此爲何若人？」王曰：「必爲有竊疾矣。」墨子曰：「荆之地方五千里，宋之地方五百里；此猶文軒之與敝轝也。荆有雲夢、犀，兕、麋、鹿、滿之；江漢之魚、鼈、黿、鼉，爲天下富，宋所爲無雉兎鮒魚者也；此猶粱肉之與糟穅也。荆有長松、文梗枏、豫章、宋無長木；此猶錦繡之與短褐也。臣以王吏之攻宋也，爲與此同類。」王曰「善哉！雖然，公輸般爲我爲雲梯，必取宋。」於是見公輸般。墨子解帶爲城，以牒爲械。公輸般九設攻城之機變，墨子九距之。公輸般之攻械盡，墨子之守圉有餘。公輸般詘，而曰：「吾知所以距子矣，吾不言。」墨子亦曰：「吾知子之所以距我者，吾不言。」楚王問其故。墨子曰：「公輸子之意，不過欲殺臣。殺臣，宋莫能守，乃可攻也。然臣之弟子，禽滑釐等三百人，已持臣守圉之器，在宋城上而待楚寇矣，雖殺臣，不能絕也。」楚王曰：「善哉，吾請無攻宋矣。」公輸子謂墨子曰：「吾未得見之時，我欲得宋。自我得見之後，予我宋而不義，我不爲。」墨子曰：「翟之未得見之時也，子欲得宋。自翟得見子之後，予子宋而不義，子弗爲，是我予子宋也。子務爲義，翟又將予子天下。」

楚惠王五十年，墨子至郢，獻書惠王。王受而讀之，曰：「良書也。寡人雖不得天下，而樂養賢人。」墨子辭曰：「翟聞賢人進，道不行，不受其賞；義不聽，不處其朝。今書未用，請遂行矣。」將辭王而歸。王使穆賀以老辭。穆賀見墨子，墨子說穆賀，穆賀大悅，謂墨子曰：「子之言則誠善矣，而君王，天下之大王也，毋乃曰：賤人之所爲而不用乎！」墨子曰：「唯其可行。譬若藥然，一草之本，天下食之，以順其疾，豈曰之一草之本而不食哉？今農夫入其稅於大人，大人爲酒醴粢盛以祭上帝鬼神，豈曰賤人之所爲而不享哉？故雖賤人也，上比之農，下比之藥，曾不若一草之本乎？且主君亦嘗聞湯之說乎？昔者湯將往見伊尹，令彭氏之子御，彭氏之子半道而問曰：君將何之？湯曰：將往見伊尹。彭氏之子曰：伊尹天下之賤人也，若君欲見之，亦令召問焉！彼受賜矣。湯曰：非女所知也，今有藥此，食之，則耳加聰，目加明，則吾必說而強食之。今夫伊尹之於我國也，譬之良醫善藥也，而子不欲我見伊尹，是子不欲我善也。因下彭氏之子不使御。彼苟然，然後可也。」魯陽文君言於王曰：「墨子，北方賢聖人。君王不見，又不爲禮，毋乃失士！」乃使文君追墨子，以書社五百里封之，不受而去。

嘗游弟子公尚過於越。公尚過說越王，越王大悅，謂公尚過曰：「先生苟能使墨子至於越而教寡人，請裂故吳之地方五百里，以封墨子。」公尚過許諾。遂爲公尚過束車五十乘，以迎墨子於魯。曰：「吾以夫子之道說越王，越王大悅，謂過曰，『苟能使墨子至於越而教寡人，請裂故吳之地方五百里以封墨子。』墨子曰：「子之觀越王也，能聽吾言，用吾道乎？」公尚過曰：「殆未能也。」墨子曰：「不唯越王不知翟之意，雖子亦不知翟之意。意越王將聽吾言，用吾道，則翟將往，量腹而食，度身而衣，自比於羣臣，奚能以封爲哉？抑越不聽吾言，不用吾道，而吾往焉，則是我以義糶也。鈞之糶，亦於中國耳，何必於越哉？」

宋昭公時，仕爲大夫。

嘗南遊使於衞，謂公良桓子曰：「衞，小國也，處於齊、晉之間，猶貧家之處於富家之間也。貧家而學富家之衣食多用，則速亡必矣。今簡子之家，飾車數百乘，馬食菽粟者數百匹，婦人衣文繡者數百人。吾取飾車食馬之費，與繡衣之財以畜士，必千人有餘。若有患難，則使數百人處於前，數百人處於後，與婦人數百人處前後孰安？吾以爲不若畜士之安也。」

昭公末年，司城皇喜專政劫君。而囚墨子。

其居魯也，魯君謂之曰：「吾恐齊之攻我也，可救乎？」墨子曰：「可，昔者三代之聖王禹、湯、文、武百里之諸侯也，說忠，行義，取天下。三代之暴王桀、紂、幽、厲讐怨（忠），行暴，失天下。吾願主君之上者尊天事鬼，下者愛利百姓，厚爲皮幣，卑辭令，亟徧禮四鄰諸侯，敺國而以事齊，患可救也。非此顧無可爲者。」

魯君謂墨子曰：「我有二子，一人者好學，一人者好分人財，孰以爲太子而可？」墨子曰：「未可知也。或所爲賞譽爲是也。釣者之恭，非爲魚賜也。餌鼠以蟲，非愛之也。吾願主君之合其志功而觀焉。」

老而至齊，見太王田和曰：「今有刀於此，試之人頭，倅然斷之，可謂利乎？」太王曰：「利」。墨子曰：「多試之人頭，倅然斷之，可謂利乎？」太王曰：「利。」墨子曰：「刀則利矣，孰將受其不祥？」太王曰：「刀受其利，試者受其不祥。」「墨子曰：「并國覆軍，賊殺百姓，孰將受其不祥？」太王俯仰而思之，曰：「我受其不祥。」」

齊將伐魯。墨子謂齊將項子牛曰：「伐魯，齊之大過也。昔者吳王東伐越，棲諸會稽；西伐楚，葆昭王於隨；北伐齊，取國子以歸於吳。諸侯報其讎，百姓苦其勞而弗爲用。是以國爲虛戾，身爲刑戮也。昔者智伯伐范氏與中行氏，兼三晉之地。諸侯報其讎，百姓苦其勞而弗爲用。是以國爲虛戾，身爲刑戮。用是也。故大國之攻小國也，是交相賊也，過必反於國。」

後又游楚，謂魯陽文君曰：「大國之攻小國，譬猶童子之爲馬也。童子之爲馬，足用而勞。今大國之攻小國也，攻者農夫不得耕，婦人不得織，以守爲事。攻人者亦農夫不得耕，婦人不得織，以攻爲事。故大國之攻小國也，譬猶童子之爲馬也。」

又謂魯陽文君曰：「今有一人於此，牛羊犓豢，雍人但割而和之，食之不可勝食也，見人之作餅，則還然竊之，曰：『舍余食。』不知明安不足乎？其有竊疾乎？」魯陽文君曰：「有竊疾也。」墨子曰：「楚四境之田曠蕪，而不可勝辟，呼虛數千，不可勝入；見宋鄭之閒邑，則還然竊之。此與彼異乎？」魯陽文君曰：「是猶彼也，實有竊疾也。」

魯陽文君將攻鄭。墨子聞而止之，謂文君曰：「今使魯四境之內，大都攻其小都，大家伐其小家，殺其人民，取其牛馬狗豕布帛米粟貨財，則何若？」文君曰：「魯四境之內皆寡人之臣也。今大都攻其小都，大家伐其小家，奪之貨財，則寡人必將厚罰之。」墨子曰：「夫天之兼有天下也，亦猶君之有四境之內也。今舉兵將以攻鄭，天誅其不至乎？」文君曰：「先生何止我攻鄭也，我攻鄭，順於天之志。鄭人三世殺其父，天加誅焉，使三年不全。我將助天誅也。」墨子曰：「鄭人三世殺其父，而天加誅焉，使三年不全，天誅足矣。今又舉兵將以攻鄭曰：『吾攻鄭也，順於天之志。』譬有人於此，其子強梁不材，故其父笞之，其鄰家之父舉木而擊之，曰：『吾擊之也，順於其父之志。』則豈不悖哉？」

其卒，蓋在周安王末年（約公元前三七六年）。當八、九十歲。所著書，漢劉向校錄之，爲七十一篇，今存五十三篇。有弟子三百餘人，其名氏可考者，有禽滑釐（亦作駱滑釐、禽滑氂、禽滑黎、禽骨釐、禽屈釐）、高石子、縣子碩（碩亦作石）、高何、公尚過、耕柱子、魏越、管黔敖、高孫子、治徒娛、跌鼻、曹公子、勝綽、彭輕生子、孟山、弦唐子、隨巢子、胡非子等十有八人。

參考書目舉要

墨子閒詁：孫詒讓著，世界書局印行。
續墨子閒詁：劉載賡著，藝文印書館印行。
墨子拾補：劉師培著，藝文印書館印行。
讀墨子札記：陶鴻慶著，藝文印書館印行。
墨子閒詁箋：張純一著，世界書局印行。
墨子校註：吳毓江著，重慶獨立出版社印行。
墨子集解：張純一著，文史哲出版社印行。
墨經校釋：梁啓超著，中華書局印行。
墨子學案：梁啓超著，中華書局印行。
先秦政治思想史：梁啓超著，上海中華書局印行。
子墨子學說：梁啓超著，中華書局印行。
諸子考釋：梁啓超著，中華書局印行。
墨學源流：方授楚著，中華書局印行。
墨辯疏證：范耕研著，商務印書館印行。
墨辯新註：李漁叔著，商務印書館印行。
墨經校詮：高晉生著，世界書局印行。

墨辯發微：譚戒甫著，世界書局印行。
墨經哲學：楊寬著，正中書局印行。
墨子研究：李紹崑著，現代學苑月刋社出版印行。
墨子簡編：嚴靈峰著，商務印書館印行。
墨子讀本：譚正璧編著，上海中華書局印行。
墨子十論：陳柱著，商務印書館印行。
諸子考索：羅根澤著，泰順書局印行。
墨子哲學：郎擎霄著，大東書局印行。
儒墨平議：陳拱著，商務印書館印行。
儒墨之異同：王桐齡著，京華印書館印行，北京高等師範學校圖書館等發行。
墨子假借字集證：周富美著，臺大文史學會印行。
墨學概論：高葆光著，中華文化事業出版委員會。
墨學新論：王寒生著，民主憲政雜誌社印行。
墨子政治哲學：陳顧遠著，啓明書店印行。
墨子：陸世鴻著，中華書局印行。
墨子：唐敬杲著，商務印書館印行。
墨子：畢沅注，中華書局印行。
墨子政治思想之研究：孫廣德著，中華書局印行。
諸子的我見：王昌祉著，光啓出版社印行。
諸子通考：蔣伯潛著，正中書局印行。
諸子學纂要：蔣伯潛著，正中書局印行。

先秦諸子繫年：錢穆著，香港大學出版社印行。
經子解題：呂思勉著，商務印書館印行。
周秦諸子概論：高維昌著，商務印書館印行。
中國學術思想論叢：吳錫澤著，商務印書館印行。
中國先秦思維方法論：鄧公玄著，商務印書館印行。
墨家佚書輯本五種：馬國翰輯，世界書局印行。
先秦諸子學：嵇哲著，樂天出版社印行。
先秦諸子導讀：徐文珊著，幼獅書店印行。
諸子百家考：兒島獻吉郎著，陳淸泉譯，商務印書館印行。
諸子管見：金巨山著，世界書局印行。
墨子評點：歸有光、文震孟著，成文出版社印行。
諸子平議：俞樾著，世界書局印行。
諸子平議補錄：俞樾著，李天根輯，世界書局印行。
讀子巵言：江瑔著，泰順書局印行。
諸子新證：于省吾著，藝文印書館印行。
人生哲學：李石岑著，地平線出版社印行。
中國哲學史：馮芝生著，重慶商務印書館印行。
中國哲學史綱要：蔣維喬著，中華書局印行。
中國宗敎思想史大綱：王治心著，中華書局印行。
中國古代哲學史：胡適著，商務印書館印行。
中國哲學大綱：羅光著，商務印書館印行。

中國古史中的上帝觀：衞聚賢著，基督教文藝出版社印行。
中國哲學史：宇野哲人著，唐玉貞譯，中華文化事業出版委員會。
中國哲學概論：宇野哲人著，王璧如譯，正中書局印行。
中國哲學史話：張起鈞、吳怡著，張起鈞發行，文健印製企業公司印。
中國哲學史概論：渡邊秀方著，劉侃元譯，商務印書館印行。
中國學術思想大綱：林尹著，臺灣武學印刷公司印，國民出版社經銷。
中國哲學思想批判：韋政通著，水牛出版社印行。
中國哲學思想要論：徐崑生著，商務印書館印行。
中國政治哲學概論：陳啓天著，華國出版社印行。
中國政治思想史：蕭公權著，中華文化出版事業委員會。
讀書雜志：王念孫著，廣文書局印行。
繹史：馬驌著，廣文書局印行。
東塾讀書記：陳澧著，商務印書館印行。
國故論衡：章太炎著，廣文書局印行。
國學略說：章太炎著，學藝出版社印行。
列子：列禦寇著，中華書局印行。
鶡冠子：上海商務印書館印行。
管子：管仲著，中華書局印行。
尸子：尸佼著，中華書局印行。
新書：賈誼著，中華書局印行。

韓非子集解：王先愼著，世界書局印行

莊子集解：王先謙著，世界書局印行。

荀子集解：王先謙著，世界書局印行。

經傳釋詞：王引之著，商務印書館印行。

丹鉛雜錄：楊愼著，商務印書館印行。

國史新論：錢穆著，三民書局印行。

國史舊聞：陳登原著，大通書局印行。

新校資治通鑑註：司馬光撰，胡三省註，章鈺校記，世界書局印行。

顏氏家訓：顏之推著，廣文書局印行。

白虎通：班固纂，廣文書局印行

國語：韋昭註，商務印書館印行。

漢書：班固著，藝文印書館印行。

廣韻：陸法言等著，陳彭年、邱雍等重修廣文書局印行。

釋名疏證：劉熙著。畢沅疏證，廣文書局印行。

廣雅疏證：張揖著。王念孫疏證，中華書局印行。

方言校釋：馬光宇著，商務印書館印行。

經詞衍釋：吳昌瑩著，泰順書局印行。

楊子法言：楊雄著，上海商務印書館印行。

韓昌黎全集附點勘：韓愈著，新興書局印行。

毛子水文存：毛子水著，傳記文學社印行。

太虛大師全書：釋太虛著，太虛大師全書出版委員會印行。

昭明文選：李善註，藝文印書館印行
淮南子：高誘註，世界書局印行。
呂氏春秋新校正：高誘註，畢沅校，世界書局印行。
大戴記：戴德著，上海商務印書館印行。
後漢書：范曄著，藝文印書館印行。
羣書治要：魏徵等著，上海商務印書館印行。
僞書通考：張心徵編著，明倫出版社印行。
意林：馬總著，上海商務印書館印行。
太平御覽：李昉等著，商務印書館印行。
揅經室全集：阮元著，上海商務印書館印行。
史記：司馬遷著，藝文印書館印行。
四書集註：朱熹著，世界書局印行。
晏子春秋校註：張純一校註，世界書局印行。
中國史綱上古篇：張蔭麟著，正中書局印行。
說苑：劉向著，中華書局印行。
說文解字註：許愼著，段玉裁註，藝文印書館印行。
說文通訓定聲：朱駿聲著，世界書局印行。
老子正詁：高晉生著，開明書店印行。
阮刻十三經註疏：藝文印書館印行。
玉篇：顧野王著，新興書局印行。
楚辭集註：朱熹著，藝文印書館印行。

屈原賦校註：姜寅淸著，世界書局印行。
論衡校釋：黃暉著，商務印書館印行。
論衡校證：田宗堯著，國立臺灣大學文史叢刊。
古文辭類纂：姚鼐編，世界書局印行。
韓詩外傳：韓嬰著，上海商務印書館印行。
春秋繁露：董仲舒著，上海商務印書館印行。
尙書大傳：伏勝著，上海商務印書館印行。
戰國策：郭希汾輯註，惠文出版社印行。
通志：鄭樵著，新興書局印行。
十力語要：熊十力著，廣文書局印行。
二十世紀之科學－人文科學之部：哲學。陳大齊主編，正中書局印行。
經濟學：趙蘭坪著，國防部總政治部印。

參考文目舉要

墨子斠證：王叔岷著，中央研究院歷史語言研究所三十周年紀念專號上册。
墨子生卒年代考：李樹桐著，師大學報第一期。
墨學哲學及其名理：黃建中著，師大學報第四期。
三民主義與墨子學說：張鐵君著，學宗雜誌八卷二期。
墨子學說與國父思想：周世輔著，復興崗學報第八期。
儒學之爭的平議：沈剛伯著，食貨月刊復刊二卷十期。
孔子的述與作：屈萬里著，孔孟月刊十卷十二期。
由中國哲學之起源演進與重建談到中華文化復興：周世輔著，中華文化復興月刊四卷六期。
墨子人格闡微：陳拱著，東海文薈第十期。
大同與尙同：成惕軒著，中華文化復興月刊三卷十一期。
從中國文化看傳統與權威：蔣復璁著，六十年五月出版，教育部文化局編印。
文藝與文化復興：陳立夫著，六十年十二月出版，教育部文化局編印。
談文化復興：陳大齊著，五五年中央日報文化復興運動特刊。
中國哲學中社會倫理和精神價值的基礎：梅貽寶著，海外學人著作選刊，正中書局印行。
談西方對我國道德之誤解：費海璣著，學園雜誌七卷十一期。
晏子春秋研究：王更生著，師大研究所集刊（五六年）十一號上册。

國立中央圖書館出版品預行編目資料

墨學探微／史墨卿著.--增訂版.-- 臺北市：
臺灣學生，民83
面； 公分. --
參考書目：面 ISBN 957-15-0624-9（精裝）.--ISBN
957-15-0625-7（平裝）

1. 墨家 - 評論

121.417 83006145

墨學探微（全一冊）

著作者：史墨卿
出版者：臺灣學生書局
發行人：丁文治
發行所：台灣學生書局
臺北市和平東路一段一九八號
郵政劃撥帳號〇〇〇二四六六八號
電話：三六三四一五六
FAX：三六三六三三四

本書局登記證字號：行政院新聞局局版臺業字第一一〇〇號

印刷所：常新印刷有限公司
地址：板橋市翠華街八巷一三號
電話：九五二四二一九

定價 精裝新臺幣二八〇元
平裝新臺幣二二〇元

中華民國六十五年三月初版
中華民國六十七年九月再版
中華民國八十三年七月增訂版

12109

ISBN 957-15-0624-9（精裝）
ISBN 957-15-0625-7（平裝）